高等院校财务与会计系列丛书
“十三五”规划教材 · 会计精品系列

财务管理案例分析

Caiwu Guanli Anli Fenxi

（第三版）

主　编　周　炜　宋晓满
副主编　佟爱琴

立信会计出版社
LIXIN ACCOUNTING PUBLISHING HOUSE

图书在版编目(CIP)数据

财务管理案例分析 / 周炜，宋晓满主编. —3 版
. —上海：立信会计出版社，2020.7(2024.2 重印)
普通高等教育“十三五”规划教材. 会计精品系列
ISBN 978-7-5429-6556-1

Ⅰ. ①财… Ⅱ. ①周… ②宋… Ⅲ. ①财务管理—案例—高等学校—教材 Ⅳ. ①F275

中国版本图书馆 CIP 数据核字(2020)第 129111 号

策划编辑　孙　勇　方士华
责任编辑　孙　勇
封面设计　南房间

财务管理案例分析(第三版)
CAIWU GUANLI ANLI FENXI

出版发行	立信会计出版社		
地　　址	上海市中山西路 2230 号	邮政编码	200235
电　　话	(021)64411389	传　　真	(021)64411325
网　　址	www.lixinaph.com	电子邮箱	lixinaph2019@126.com
网上书店	http://lixin.jd.com		http://lxkjcbs.tmall.com
经　　销	各地新华书店		

印　　刷	上海万卷印刷股份有限公司		
开　　本	787 毫米×960 毫米	1/16	
印　　张	14.75		
字　　数	332 千字		
版　　次	2020 年 7 月第 3 版		
印　　次	2024 年 2 月第 8 次		
书　　号	ISBN 978-7-5429-6556-1/F		
定　　价	38.00 元		

第三版前言

运用案例教学方式有助于提高财务管理课程的教学效果,这一理念已得到越来越多教师和学生的认可,在财务管理课程中引入案例教学已经成为普遍的做法,正是在这一背景下,本书迎来了第三版的修订。

目前,我国已经有几个很有影响力的商学院案例库,这些案例库中的案例内容丰富,非常适合作为案例课程的教学资料,但是,从教学的实际需求来看,篇幅较短、可以灵活在授课过程中进行即兴研讨的案例却很稀缺,本书的案例正好适应了这一需求。

本书第三版继续保持前两版的特色,坚持选用企业的真实事件或是作者完成的科研项目作为案例素材,保证了案例的真实性、实战性和启发性。每个案例后的"案例分析提示与探讨"为教师教学和学生讨论提供了紧扣知识点的既有专业性又有启发性的问题,使学生能够在案例讨论中巩固和掌握专业知识,开拓思维和眼界。本书所提供的练习题贴合财务管理的经典内容体系,非常适合教师布置习题和学生练习巩固所学知识之用。

在本次改版中,作者根据近一两年的最新资料增加和替换了部分案例,并对第二版的部分案例进行了修改,使本书的内容更加接近当前我国企业财务管理的现实情况。

本书由周炜、宋晓满担任主编，佟爱琴担任副主编。全书共有六篇19个案例，每篇均附有练习题以及练习题参考答案。全书内容由以下人员完成：周炜撰写第一篇全部案例；周炜、宋晓满、徐勤撰写第二篇全部案例；张延洁、周炜、蒋宬妍(同济大学浙江学院)撰写第三篇全部案例；宋晓满、周炜分别撰写第四篇案例13、案例15；佟爱琴撰写第五篇全部案例；宋晓满撰写第六篇全部案例；何德宏撰写了全书的练习题及练习题参考答案。另外，同济大学经济与管理学院学生沙亦鹏、王奕琪撰写了第四篇案例14。全书由周炜统校，由宋晓满总纂。

在本书的编写过程中，我们参考了大量文献和研究成果，在此表示感谢。

同时，我们也将继续对案例和习题进行更新和补充，为读者呈现更加优秀的案例和习题。

本书的不足之处，恳请读者不吝指正。

编者

2020年7月

目　录

第一篇

总　论

本篇以基础理论与财务管理学科框架结构为核心，其案例分析目标是通过发生在现实中的企业故事，对相关理论与概念进行实践描述与应用探讨。

本篇选用的案例均来源于公开资料。本篇对相关事件进行了分析评价，以期发现其中的现实启迪。

【案例 1】

由国美控制权之争看上市公司公司治理中的委托代理问题

一、引言

代理问题(agency problem) 又称委托代理问题,是指由于代理人的目标函数与委托人的目标函数不一致,加上存在不确定性和信息不对称,代理人有可能偏离委托人目标函数而委托人难以观察和监督,从而出现的代理人损害委托人利益的现象。

2006 年 7 月,黄光裕家族控制的国美电器控股有限公司(以下简称国美)收购陈晓控制的上海永乐家用电器有限公司(以下简称永乐),黄光裕任合并后的国美集团董事局主席,陈晓任集团总裁。2008 年 11 月,黄光裕因经济犯罪入狱。2009 年 1 月,黄光裕辞去国美董事局主席一职,陈晓正式接任董事局主席。之后,黄光裕与陈晓的矛盾不断激化,最终引发了轰动一时的以陈晓为代表的国美电器管理层与创始大股东之间的控制权之争。

二、背景介绍

1. 国美并购永乐

1996 年,陈晓抓住了上海周浦郊区一家国有家电企业改制的机会,带领 47 名员工组建了永乐。为了抗衡国美、苏宁等全国连锁零售巨头, 2005 年 1 月,永乐与摩根士丹利和鼎辉两家投行签署对赌协议(VAM,根据未来不同盈利情况调整投资条件,是西方常见的投资技巧),获得 5 000 万美元注资。此举迫使永乐大肆扩张,导致单店盈利能力下降,最终没能达到对赌协议规定的最低利润。在此困境下,国美和永乐进行了艰苦的谈判。最终,在 2006 年夏,国美电器以"股票+现金"的形式收购永乐,收购总价达 52.68 亿港元,成为当时中国家电史上最大一宗连锁企业并购案。几个月后,黄光裕邀请陈晓担当国美电器总裁一职。

另外,2004 年,"国美电器"借壳"中国鹏润"在香港上市。

2. 陈黄之争

2008 年 4 月,香港证监会开始调查国美。而几乎在同时,鹏润地产业务出现至少 50

亿元资金缺口。2008年11月中下旬，黄光裕被北京市公安局带走调查。2009年1月，黄光裕辞去国美董事局主席一职，陈晓正式接任董事局主席。

由于黄光裕被抓，银行在第一时间冻结国美的账户，供应商纷纷上门要债，国美资金链面临断裂危险。更糟的是，国美高达52亿元的2014年可转换债面临随时被赎回的风险，在公司无力支付的前提下，它就像颗定时炸弹悬在国美的头顶上。在这个危机时刻，陈晓主导了一系列的举措，使国美能够应对这一危机，并实现"转型发展"。但是，其中的两个事件严重触动了大股东黄光裕的利益，使黄光裕和陈晓的矛盾日益激化。

事件一：引入贝恩资本。为应对资金困难，陈晓代表国美与投资者贝恩资本签订了2016年可换股债券投资协议，价值人民币15.9亿元，将以约2.33亿美元结算，按年利率5%计息。但是国美与贝恩资本的投资协议在保护股东利益方面存在几个方面的问题：一是赎回条款过于苛刻，如果国美违约，贝恩资本至少能保证50%的收益；二是控制权与投资额不对等，假设其可转债转换成国美股票，贝恩资本约占国美电器股权总额的10%，按照国美董事会11个名额计算，比较合理的董事名额应该在1～2个，而投资协议规定贝恩资本要任命3名董事，而且1名董事须担任提名委员会成员。并且贝恩资本的附加保护条款全部与确保陈晓个人在国美的地位有关。这使黄光裕非常不满，2010年5月11日，在国美股东大会上，黄光裕连续行使5项否决票，否决委任贝恩投资董事总经理竺稼等3人为非执行董事的议案，国美电器之后紧急召开董事会。董事会一致同意重新委任贝恩3名前任董事加入董事会。

事件二：实施公司管理层股权激励。国美电器早在2005年就制订了股权激励计划，但大股东黄光裕一直不予以执行，其重要原因就是股权激励会稀释股东权益，进而腐蚀控制权，因此陈晓上任董事会主席后，推行股权激励计划遭到大股东的强烈反对，但是大股东在此项公司决策上的"抱怨"没有起到任何效果，董事会作出决策推行股权激励计划，表明大股东在此项决议上没有掌握实际控制权。如果董事会听取大股东意见，那么表明大股东掌握了实际控制权。

2009年7月7日，国美电器董事会宣布，根据公司在2005年4月15日股东大会采纳的购股权计划，向本集团若干董事及雇员授出购股权，将让承授人认购公司股本中合计383 000 000股、每股面值0.025港币的新股份。

上述两个事件使大股东与管理层的矛盾日益激化。大股东在2010年8月4日晚上向董事局发函，要求召开临时股东大会，审议撤销董事局增发20%新股的授权和重组董事局等5项议案。8月5日，国美电器在港交所发布公告，宣布将对公司间接持股股东及前任执行董事黄光裕进行法律起诉。而国美电器也在8月4日晚收到黄光裕代表公司要求撤销陈晓董事局主席职务的信函。公告称，国美于2010年8月5日在香港特别行政区高等法院，针对黄光裕于2008年1月及2月前后回购公司股份中被指称的违反公司董事的信托责任及信任的行为(统称"违反行为")正式起诉，并追偿由上述行为导致公司所遭受的损失。

2010 年 8 月 18 日，黄光裕发表致全体国美员工公开信，公开指责陈晓的“去黄光裕化”，认为陈晓联手贝恩资本，签订了苛刻的融资协议，目的在于稀释大股东的股份；不按业绩考核盲目给部分管理人员期权，变相收买人心；控制董事局后意图发行新股，使民族品牌沦为外资品牌；以关闭门店的方法来“做业绩”，使国美市场份额急剧下降。针对黄光裕的指责，国美董事会于 19 日再发公开信予以回应，称国美董事会作出引进财务投资者和关闭亏损门店的决定是由于当时国美陷入危机，资金出现严重短缺；选择贝恩作为投资者一方面是因为贝恩资本能解决资金困难的问题，另一方面是因为只有贝恩接受了维持大股东股权基本不变的融资方案，而贝恩提出的要求提名 3 名非执行董事的条件并不会危及公司的决策；采取股权激励计划则是因为当时公司未完全走出危机，是为防止高管被竞争对手“挖走”而采取的措施，以稳定公司团队；至于国美外资论的观点，董事会认为国美本身就为外资企业，国美在 2004 年上市初期就已实现了外资化。

2010 年 8 月 23 日，国美电器公布了 2010 年上半年业绩，国美电器上半年净利润 9.62 亿元。而黄光裕则指出该中期报告存在与主要竞争对手相比国美市场份额大幅下降、统计数据未引入 2008 年的数据等问题。在此期间，黄氏家族增持国美股权，死守 34%的控股权，因为根据香港法律的规定，股东股份只有在不少于约 34%的情况下，才能对抗股东大会提出的需要超过 2/3 多数表决权同意的提案，这也是大股东极力保持其控制地位而作出的举动。

2010 年 8 月 30 日，北京市高级人民法院对黄光裕非法经营、内幕交易、单位行贿案进行二审宣判，裁定维持原判，对黄光裕三罪并罚，决定执行有期徒刑 14 年，罚金人民币 6 亿元，没收财产人民币 2 亿元。黄光裕妻子杜鹃犯内幕交易罪，改判缓刑，当庭释放。杜鹃的出狱使大股东与管理层的“沟通”成为可能，也利于黄光裕对控制权的争夺。而与此同时，董事会首发致全体股东公开信，称董事会已于 8 月 23 日向股东寄发了于 9 月 28 日召开特别股东大会的通知，但这并不意味着认同黄光裕的做法。该公开信主要面向小股东，告知股东黄光裕终止上市公司与非上市公司之间的托管协议反而更有利于上市公司，这就使黄光裕丧失以 300 多家非上市门店效益的筹码，拉拢了中小股东对董事会的支持。

随着 28 日的临近，陈黄之间的争夺也渐近白热化。黄光裕方面，杜鹃赴港游说机构投资者，并从二级市场上不断增持大股东的股份；身在狱中的黄光裕发表名为《我的道歉和感谢》的公开信，以博取股东的感情支持；在特别股东大会召开的前两天，黄光裕方面发布《再致股东同仁公开函》，呼吁股东支持大股东的提议，并提出关于公司未来 5 年的规划，实现门店效益的整体升级。陈晓方面，董事局主席率领高管到美英等地与机构投资者进行路演；签订 300 亿元采购大单，以向投资者展示国美资金的充裕和经营的稳定。在两者的争夺战中，机构投资者对结果具有关键作用，作为股东投票咨询机构的 Glass Lewis，其报告对机构投资者具有很大参考价值，而该公司在 9 月 12 日发布的报告中，建议国美股东支持董事会，对此，黄光裕回应，称其为“一家之言”，并不具有明显的参考作用。此外，贝恩债转股后成为国美第二大股东，并表态支持陈晓，黄光裕方也向贝恩资本示好，表示“只反陈晓，不反贝恩”。

2010 年 9 月 28 日晚，特别股东大会的投票结果揭晓(见表 1)，陈晓获胜，继续留任董事局主席职务，孙一丁也得以留任，贝恩资本的 3 名董事成功进入董事会，而黄光裕提出的 5 项议案除了撤销配发、发行和买卖国美股份的一般授权获得通过外，其他议案均被否决，但黄光裕的大股东地位也得以保住。这使双方之间的争夺终趋于平缓，2010 年 11 月 10 日，陈黄之间达成协议，同意邹晓春和黄燕虹进入国美董事会，“国美控制权之争”以陈黄之间的首次和解告一段落。

表 1　　国美特别股东大会的投票结果

股东大会议案	通过	反对	结果	提案方
1. 重选竺稼为公司非执行董事	94.26%	5.74%	是	陈晓方面
2. 重选 Ian Andrew Reynolds 为公司非执行董事	54.65%	45.35%	是	陈晓方面
3. 重选王励弘为公司非执行董事	54.66%	45.34%	是	陈晓方面
4. 即时撤销本公司于 2010 年 5 月 11 日召开的股东周年大会上通过的配发、发行及买卖本公司股份之一般授权	54.62%	45.38%	是	黄光裕方面
5. 即时撤销陈晓先生作为本公司执行董事兼董事会主席之职务	48.11%	51.89%	否	黄光裕方面
6. 即时撤销孙一丁先生作为本公司执行董事之职务	48.12%	51.88%	否	黄光裕方面
7. 即时委任邹晓春先生作为本公司的执行董事	48.13%	51.87%	否	黄光裕方面
8. 即时委任黄燕虹女士作为本公司的执行董事	48.17%	51.83%	否	黄光裕方面

资料来源：http://tech.163.com/special/00094IMS/guomeihgy.html。

3. *后续进展*

2010 年 11 月 10 日，黄光裕亲信邹晓春、黄燕虹进入国美董事会；2011 年 3 月 8 日，黄光裕之妻杜鹃 83 亿元资产解冻，参与国美管理；2011 年 3 月 9 日，陈晓辞去国美董事局主席，张大中接任；2011 年 6 月 10 日，国美在香港召开股东周年会，对董事会进行改组。国美总裁王俊洲、副总裁魏秋立以及黄光裕胞妹黄燕虹正式退出董事会。同时，股东大会同意了给予董事会决定公司发行或回购公司股份权力的建议，其中增发权限不超过公司现有股本的 5%，黄光裕将有权回购股份，回购权限则不超过 10%。“国美控制权之争”最终以黄光裕夺回国美控制权、陈晓退出而落下帷幕。

三、案例分析①

委托—代理问题的产生大致有两个方面的主要原因：一是委托—代理关系存在着委托人与代理人的利益目标不一致的矛盾；二是委托人和代理人之间存在信息不对称的矛

① 本小节内容根据文献“杜志杰. 国美电器公司控制权竞争研究[D]. 北京交通大学，2011”整理。

盾，委托人和代理人各自都拥有另外一方不拥有的信息。

委托—代理关系存在着委托人与代理人的利益目标不一致的矛盾。如果委托人能够监督代理人的行为，就可以防止代理人的偷懒和机会主义等背离委托人目标的行为。实际情况是，委托人和代理人之间存在信息不对称的不可协调性，委托人没有什么办法在其利益边际内对代理人进行监督并予以控制。在国美控制权竞争中创始股东与职业经理人利益目标冲突表现在创始股东黄光裕追求长远目标，而职业经理人陈晓则更加关注短期目标的实现。这种冲突不利于国美长期的发展。国美大股东黄光裕和职业经理人陈晓矛盾激化的导火索之一，就是双方站在各自角度上对国美发展战略的选择不同，在大股东黄光裕看来，国美应该实施"规模第一"兼顾公司利润的战略，他主要考虑国美的长远利益，职业经理人陈晓则认为应该实施"利润第一"从而发展规模的战略，他考量的是国美的短期利益。

代理人顾虑委托人的道德风险行为会考虑实施逆向选择，国美控制权争夺中，由于陈晓担心黄光裕某天会由于道德风险剥夺其国美的控制权，而采取了逆向选择，在以陈晓为代表的董事会的主导下引入贝恩资本的条件中就有一项约定：陈晓的董事局主席任期至少 3 年以上。同样，委托人担心代理人的道德风险行为最终也会导致委托人逆向选择。例如，企业所有者、创始人为了企业发展，雇佣委托经理人开发项目，并约定好该开发项目和报酬条件。一旦项目顺利开展起来，企业所有者认为自己已经能够掌控企业下一步经营时，通常会以很多借口辞退掉经理人，并且不按事先合约规定履行给予经理人公平合理的劳动报酬的义务，这时经理人与企业所有者就发生了利益冲突。这就是一种典型的委托人道德风险。

国美控制权争夺战实际上是创始大股东与职业经理人的利益矛盾冲突，在委托—代理问题中逆向选择、道德风险问题都有，究其根源，是创始股东与职业经理人之间的信任危机。一方面是职业经理人对公司大股东的不信任。由民营家族公司发展而来的企业典型的特征就是所有权与控制权高度统一，国美在大股东黄光裕案发前就是这样，黄光裕家族拥有公司 1/3 以上的股份，并且在董事会中黄光裕是董事会主席，其妻子杜鹃也是执行董事，在此期间国美的职业经理人包括陈晓常常不能真正参与国美的决策，在国美难有归属感和主人翁感，也没有成就感。另一方面是创始股东对职业经理人也缺乏信任。有调查显示民营家族公司发展而来的企业，其创始人最为担心的是企业创始人丧失实际控制权，而使其企业蜕变成经理人控制的企业。因此，一般情况下创始股东很难信任职业经理人，交出控制权。

在国美案中，黄光裕也正是由于锒铛入狱才被迫向职业经理人移交了控制权。而之后在国美控制权争夺中，导致国美创始股东对职业经理人陈晓产生信任危机的直接原因有两个：

首先，职业经理人陈晓主导国美以苛刻条件引入贝恩资本。国美向贝恩投资发行 15.9 亿元 7 年期可转债，年息率 5%；如贝恩投资实施债转股，初始转换价每股 1.18 港币；如国美公开发售完成后转股，转换价格则调整为每股 1.108 港币。以 0.672 港币/股的价格，向所有老股东按总股本的 18%比例配售新股。贝恩投资与国美电器约定，如老股东认购不足，贝恩将作为包销商，认购全部剩余配售股份。此举极大地加大了创始大股东股份被稀释的风险。同时贝恩投资同国美约定，陈晓的董事局主席任期至少 3 年以上；国美不良贷款不能超过 1 亿元；确保贝恩投资 3 名非执行董事人选，并不得提名他人接替；如陈晓、王俊洲、魏秋立 3 名执行董事中两人被免职，则国美违约。一旦违约，贝恩投资有权要求国美电器以 1.5 倍代价即约 24 亿元赎回。此条款会动摇创始大股东在董事会中的控制力，即便陈晓不倒戈依旧是黄光裕的利益代言人，加上原来的伍建华等几位董事，大股东黄光裕在董事会中的控制力也明显减弱。这两方面的因素导致创始股东与职业经理人之间的信任产生深度裂痕。

其次，股权激励方案的实施。2009 年 7 月，国美根据购股权计划，在董事会主席陈晓的主导下，董事会对公司总监级以上核心骨干高管团队授出购股权，其中包括部分董事及上百名高级雇员可以以 1.90 港币认购国美电器发行的 383 000 000 股新股。大股东黄光裕得知期权激励方案后，要求董事会采取措施，取消期权激励实施，但他的意见再次没有被董事会采纳。此事件也很大程度上加深了创始大股东对董事会主席陈晓的信任危机。在民营家族发展而来的企业中，股权激励制度与公司控制权之间存在矛盾。一方面，现代公司的专业化要求吸引并留住优秀经理人，需要采用股权激励制度；另一方面，有一部分创始股东不希望家族及其本人丧失对企业的绝对控制权，而实行期权激励又不可避免地会稀释创始人股份，在国内同股同权的背景下无疑就是损失对公司的控制权。这也正是在大股东黄光裕担任董事会主席期间，虽然公司有过股权激励计划，但一直不实施的本质原因。

经过上述两次信任危机，创始股东黄光裕与职业经理人的矛盾激化，委托代理问题凸显，最终导致了“国美控制权之争”。

四、结论

“国美控制权之争”是国美上市以后，在从家族企业的管理方式转型为现代股份制上市公司的管理方式的过程中发生的。在股份制公司中，所有权与经营权分离，委托代理问题在所难免。其实，类似“国美控制权之争”的控制权争夺案例并非国美仅有。例如，迪士尼公司的创始家族尽管对 CEO 埃斯纳不满，但埃斯纳笃信创始家族难以召集足够的票数召开股东大会赶他下台，有恃无恐地控制了公司 20 年。最终创始人沃尔特·迪士尼的后人登报吁请全国迪士尼股东支持，拉到了 45%的选票，才得以召开股东会罢免了埃斯纳。但是，毕竟企业股东和经理人的控制权之争会给企业正常经营管理带来巨大冲击，对公司造成负面的影响，所以企业防范这种争斗是十分必要的。

国美一案中，陈晓一方担忧“黄光裕的存在会对其他股东造成损害，会是国美未来发展之路上的一颗定时炸弹，去黄光裕化不仅有助于国美再融资，解决实际困难，也能使国美真正从一个家族企业转变成现代股份制公司”。但是，作为国美大股东的黄光裕显然有理由也更有权利维护自身的利益。这样的矛盾如何解决？显然，国美案例已经成为按照现代公司法律解决企业控制权之争的经典范例。

特别值得一提的是，2004 年和 2006 年，凭借其“绝对控股”地位，黄光裕多次修改公司章程。2006 年国美股东大会对公司章程进行了一次最为重大的修改：无需股东大会批准，董事会可以随时调整董事会结构，包括随时任免、增减董事，且不受人数限制；董事会还获得了大幅度扩大股本的“一般授权”，包括供股（老股东同比例认购）、定向增发（向特定股东发行新股）以及对管理层、员工实施各种期权、股权激励等；董事会还可以订立各种与董事会成员“有重大利益相关”的合同。黄光裕在国美上市后股权控股比例不断下降，控股比例太低。控制权之争的爆发，正是当初这些赋予董事会的“超限”权利给黄光裕带来了巨大的威胁。所以，控股股东如何保证股份的控股地位和合理行使股东的权利无疑也值得深思。

案例分析提示与探讨

1. 分析思路

(1) 从现代公司制度的理念的角度，分析股东和经理人的权利边界。

(2) 根据委托—代理理论分析“国美控制权之争”的原因。

(3) 从法律、伦理等多个角度分析现代公司治理结构的构建。

2. 理论依据

(1) 以所有权与经营权分离为基础，从委托—代理理论的角度进行讨论。

(2) 以国内外公司法相关规定为依据，论证陈晓和黄光裕双方行为的合法性。

3. 启发性思考题

(1) “国美控制权之争”是否是可以完全避免的？

(2) 在公司中，“到底是股东会大还是董事会大”？

(3) 公司如何在制度上防范类似“国美控制权之争”事件的发生？

【案例 2】

从诺基亚的兴衰看财务管理的重要性

一、引言

2013 年 9 月 3 日，微软宣布斥资 71.7 亿美元收购诺基亚设备与服务部门。2014 年 4 月 25 日，芬兰通信公司诺基亚宣布完成向微软出售设备与服务部门的业务。诺基亚手机业务此后更名为“微软移动”。诺基亚仅保留部分地图、网络通信设备等部门，微软将接手其智能手机和智能设备业务、Nokia.com 网站，以及诺基亚在社交媒体上的发言，期限长达 1 年。诺基亚这家规模巨大、曾经创造过辉煌业绩的公司竟然沦落到被收购的境地，发人深省。

二、背景介绍①

1. 创造辉煌

诺基亚诞生在北欧小国芬兰。1865 年，诺基亚创始人弗雷德里克·艾德斯坦(Fredrik Idestam)在芬兰的“诺基亚河”沿岸创建了一家木材纸浆厂，取名诺基亚。20 世纪 90 年代诺基亚开始以移动通信为核心业务。诺基亚 1998 年历史性地超越摩托罗拉，以 27%份额成为世界最大手机制造商；到 2000 年以高达 3 030 亿欧元的市值荣登欧洲公司的市值冠军；2007 年成为市场占有率高达全球 4 成的手机霸主。

2. 日薄西山

1992 年苏联解体，诺基亚公司失去了当时公司最大的市场。

2004 年摩托罗拉推出的超薄“刀锋”设计手机“Razr”，受到北美消费者的青睐。但是，诺基亚拒绝这种审美的改变，虽然后来推出了 N76 这样模仿 Razr 的翻盖手机，但为时已晚，诺基亚已经开始失去北美市场。虽然诺基亚意识到这个问题并尝试改变，但是收效甚微。最终，功能机时代诺基亚失去了美国市场，第一个隐患已经被埋下。

---

① 本小节内容根据文献“诺基亚总部大楼换上微软标志 回忆诺基亚兴衰史，http://www.guancha.cn/economy/2014_04_28_225174.shtml”整理。

2007年苹果公司推出iPhone。虽然当时诺基亚实际上已经拥有了全球一半的智能手机市场，但是iPhone的出现确立了另一种标准：高分辨率多点触摸屏、手势操作、内置先进传感器、强大的多媒体及互联网能力。不论是诺基亚的Symbian、微软的Windows Mobile还是黑莓，都不具备这些特点。随后，随着iOS开始内置App Store，可以直接在手机应用商店中下载安装应用，极大地改变了智能手机App的使用体验，相比之下其他的操作系统已经显得相当笨拙。后来，谷歌Android开始赶上，提供了相似的体验。而这时的诺基亚仍然拒绝改变。诺基亚讨厌触摸屏，所以当时最火的诺基亚手机仍是E71那样的键盘手机，直到iPhone发布1年之后，内置电阻触摸屏的5800才姗姗来迟。不幸的是，触摸屏对于5800就像是一双不合脚的鞋子，其用户界面完全没有针对触摸屏操作优化。但是诺基亚故步自封，未能迅速适应这一变化。很快，仍然坚持键盘手机、顺便做做触摸屏手机的诺基亚，便看到了竞争对手的崛起和自身市场份额的下降。

之后，诺基亚又作出了一个不够明智的决定，诺基亚作为微软的战略伙伴加入Windows Phone阵营。然而在苹果的iPhone和三星等公司Android手机的夹击下，Windows Phone手机败下阵来。诺基亚的处境更加艰难。

终于，在苦苦支撑了数年后，2014年4月诺基亚设备与服务部门被微软收购。

三、案例分析①

诺基亚公司的衰落在公司的财务数据上体现得十分清晰。

1. 断臂求生欲舍命一搏

从资产负债表上看，截至2012年12月31日，诺基亚公司账面资产只有不到300亿欧元，比最高时点2008年年底减少了100多亿欧元，减少幅度达24%。而与此对应的是，流动资产占比也一直下降，2003—2012年，10年内其比例下降了16%。仔细分析可知，这个昔日“巨头”在被收购之前曾希望剥离越来越多的非核心资产而将“火力”集中在核心业务的提振上，所以减少的都是固定资产，如出售芬兰总部大楼、停止芬兰工厂的智能手机生产、卖地求生。此外，诺基亚还将旗下的奢侈手机品牌Vertu卖给一家欧洲私募股权基金。这种断臂求生的做法是使昔日手机行业龙头诺基亚风光不再、艰难求生的一个缩影。诺基亚已经褪去了过去的一切骄傲，如同一位当掉了所有家当的赌徒，开始孤注一搏了。

从利润表上看，2003—2012年，诺基亚公司的营业收入最高为2007年的510亿欧元，到2012年只有300亿欧元，减少了40%；净利润也从2007年的67亿欧元下降到2012年亏损近40亿欧元。可见，2007年是该公司的一个经营拐点。2007年苹果推出iPhone高端手机的同时，诺基亚的利润下跌，将市场份额拱手让给了苹果和三星。在手

---

① 本小节内容根据文献“Catherine Lions(凯瑟琳·莱昂斯)，谈多娇.诺基亚公司的财务故事[J].会计之友，2014(18)”整理。

机销售市场上“节节败退”后，诺基亚不得不在2013年将公司手机业务全盘出售给了微软。与苹果公司的超级“现金牛”相反，2003—2012年诺基亚的现金储备缩水严重，最低时只有10亿欧元左右(2009年年底)。该公司已采取裁员和关闭工厂等重组措施，并首次停止派息，终止了连续143年向股东派发股息的记录。该公司的自由现金流不足，截至2012年12月31日，诺基亚的自由现金流已经降至负8.12亿欧元，而同期苹果的现金流增加了447亿美元，三星也增加了75亿美元。由于自由现金流不足，其债券持有人也面临着前所未有的危险境地。全球三大评级机构都将诺基亚的债券评级列为垃圾级。

2. 资金吃紧偿债成问题

2003—2012年诺基亚公司的流动比率一路下滑，从2003年的2.5下降到2012年的1.4，说明企业短期偿债能力逐年下降。其中，现金及短期投资占全部流动资产的比例为一半左右，到2012年年底超过100亿欧元。这一方面吸引了微软对其发起的杠杆收购，另一方面也说明被收购之前的诺基亚在面对IT产业革命的漩涡时，没有及时加大对新技术的投资，而是孤注一掷在市场机遇面前过于谨慎保守，没有作出新的投资决策。由于库存占比极低，所以速动比率与流动比率相差不大。样本期间诺基亚公司的资产负债率“一路高歌”，从2003年的37%上涨到2012年的73%，不断亏损的手机业务使该公司的资产负债率日益恶化。再加上在智能机市场上与苹果、三星电子的激烈竞争，对其融资成本和债务谈判构成压力。由于诺基亚未能利用微软Windows Phone系统扭转其在智能机市场的下滑颓势，诺基亚遭遇更多亏损，烧掉更多现金，偿债能力更加令人担忧。

3. 迟暮巨人周转受制于人

与苹果公司的存货周转光环对比，诺基亚就像一个迟暮的巨人，产品缺乏创新，周转速度受制于人。诺基亚的几款当红手机在市场上已经卖了很久，市场缺乏新鲜血液来刺激。尽管身居全球手机销量榜首，但随着2006年黑莓手机风靡全球，2007年苹果推出颠覆产业链之作iPhone，诺基亚却没有一款手机能与其媲美。苹果迷们深夜为购买iPhone而排起的长队，为苹果公司带来了每年超过70次的存货周转率，而诺基亚则由于手机毛利率连降，导致渠道抵触情绪蔓延。其结果是诺基亚的存货周转速度不及苹果公司的1/5，2003—2012年间该指标在11～17之间。公司的总资产周转率为1左右。

在收入规模萎缩的同时，诺基亚公司断臂求生，不断剥离非核心资产而导致资产规模也同步萎缩，从而导致总资产周转率持续不变。其中最引人关注的是，诺基亚以1.7亿欧元的价格把位于芬兰埃斯波的总部大楼出售给房地产公司Exilion。虽然在惨淡的市场环境下卖掉固定资产改进效率已经成为最近全球科技界的一个潮流，但这幢建于20世纪90年代的总部建筑不仅仅是一项资产，更是诺基亚的一个精神象征，正是在这幢大楼中，诺基亚开始了自己击败摩托罗拉、登顶全球手机王者的黄金年代。

4. 业绩下降遭集体诉讼

诺基亚公司的销售毛利率也一路下滑，从2003年的38%下降到2012年的28%，降幅达 10 个百分点。手机业务曾经是诺基亚的利润奶牛，而样本期间单机毛利率持续走低。虽然有几年诺基亚的智能手机领域出货量规模较大，但获利水平却越来越低于苹果。微薄的毛利不足以抵补企业的期间费用开支，所以样本期间诺基亚的利润从 2011 年开始转为亏损，随之而来的是销售净利率、总资产净利率和权益净利率等指标的变号，其中 2012 年其权益净利率为－47%，加之其股票的交易价格当时仅为 2 欧元多，不及 2000 年峰值 65 欧元的一个零头。这一切都让投资者越来越没耐心，甚至指责公司欺诈投资者，并对诺基亚发起了集体诉讼。

四、结论①

总结诺基亚公司经营失败的原因，大致有以下几个方面：其一，战术失误，延误战机。2006 年，诺基亚因为手机价格低迷开始决定向“互联网”公司发展，展开了一系列收购，并豪掷百亿欧元的资金用来开发软件，但却忽视市场营销、渠道建设等问题，忽略了用户体验和市场惯性，为自己的未来埋下了“祸根”。其二，平台之失。诺基亚拒绝加入 Android 阵营，而是每年投放十几亿欧元在塞班系统上，又与英特尔联手打造全新的移动终端操作系统 MeeGo，而且诺基亚浪费的不仅是财力、人力、物力，还给了竞争者赶超自己的时间。满身非议后，诺基亚又慌不择路“移情”微软。其三，技术与创新匮乏。从模拟手机到数字手机时代，诺基亚靠品质、技术成为业界大佬。提升屏幕分辨率，选择卡尔蔡司摄像头，都是诺基亚开创的先河。诺基亚却最后败在了技术和创新上。有人说，如果没有苹果，诺基亚照样会遇到设计创新的冲击。其四，官僚主义。诺基亚有无数个领先竞争对手的机会，但是诺基亚的执行文化和不恰当的评估标准阻断了创新的可能。在诺基亚，层级管理、汇报制度非常严格，每一个小会都要牵动几个部门来完成，邮件上报、层层审批等待的时间往往长于执行的整个过程。其五，成本战略。高效率的成本控制思维也抑制了诺基亚的创新。诺基亚因为曾经的成功纪录而不愿放弃落后的塞班系统，核心能力变成了核心障碍，困住了自己。其六，破坏性创新对手。面对破坏性创新的竞争对手，那些大公司注定要失败，因为它们别无选择地受到重力一样的力量牵引而走向末路。苹果 iPhone 的出现使诺基亚从全球手机业的行业老大沦落到被并购的地步，是因为苹果利用了日益完善的触控技术及飞速发展的移动互联网技术，在原先手机业趋于饱和、利润空间低的境况下，找到了整个行业新的增长点，从此引领通信业进入智能手机时代，也进入了移动互联网时代。

案例分析提示与探讨

1. 分析思路

(1) 诺基亚出现了哪几个重要错误？这些错误在财务上造成了怎样的后果？

---

① 本小节内容根据文献“Catherine Lions(凯瑟琳·莱昂斯)，谈多娇. 诺基亚公司的财务故事[J]. 会计之友，2014 (18)”整理。

(2) 从企业的财务数据变化分析诺基亚衰落的原因。

2. 理论依据

(1) 从利润的形成原理分析诺基亚决策失误造成的后果。

(2) 从财务影响的角度分析诺基亚采取的各项对策的后果。

3. 启发性思考题

(1) 诺基亚的衰落仅仅是科技创新方面的失利吗?

(2) 如何在企业经营决策中加入财务方面的控制,减少类似诺基亚这样悲剧的发生?

【案例3】

从证监会重罚九好集团看企业财务造假

一、引言

2017年3月10日，证监会发布公告称，经查，浙江九好办公服务集团有限公司(现已更名为九好网络科技集团有限公司，以下简称九好集团)通过各种手段虚增2013—2015年服务费收入2.6亿余元，虚增2015年贸易收入57万余元，虚构银行存款3亿元，将公司包装成价值37.1亿元的“优良资产”，与鞍山重型矿山机器股份有限公司(以下简称鞍重股份)联手进行“忽悠式”重组，以期达到借壳上市之目的。九好集团及鞍重股份的信息披露存在虚假记载和重大遗漏。公告称上述信息披露违法行为涉案金额巨大、手段极其恶劣，违法情节特别严重。证监会已经向当事人送达行政处罚事先告知书，拟对九好集团、鞍重股份及主要责任人员在《证券法》规定的范围内进行顶格处罚，对本案违法主体罚款合计439万元；同时对九好集团造假行为主要责任人员郭丛军、宋荣生、陈恒文等人拟采取终身市场禁入以及5～10年不等的证券市场禁入。

这个案件，昭示着证监会对财务造假“零容忍”的决心，为企图通过财务造假谋取利益的企业给出了清晰的警示。

二、背景介绍

(一) 事件回放

因重大资产重组实施借壳行动中存在的诸多嫌疑问题，2017年3月11日，在连续遭到中国证券会开具的三份“行政处罚事先告知书”后，涉案上市公司——鞍重股份及其资产重组方九好集团，历时23个月，共同导演的一幕“忽悠式”重组，终于终止。

根据“行政处罚事先告知书”，鞍重股份方面“领取”了合计罚款中约34%的处罚金，而九好集团方面“领取”了合计罚款中约66%的处罚金，从这个角度看，作为意图借壳鞍重股份并控制的重组方九好集团，才是此案的关键。那么，此前并不在公众视线中的九好集团到底是一家什么公司？

前文提到的被处罚人中，有一个人叫做郭丛军，实际就是九好集团的董事长，也是该公司的创始人，而他正是这宗“忽悠式”重组丑闻中的主要“编剧”。

根据公开信息，郭丛军1974年出生在四川广元的一户普通农民家庭，1998年，他进入了当地的一家药厂工作。2000年，郭丛军怀揣仅有的1 500元被药厂外派到浙江杭州开发市场，离开故乡之前，郭丛军称自己是“三无”产品（无钱、无学历、无关系），但是，两年后，郭丛军却把浙江开发成了公司最大的市场，并且在接下来几年里都保持业绩第一。2007年，郭丛军开始了自己的创业之路，创办了九好实业（九好集团的前身），业务涉及医药、外贸和房地产。2009年，郭丛军发现办公用品代理行业可以做大事业，于是转变思路，首创了“后勤托管服务平台”这一概念。

郭丛军提出的所谓“后勤托管服务平台”概念，实际就是在“办公托管”的基础上，提出针对上游供应商的“后勤物联网”模式以及针对下游客户的“后勤集承”模式，为客户从根本上解决办公烦恼，把客户从繁杂的日常采购、后勤管理中解脱出来，使其专注于自身主营业务的发展。说直接一点，就是提供包括办公用品、办公一体化、餐饮、物业、会务、礼品等22类项目在内的全方位后勤托管服务。

通过近20次的股权变更，郭丛军所控制的九好集团实际成为多个私募资本的复杂关系平台。从审计报告的财务数据看，表面上，公司的净利润每年都有超过60%以上的增速，而来自经营活动产生的现金流净额更是达到年增速190%以上的水平。如果抛开其他规定条件，仅就创业板上市的财务指标规定而言（最近两年净利润累计不少于1 000万元，且持续增长；或者最近一年盈利，且净利润不少于500万元，最近一年营业收入不少于5 000万元等），郭丛军控制的九好集团表面上的财务表现甚至都已超越基本门槛。审计报告显示，九好集团在2013—2015年的净利润分别为0.399亿元、1.155亿元、1.929亿元。

但是，限于IPO排队冗长，郭丛军及其股东团队选择了另一条捷径——借壳上市。

郭丛军及其股东团队早在2015年年初就瞄准了第一个“壳资源”——星美联合（后被欢瑞世纪借壳成功，并更名）。但是第一次买壳遭遇失败。

2015年4月7日，中国最大的专业生产振动筛的厂家、上市公司鞍重股份发布了一则拟披露重大事项及临时停牌的公告。直到11月14日，该公司发布一份公司及其董事、监事、高级管理人员关于重组预案内容真实、准确、完整的承诺函后，才正式揭开谜底：“鞍重股份拟实施重大资产重组（以下简称‘本次交易’），根据本次交易安排，本公司以其截至评估基准日合法拥有的除22 900万元的货币资金之外的全部资产和负债与九好集团股东所持浙江九好办公服务集团有限公司（以下简称‘九好集团’）100%股权的等值部分进行资产置换，资产置换差额部分由本公司向九好集团全体股东通过发行股票的方式进行支付。此外，上市公司拟以非公开发行人民币普通股的方式募集配套资金不超过17亿元。”

鞍重股份成立时间为2007年7月，并在2012年3月实现上市。公司发起人为杨永柱、温萍、杨琪、高永春、杨永伟、王铁、高庆书、张宝田、吴刚、梁晓东、张笑男、王大明、顾宪广、石运昌等14位自然人股东。杨永柱是这些股东中的核心人物，且为公司的现任董事长，其 1978 年至 1992 年任鞍山矿山机械厂设计室室主任，1994 年创建鞍重机器厂，即为鞍重股份的前身。

杨永柱一直从事矿山机械振动筛的研发、设计工作。作为主要研发人员及专利申请人，杨永柱共获得实用新型专利 34 项，发明专利 5 项，科研奖励 23 项，参与制定行业标准 16 项、国家标准 1 项，曾获得“全国专利运用与产业化优秀工作者”“中国重型机械协会先进个人”“辽宁省知识产权‘兴业强企’工程专利运用与产业化优秀个人”“鞍山市首批学术和技术带头人”“市优秀专家”等荣誉称号。

但是，作为技术专家的杨永柱，似乎不善经营，2012 年上市后，鞍重股份无论是营业收入还是净利润，都呈现不断下滑趋势。除此，摊薄净资产收益率，也每况如下，2012 年至 2015 年分别为 9.97%、8.17%、6.17%、0.82%。

和九好集团接洽，并进行资产重组谈判，杨永柱团队的本意就是“卖壳”，而这正符合九好集团的目的。

就在鞍重股份和九好集团计算着靴子落地的美好时刻，2016 年 5 月 27 日，一份来自证监会的调查通知书，落在了鞍重股份的办公桌上。而在之前的 5 月 19 日，鞍重股份刚刚收到证监会对两家公司重组交易的行政许可，即对申请予以受理的通知书。根据媒体的报道，“群众的举报”导致证监会对鞍重股份和九好集团重组方案进行了立案。

鞍重股份和九好集团的重组梦，如果不是“群众举报”以及监管的深度介入，也许会美梦成真，但是在该案未出结果之前，鞍重股份董秘的仓皇抛售股票、九好集团方面的“反调查”行为，说明这两家公司内心很虚，而且有真问题存在的重大嫌疑。

2017 年 3 月，根据取证和调查最终结果，鞍重股份和九好集团的资产重组终于被证监会定性为“忽悠式”重组。

(二) 证监会重罚涉事机构

因为涉九好集团忽悠式重组案，利安达等中介机构被证监会重罚。本次造假大案主角，上市公司鞍重股份被罚 60 万元、借壳方九好集团被顶格处罚，而中介机构更被狠狠重罚：西南证券，被罚 600 万元(没收 100 万元，罚 500 万元)；天元律师事务所，被罚 900 万元(没收 150 万元，罚 750 万元)；审计机构利安达，被罚 900 万元(没收 150 万元，罚 750 万元)。

三、案例分析

根据中国证券监督管理委员会辽宁监管局 2017 年 3 月 10 日开具的“行政处罚事先告知书”〔2017〕31 号，2013—2015 年，九好集团通过各种手段虚增服务费收入 264 897 668.7 元，虚增 2015 年贸易收入 574 786.32 元。虚构银行存款 3 亿元、未披露 3 亿元借款以银行存款质押。九好集团将上述情况列入财务报表，向鞍重股份提供并于 2016 年 4 月 23 日披露了含有虚假内容的“浙江九好办公服务集团有限公司审计报告(2013 年至 2015 年)”。2016 年 4 月 23 日，鞍重股份公告了“重大资产重组报告书”，其中披露了重组对象九好集团最近3年主要财务数据，包括资产负债表主要数据、利润表主要数据、现金流量表主要数据。

九好集团的财务造假行为导致了九好集团、鞍重股份所披露的信息含有虚假记载、重大遗漏；导致郭丛军、杜晓芳及其一致行动人九贵投资、九卓投资公开披露的“鞍山重型矿山机器股份有限公司收购报告书摘要”含有虚假记载、重大遗漏。

具体造假行为列举如下。

1. 虚增服务费收入

(1) 与供应商之间的虚增服务费收入金额。经核实，有125家供应商单位或个人均通过不同方式确认与九好集团无真实业务往来或者资金往来无真实业务背景，通过这些供应商，九好集团3年累计虚增服务费收入191 524 278.2元，其中2013年虚增金额为10 354 349.06元，2014年虚增金额为55 694 997.98元，2015年虚增金额为125 474 931.16元。

(2) 与客户之间的虚增服务费收入金额。经对九好集团84家供应商对应的46家客户进行实地走访核实，这些客户均确认自身与九好集团业务台账所显示供应商无业务往来，或双方之间的业务与九好集团无关。九好集团通过这84家供应商虚增服务费收入50 991 653.19元，其中2013年虚增金额4 570 747.05元，2014年虚增金额26 151 552.62元，2015年虚增金额20 269 353.52元。上述虚增服务费金额的确认，充分依据九好集团公开披露的服务费结算模式和收入确认会计政策，并确定了以下认定标准：供应商在九好集团的平台销售额剔除经客户确认的虚假平台交易后，剩余销售额未达到承诺销售额50%的，九好集团确认的对该供应商的进场费和推广费收入全部不能确认收入，虚增的托管服务费金额按照虚假基础交易金额和提成比例计算；供应商在九好集团的平台销售额剔除经客户确认的虚假平台交易后，剩余销售额超过承诺销售额的50%的，九好集团对该供应商的虚增服务费金额仅为按照虚假基础交易金额和提成比例的计算托管服务费。

(3) 经过浙江九好集团员工核实并且通过资金循环证据印证的虚增服务费收入金额。经向九好集团相关员工核实，九好集团存在帮助供应商套取资金并充当掮客的灰色业务模式，此类业务模式并不在九好集团的经营范围内，但九好集团通过和供应商签订虚假业务合同来确认服务费收入，九好集团与19家供应商之间的业务均属于此类性质。经查，九好集团收到这些供应商支付的服务费款项，均通过其控制使用的个人银行账户循环退回至供应商法定代表人或其指定银行账户。无论是从会计准则规定的收入确认条件来看，还是从此类业务的法律形式和经济实质来看，上述业务往来均不应确认为服务费收入。九好集团涉嫌通过这19家供应商虚增2013年服务费金额2 344 000元，虚增2014年服务费金额5 710 096.31元，虚增2015年服务费金额14 327 641元。

综上，九好集团2013—2015年涉嫌通过虚构业务、改变业务性质等多种方式虚增服务费收入共计264 897 668.7元，其中2013年虚增服务费收入17 269 096.11元，2014年虚增服务费收入 87 556 646.91 元，2015 年虚增服务费收入 160 071 925.68 元。

2. 虚增贸易收入

杭州融康信息技术有限公司(以下简称融康信息)与九好集团之间存在资金循环。经向融康信息法定代表人刘志昶核实，双方的业务模式是融康信息向九好集团采购货物，2015 年融康信息向九好集团采购的货物未收货，支付的货款已退回。九好集团在财务处理上仍然确认融康信息 574 786.32 元的销售收入及应收账款收回，涉嫌虚增 2015 年销售收入 574 786.32 元。

3. 虚构银行存款

九好集团审计报告中披露的 2015 年 12 月 31 日合并资产负债表显示，2015 年年末货币资金余额为 531 226 736.82 元。经查，其中 3 亿元银行存款系由九好集团通过借款形成的，且在披露时点处于质押状态，九好集团未披露该借款及存款质押事项。具体事实如下。

(1) 九好集团虚构 3 亿元银行存款。2015 年 1 月，九好集团在账面虚构 1.7 亿元其他应收款收回，虚构银行存款转入 47 702 412.00 元，同时转出 1 亿元资金不入账，账面形成虚假资金 317 702 412.00 元(九好集团平安银行西湖支行账号:11014720107002)。

为掩饰上述虚假账面资金，九好集团在账面虚假记载 2015 年 3 月 31 日 317 702 412.00 元资金从九好集团平安银行账户划转至九好集团上海银行账户，记账信息见九好集团 2015 年 3 月 31 日“记—102 号”凭证。此外，九好集团还在上海银行账户虚构郭丛军 3 月 26 日退回购房款 1 170 万元，虚假账面资金扩大至 329 402 412.00 元，记账信息见九好集团 2015 年 3 月 30 日“记—88 号”凭证。

2015 年 3 月 31 日，杭州好融实业有限公司(以下简称好融实业)向九好集团上海银行账户转入资金 1.6 亿元(共两笔，一笔 4 495 万元，一笔 1.150 5 亿元)。九好集团在账面虚假记载收到上海九好等单位其他应收款 138 009 025.38 元；经过三次红字冲销后，虚假记载收到上海九好等单位其他应收款 130 597 588.00 元，少计收回 29 402 412.00 元，记账信息详见九好集团 2015 年 3 月 31 日“记—103 号”凭证。至此，九好集团在账面仍然存在 3 亿元虚假资金(九好集团上海银行账户)。

(2) 九好集团为掩饰虚构的 3 亿元银行存款而借款 3 亿元并进行存单质押。其借款和质押行为未对外披露。

九好集团从 2015 年 3 月开始通过外部借款购买理财产品或定期存单，于借款当日或次日通过理财产品或定期存单为借款方关联公司质押担保，并通过承兑汇票贴现的方式将资金归还借款方，从而在账面形成并持续维持 3 亿元银行存款的假象。

2015 年 3 月 24 日、25 日，九好集团通过好融实业、杭州煜升科技有限公司(以下简称煜升科技)及郭丛军向杭州赛诺索斯进出口贸易有限公司(以下简称赛诺索斯)两次借款 1.5 亿元(合计 3 亿元)，再由好融实业、煜升科技及郭丛军账户转入九好集团上海银行账户，然后用此资金两次购买期限为 182 天的上海银行“赢家公司客户人民币封闭式理财产品"1.5亿元(合计3亿元)。2015年3月25日,九好集团以其3亿元理财产品为赛诺索斯提供担保,赛诺索斯开具银行承兑汇票3亿元(两张承兑汇票,每张金额1.5亿元)并随即贴现,贴现款直接归还赛诺索斯。贴票利息1 253 850.00元,由杜晓芳代替九好集团向赛诺索斯支付。2015年9月,上述3亿元银行理财产品到期后,上海银行将理财产品资金解付直接归还银行存兑汇票。

2015年9月22日,九好集团又在杭州鑫合汇互联网金融服务有限公司(以下简称鑫合汇)的安排下,向宁波盈祥投资管理合伙企业(有限合伙)(以下简称宁波盈祥)借款1.5亿元转入九好集团兴业银行账户。当日,九好集团把1.5亿元活期存款转化为半年期定期存单(期限为2015年9月22日至2016年3月21日),并以该存单为质押物与兴业银行杭州分行签订质押合同,为杭州煊隼贸易有限公司(以下简称煊隼贸易)当日开具的1.5亿元银行承兑汇票提供担保,兴业银行当日将该存单入库保管。当日,该票据贴现后资金还回宁波盈祥。2015年9月23日,九好集团再次重复上述过程,在兴业银行形成1.5亿元定期存款(期限为2015年9月23日至2016年3月22日),并继续以存单质押、票据贴现的方式将借款于当日还回宁波盈祥。在上述操作过程中,九好集团通过杜晓芳账户向鑫合汇下属中新力合股份有限公司支付现金流服务费18万元,向宁波盈祥支付"利息、融资服务费"12万元。2016年3月,九好集团3亿元银行存单到期后,被兴业银行直接解付承兑汇票。九好集团随即再次采用上述操作方式形成3亿元银行存款。

综上,九好集团于2015年1月虚构3亿元银行存款,2015年9月22日、23日通过借款形成3亿元银行定期存单,截至2015年12月31日,上述3亿元银行存单处于质押状态,但九好集团在公开披露的审计报告附注及重大资产重组报告书中均未披露上述3亿元借款及3亿元定期存单质押事项。

四、结论

九好集团虚增收入、虚构存款,与鞍股份联手进行"忽悠式"重组,以期达到借壳上市之目的。这种以蒙混过关、推高股价为目的的财务造假行为严重扰乱了证券市场的秩序,侵害了广大投资人的利益,性质十分恶劣,负面影响很大。证监会果断出手处罚,避免了事态的进一步发展,维护了证券市场的正常秩序,也给相关的企业敲响了警钟。但是,在利益的驱动下,一些企业仍然会铤而走险变着花样进行财务造假,这就需要管理部门加强管理,坚决处理每一起造假事件;同时,广大投资者也要提高对财务造假的防范意识,掌握财务造假的防范知识,避免因企业财务造假给自己的投资带来损失。

(资料来源:根据"鞍重股份和九好集团重组黑幕,https://www.xzbu.com/3/view-8461307.htm""鞍重股份:关于公司及相关当事人收到中国证券监督管理委员会《行政处罚事先告知书》的公告,http://q.stock.sohu.com/cn,gg,002667,2435494089.shtml"整理而成。)

案例分析提示与探讨

1. 分析思路

(1) 九好集团财务造假的动机是什么?

(2) 九好集团财务造假的手法有哪些?

2. 理论依据

(1) 从信息不对称理论分析财务造假可能造成的后果。

(2) 从企业重组理论分析正常的企业重组与“忽悠式重组”有何不同。

3. 启发性思考题

(1) 九好集团为何一直寻求重组?

(2) 鞍重股份选择与九好集团重组有无其合理性?

(3) 如何避免更多“忽悠式重组”的出现?

【案例4】

万达的"轻"资产模式

一、引言

大连万达集团成立于1988年,已发展成为以商业地产、高级酒店、文化产业、连锁百货为四大支柱产业的大型企业集团。2012年5月21日,大连万达与全球第二大院线集团AMC签署并购协议,万达以26亿美元并购AMC。北京时间2012年9月5日凌晨,万达集团宣布完成对AMC娱乐控股公司价值26亿美元的收购,成为全球最大影院运营商。2014年12月23日,万达商业地产在港交所挂牌上市,万达公开发售超额认购约5.32倍,募集资金高达288亿港元,成为香港市场当年年内招股额度最大的公司。万达商业地产股份有限公司是全球商业地产行业的龙头企业,截至2014年年底,已在全国开业100多座万达广场,持有的物业面积规模居全球第二。然而,这家以商业地产巨头著称的企业却绝不仅仅是一家房地产企业,其率先宣布"去地产化",转型为轻资产模式,终极目标是打造一家商业消费服务企业。

二、背景介绍

著名战略学家迈克尔·波特教授在其价值链分析模型中强调,产业链的不同阶段增值空间存在很大差异,维持上下游竞争优势对构建企业核心竞争力意义重大。台湾宏碁集团董事长施振荣先生结合自己多年从业经验和波特教授的价值链分析模型指出,在PC产业链乃至整个制造业,上游的研究开发与下游的销售服务工序附加值较高,而中间的组装工序属于劳动密集型工序,由于标准化作业的采用和竞争的加剧,利润空间最小,因而整个PC产业制造工序流程的附加值线条就形成一个两头高、中间低的4型曲线,看上去就像微笑的嘴唇,施先生称其为"微笑曲线"。

微笑曲线理论和价值链分析模型说明了这样一个事实:在知识经济时代,资本、技术、智力等企业资产流动越加频繁,企业逐渐趋向"无界"经济,企业间分工合作也更加紧密,企业向各自优势领域集中资源,行业重组不断深化。企业间的关系已经不再局限于交易双方平常意义上的贸易关系或者以出资方式联系起来的系列关系,更多的是包含虚拟生产、虚拟共生、战略联盟等形态在内的多样化关系，这直接催生出一种崭新的经营模式——轻资产运营模式。

所谓轻资产，是相对于占用大量资金的重资产而言的，包括企业的经验、规范的流程管理、企业品牌、客户关系、人力资源等，与设备、厂房、原材料等重资产相比较，上述资产占用资金较少，显得轻便灵活，所以称为轻资产。换言之，即智力资本以知识及其管理为核心，构成了企业的轻资产。

而轻资产运营可以理解为：在资源有限的条件下，杠杆利用他人资源，以最低的投入，实现股东价值最大化的战略管理。轻资产运营的核心思想在于以杠杆原理充分利用各种外界资源，减少自身投入，集中自身资源于产业链利润最高的阶段，以提高企业的盈利能力。轻资产运营是一种以价值为驱动的资本战略，是网络时代与知识经济时代企业战略的新结构。

轻资产运营模式与传统竞争理论的重大区别在于：传统竞争理论是以低成本或差别化获取市场份额和数量增长为竞争根本。轻资产运营模式是以客户和利润作为中心来思考竞争策略，最关心的是客户的价值观、产业链的高利润阶段和杠杆利用他人资源，实现股东价值最大化；以轻资产模式扩展，与自我缓慢积累相比，可以获得更强的盈利能力和更快的发展速度。

近些年来，房地产业的竞争越来越激烈，房地产企业纷纷向轻资产模式转型，期望借此取得更好的发展。轻资产本质是企业在资产回报降低、行业竞争加剧的时代，通过资源的优化配置来提高行业整体效率水平和企业的市场空间。轻资产战略无疑大大减轻了企业的资金压力。提高效率，创新服务，与资本市场结合，与金融资产挂钩，将重资产转化为轻资产经营，这是目前不少房企暗中寻求利益最大化的战略途径。2014—2015 年，万科、万达、亿达、远洋、保利等房企纷纷宣布将向轻资产模式转型。

三、案例分析

万达为何要转型为轻资产模式？万达如何转型为轻资产模式？从万达董事长王健林的讲话也许可以找到主要的答案。

以下为王健林 2015 年 4 月 15 日在深交所的演讲全文。

万达的“轻”资产模式

万达是全球领先的不动产企业，2015 年持有物业面积达到世界规模最大。围绕不动产的发展，万达也延伸到其他许多产业。基于对房地产未来发展趋势的分析，从去年开始，万达进行全面转型。关于转型方向，从空间上看，要从国内企业发展成为跨国企业；从内容上看，要从以房地产为主的企业转型为高科技服务业企业。今天我重点讲万达的核心企业——万达商业地产的转型。

(一) 万达转型为轻资产模式

1. 什么是重资产,什么是轻资产

什么是重资产?万达商业地产的主要产品是城市综合体,这种产品模式就是建设一个大型万达广场,旁边配套建设一些写字楼、商铺、住宅等,把配套物业进行销售,用销售产生的现金流投资持有的万达广场。因为中国没有支持长期不动产投资的金融产品,所以万达只能以"售"养"租"。万达广场建成后自己持有经营,全部租金收益归万达,这种模式叫重资产。

什么是轻资产?投资建设万达广场,全部资金别人出,万达负责选址、设计、建造、招商和管理,使用万达广场品牌和万达全球独创的商业信息化管理"慧云"系统。所产生的租金收益万达与投资方按一定比例分成。这是一种全新模式,万达去年开始研发,现在已开始运行。这就是万达广场轻资产模式。

2. 以轻资产为主

万达商业地产的转型方向要以轻资产为主。截至 2014 年,万达已开业 109 个万达广场,今年还要再开业 26 个,届时持有物业面积将超过 2 500 万平方米。今年开业的万达广场全部是重资产,因为万达广场从选址、谈判、设计、拿地到开业的建设周期 3 年左右,2015 年计划开业的项目都无法再改为轻资产。但是 2016 年万达计划开业 50 个万达广场,其中超过 20 个是轻资产。2017 年以后,万达将保持每年至少开业 50 个万达广场的速度,其中 40 个以上是轻资产。万达现在有 9 000 多万平方米的土地储备,其中 2 000 多万平方米规划为万达广场等持有物业,还有 7 000 万平方米销售物业。我们定了一个目标,5 年内把这 7 000 万平方米销售物业消化掉,可能 5 年以后,万达广场将没有重资产项目了。这意味着 5 年内万达商业地产将去房地产化,转型为一家商业投资服务企业,类似于酒店管理公司,完全轻资产化。

(二) 为何转型为轻资产模式

万达的重资产不是发展得不好,也不是没有发展空间,中国的城市化还在进行,行业里模仿万达者也是众多。那为什么现在就要果断转向轻资产?

1. 扩大竞争优势

2015 年年底万达开业的广场将达到 135 个,规模全球第一。如果我们没有远大目标,完全可以自我满足,仅凭租金自然增长就可以高枕无忧。但对于有近 14 亿人口的中国消费市场来说,我们的规模还是太小,要扩大竞争优势,必须做得更大。重资产受制于房地产周期,市场火的时候房子卖得很好,现金回流很快,发展起来容易。但我们分析中国房地产已走到供需平衡的拐点,躺着挣钱的高利润时代已经过去,今后房地产要靠品牌、定价、营销等方方面面都做得好才行。重资产模式虽然还能发展,但难度在加大。要快速扩大规模,就要转型轻资产。由于万达广场有品牌,很多机构、个人都主动找万达要求投资,万达为什么不利用呢?现在有句名言:生意做得最牛的是拿别人的钱做自己的事。万达要在 5 年之内做到足够大,彻底排斥掉竞争对手,万达是在挖更宽、更深的护城河。

2. 发展中小城市

一些分析师问我，万达为什么不集中在一二线城市发展，三四线城市房价租金有那么高吗？这是对不动产理解不深。评价不动产项目最核心的指标不是房价和单平方米租金高低，而是租金回报比，就是租金和投资的比例，通过一个项目每年收取的租金，扣除各种税费后，除以项目投资来看回报率高低。如从租金回报比看，一二线城市项目甚至可能不如三四线城市项目，因为一二线城市项目地价更贵、投资更大。

重资产主要看房价，销售利润高才能投资，因而难以进入三四线城市发展。轻资产因为是纯投资不销售，不需关心房价，只要城区人口够多，租金回报比合适就可以做。万达可以进入大量的三四线城市。三四线城市发展不动产的最大挑战是招商难，一般企业根本不敢进去，因为招不到商。而商业资源丰富恰恰是万达的最大优势，我们有超过 5 000 家签了协议的合作商家，其中许多跟万达是紧密合作伙伴，万达走到哪他们就去哪。现在万达不是招商，而是选商。万达招商有个硬性规定，任何商家每年在万达广场的开店数不得超过当年开业万达广场总数的 50%，2014 年又进一步下调至 1/3。这样做一是为了防范风险，如果万达开业 500 家店，超市等某类行业全部由一个商家租赁，一旦它经营出现问题，风险就大了。二是防止内部腐败，不能因为搞定某个万达招商人员，个别商家就能无限制地在万达广场开店，对每个品牌我们都限定进入万达广场的数量。

三四线城市土地价格相对便宜，现在去还能选到比较好的中心地段。从我们的经验看，一个四五十万人口的三四线城市，完全能承载一个大型万达广场，而且三四线城市的消费者的忠诚度更高。比如北京附近的廊坊，市区只有 40 万人口，当时政府找万达去投资，我们觉得廊坊人口不多，而且往北 30 分钟到北京，往南 40 分钟到天津，能有多少当地人在廊坊购物消费，我们并不看好。但廊坊市政府热情很高，三番五次找上门，而且愿意拆迁市政府办公区给我们建万达广场。人总是讲情面的，我们只好投资。但廊坊万达广场开业后效果出乎意料，现在平均每天客流 5 万人次，相当于 1/8 的廊坊人每天要去逛一趟。还有重庆万州，当地政府也是拿出最好地块，多次找我们去投资万达广场。搞发展的同志都反对，说全城区也就 40 万人，而且是经济落后地区，开业后怎么保证客流。后来我说，实在不行就当扶贫吧，还是投资了。但万万没想到，万州万达广场开业竟然创造了万达广场至今为止开业的客流记录——开业头三天客流超过 110 万人次，这意味着头三天当地每个人都去逛了好几遍，现在仍然保持每天 5 万至 6 万人次的客流，经营状况非常好。

我们从实践中体会到，现在中国的商业地产投资处于失衡状态，集中于大城市，局部已经过热，但对三线城市和城区人口多的四线城市来说，投资非常稀缺，许多地方不要说大型综合体，连一个多厅电影院都没有。仅从万达院线的收入数据分析，70%以上的增长来自三四线城市，尽管客单价稍低，但人口总量大，消费忠诚度高，容易形成万达广场商业单中心，而且投资回报率并不低于大城市。这就是万达发展的好机会。

3. 产生边际效益

万达做轻资产是为了加快发展步伐。万达现在1年开业26个广场、新增500万平方米左右的持有面积，在全世界都是空前甚至绝后。从国际经验看，不动产发展和城市化进程密不可分。一个国家城市化的关键进程只有二三十年，一旦城市化进程结束，大规模发展机会就没有了。万达遇到了中国城市化快速推进的历史绝好机会，同时因为自己做好了准备，才把握住了这个机会。我们还要继续加大力度，尽快把中国的大中小城市都发展到位。从财务上看，轻资产回报也很好，两个轻资产店的管理收入总利润也相当于一个重资产店。假设一个标准的轻资产店每年租金可以达到1亿元，两个店就是每年2亿元租金，万达可以分到7 000万元租金。一个标准的重资产店平均也是每年1亿元租金，扣除管理成本，再扣掉税，就财务利润而言两者收入基本相当。

更重要的是，轻资产快速扩大规模，还能产生边际效应。拿深交所上市的万达院线来说，它的影城多数开在万达广场里，万达商业地产发展速度快，院线发展速度就快。万达正在做宝贝王，这是中国第一个综合性的儿童娱乐项目，把儿童游乐、教育培训、美食、零售集于一体。之所以万达要做儿童业态，因为万达广场如果没有儿童业态，服务的年龄段就有断层。我们统计过，儿童业态能为广场带来超过两位数的客流增长。为什么自己做，因为找不到能跟上万达速度的合作伙伴。国内的儿童业态商家，要么只做儿童游乐，要么只做儿童零售，没有综合性的企业。我们去国外找，欧洲、日本、韩国的公司都谈过，都不敢进中国市场，即使进也不敢干那么快，一年开一个两个，根本满足不了我们发展的需要，所以万达下决心自己做。万达儿童娱乐公司去年成立，第一年就开业9家店，如果按照万达广场的发展速度，它很快就能成为全球最大的儿童娱乐企业。万达广场数量扩大，还能为万达做O2O、互联网金融等带来更多资源。

（三）怎样做好轻资产模式

1. 建立轻资产标准模块

在重资产模式下，万达商业地产考核地方公司主要看利润；到各地发展，主要看房价。轻资产模式的考核目标发生了变化，主要看成本和租金。万达在全国发展二十几年，做过几百个项目，对全国各地的建造成本心中有数。我们首先在成本上狠下工夫，花1年时间，建立了ABCD四个版本的轻资产成本标准。南方地质条件好的地方与软基础的地方有不同的成本标准，北方也根据地质条件好坏形成两个成本标准。

过去发展万达广场主要由发展部门牵头，他们负责到各地谈项目，项目资料谈回来，公司成本部会对成本、利润进行审核，两个部门还要进行博弈，都同意后再上交总裁和董事长签批。现在的轻资产项目做不做主要由商业管理公司决定，就是看租金。商业管理公司是万达广场的管理者，它来测算租金，一定会保守测算，所以我们要求商业地产研究部也建立一套各地租金测算模型，进行独立测算，如果两个部门的测算差不多，说明靠谱。如果差距很大，那就回去重新研究。这样建立一整套轻资产投资标准模块。

2. 工程管理重大改革

为加快发展轻资产，万达的工程管理模式也进行了重大改革。过去的工程管理，从招标、预算到决算，过程复杂，费时耗力。万达实施轻资产模式后1年计划开业50个项目，原有工程管理模式难以跟上。所以我们推出一个交钥匙工程，这在中国工程管理史上是一个重大创新。万达和长期合作的中建系统四家公司一起，共同制定出不同地区四个版本的万达广场工程造价标准。万达按照标准给施工单位费用，施工单位按照标准进行建造，按时实施交钥匙工程，万达只需监督工程质量，不用再自己招分包单位。发达国家工程建设都是交钥匙工程，投资是投资，建设是建设，管理是管理，专业化细分程度高。中国房地产企业是全能型的，从投资、买地、设计、建设全部自己干，这是中国目前发展阶段决定的。

实施交钥匙工程的好处：一是降低成本，过去建一个万达广场，项目公司要六七十人，现在人数减少2/3。二是提高效率，管理更加便捷。三是实现双赢。实施交钥匙工程后，工程建设单位成为真正的总包，过去他们只负责土建，最多只占工程造价的50%，外墙、内装、机电等是万达招标。现在总包自己去招分包，不仅所有收入算他的，他还可以收取分包一定的管理费，利润也提高了，所以交钥匙工程受到战略伙伴的极大欢迎。对于万达，也可以彻底防止工程招标腐败。当然，所有分包单位必须从万达品牌库中选择。

3. 商业管理实现信息化

万达发展这么快，很多人担心会不会翻车？轻资产模式推出后，工程管理的活少了，但商业管理的任务加重了，现在1年开业20多家广场，到明年一下翻倍怎么跟得上？商业管理就成为万达能不能安全走下去的核心。

全国这么多万达广场，光靠人管不过来，万达已实现高度的信息化管理。万达创新研发出一套慧云商业管理系统，2013年试行，2014年正式在全国万达广场推行。慧云把万达广场的消防管理、机电管理、节能管理、运营管理等16个子系统集成到一个智能平台上，一张电脑屏就可以掌控全局。过去这些系统分散管理，消防是消防、机电是机电，一个20万平方米的商业中心，地下好几个监控室，要用几十个人。现在只要一个控制室，因为计算机管理，值班的人都是工程师，人员素质也提高了。慧云系统的推行保障了万达商业管理的快速发展和安全性。例如，消防事故绝大部分由电路老化引起。怎样保证电路安全，过去万达的解决办法，一是所有电线电缆只用全国排名前三的品牌，因为质量相对可靠；二是严防死守，加大巡查力度。但仍无法完全避免出现电路安全事故，我们也有这方面的教训。现在万达采用科技手段，给电线电缆安装温感系统，通过温度变化来感知电线电缆有没有问题，一旦哪个地方的温度超出正常范围，系统就会自动报警。问题出在哪里，马上就能找到。

万达广场的一大特点是餐饮商家多，一个广场有三四十家餐饮，我在10年前讲过，万达广场旺不是卖出来的，是吃出来的。餐饮需要用火，火灾隐患也最多。万达就与国家消防部门联合研发了一套厨房自动灭火系统，现已在全球申请专利。这套系统可以自动感知厨房温度,一旦超过警戒值,电脑就会自动切断厨房燃气;温度再上升到一定程度,自动喷淋灭火系统就会启动,以最大限度地防止火灾发生。

商业管理信息化不仅支撑了万达商业管理的运营,保障了安全,而且也减低了管理成本。过去管理一个15万平方米的万达广场需要131个管理人员,现在只需要80人,减少40%。

4. 建立轻资产融资管道

万达做轻资产,钱从哪来?一是外部管道,像基金、保险等机构投资者,现在已签订有约束力的项目25个,如果万达需要,很快就可以签100个以上的项目。二是建立内部融资管道。万达成立了自己的电子商务公司,收购了快钱支付公司,这两家公司都在做全新的理财产品,下个月就会推出来,采用众筹方式为万达广场轻资产融资。万达的理财产品真正投向实体,能产生真实回报。我们计划每年给投资者6%左右的现金回报,5年或7年之后把万达广场处置,将收益分给投资者。万达广场处置有两种方法,资本化或卖掉。中国正在试点(房地产信托投资基金REITS),目前好几个城市在试点,万达这个理财产品就是准REITS。即使届时不做REITS,5年后广场成熟了,租金比较高了,也能卖个好价钱。出售获得的收益加上前期每年的现金收益,预期年化收益至少可以达到百分之十几。如果投资者急着用钱,中途想退出,我们也已跟两个金融改革试验区谈好,设立一个权证交易平台,也找了做市商。买我们的理财产品,1个月以后就可以交易,让它具有流动性。而且万达电商、快钱还和投资者约定,在处置广场时获取一定收益,这样万达金融电商公司也能获得盈利。万达的理财产品如果推行成功,就能解决轻资产项目的投资,也许就不用依赖外部投资者了。

万达商业地产转向轻资产模式,不是大家想象的那样忽然华丽转身,而是一步步做出来的,从建造的成本标准模块、交钥匙工程、信息化的商业管理到建立融资管道,已经折腾1年多,只是现在消息才发布出来。

(四)轻资产战略目标

万达的轻资产有两个战略目标:一是2020年开业400至500个万达广场。原来重资产模式下的目标是到2020年开业240至250个广场,现在数量将近翻番。万达争取到2025年开业1 000个万达广场。大家可能不太敢相信,5年以后万达1年能开业100个?以万达现在特别是5年后的执行力,完全可以做到,不信大家5年后看,我今天的话是否成为现实。二是2020年万达商业地产净利润的2/3要来自租赁收入。如果一个公司净利润的2/3来自房地产之外,这个公司就不能再叫房地产公司,所以我们也有打算,将来万达商业地产股份有限公司可能去掉"地产"两字,变成万达商业投资公司或商业投资管理公司,去房地产化,也实现万达商业地产的全面转型。

四、结论

自从2014年,中国房地产市场出现分化以来,除了少数几个一线城市和二线城市之外，全国其他城市房地产项目都出现了普跌的情况。自万科总经理郁亮在内部会议称房地产的黄金 10 年过去之后，房地产企业都开始了大步转型之路。当然万达也不例外。

从万达的模式来看，轻资产化成了唯一的出路。2015 年全年万达地产销售额为1 640 亿元，而王健林认为 2016 年万达地产的销售额应该在 1 000 亿元，可见王健林对地产市场预期已经非常不乐观了，而且从万达在建项目资金预测范围来看，至少万达地产还需要投入 2 389 亿元，并且未偿还的银行贷款总额也已经接近 1 800 亿元。万达目前的 IPO 融资以及物业相加差不多在 2 700 亿元，可见轻资产模式未来对于万达将是十分重要的。

案例分析提示与探讨

1. 分析思路

(1) 从万达的实例比较“重资产模式”和“轻资产模式”的差异。

(2) “轻资产模式”具有哪些优势？

(3) 万达是如何实现“轻资产模式”的？

2. 理论依据

(1) 从行业差异的角度分析万达转型“轻资产模式”给企业财务管理工作带来的变化。

(2) 从万达现金流的构成情况分析万达“轻资产模式”的可行性。

3. 启发性思考题

(1) “轻资产模式”适合怎样的公司？

(2) “轻资产模式”面临哪些主要挑战？

第一篇练习

一、单项选择题

1. 广义资金是指企业在生产经营过程中财产物资的(　　)表现。

A. 实物　　B. 价值　　C. 经济　　D. 数量

2. 企业的资金运动以(　　)完整反映了企业的生产经营过程。

A. 生产形式　　B. 实物形式　　C. 流通形式　　D. 价值形式

3. 政府的理财活动属于(　　)研究的范畴。

A. 财务管理学　　B. 家政学　　C. 财政学　　D. 政治经济学

4. 企业的理财是(　　)的循环过程。

A. 用财—生财—聚财　　B. 用财—聚财—生财—聚财

C. 用财—生财—用财　　D. 用财—生财—聚财—用财

5. 企业在资金运动过程中与各方面发生的(　　)是企业的财务关系。

A. 货币关系　　B. 往来关系

C. 结算关系　　D. 经济利益关系

6. 企业向职工支付薪酬属于财务管理的(　　)。

A. 筹资活动　　B. 投资活动

C. 营运活动　　D. 分配活动

7. (　　)是比较理想的财务管理目标。

A. 利润最大化　　B. 每股收益最大化

C. 每股现金流量最大化　　D. 企业财富最大化

8. 代理问题产生的根本原因是(　　)。

A. 所有者与经营者的目标不完全一致　　B. 信息不对称

C. 所有权与经营权的分离　　D. 契约不完善

9. 财务管理之所以要了解法律环境,是因为财务管理要实现其目标必须通过(　　)手段。

A. 合法的　　B. 合理的　　C. 各种的　　D. 合情理的

10. 经济环境是指企业赖以生存的(　　)。

A. 微观环境　　B. 中观环境　　C. 宏观环境　　D. 以上都是

11. 金融市场按交割的时间划分为(　　)。

A. 短期资金市场和长期资金市场　　B. 现货市场和期货市场

C. 发行市场和流通市场　　D. 股票市场和国债市场

12. 按利率之间的变动关系,可将利率分为(　　)。

A. 市场利率与官方利率　　B. 固定利率与浮动利率

C. 基准利率与套算利率　　D. 名义利率与浮动利率

13. 利息率依存于利润率,并受平均利润率的制约。利息率的最高限不能超过平均利润率,最低限(　　)。

A. 等于零　　B. 小于零　　C. 大于零　　D. 无规定

14. 企业内部管理决策者的决策活动影响财务管理目标实现的两个最基本因素是(　　)。

A. 时间价值和投资风险　　B. 投资报酬率和风险

C. 投资项目和资本结构　　D. 资金成本和贴现率

15. 从理论上讲,货币时间价值是没有风险和通货膨胀条件下的(　　)。

A. 销售利润率　　B. 社会平均资金利润率

C. 投资收益率　　D. 利息率

16. 投资者将 100 元存入银行,银行存款年利率为 6%,1 年后这 100 元的货币时间价值是(　　)元。

A. 6　　B. 106　　C. 110　　D. 95

17. 投资者将 100 元存入银行,年利率为 6%,每半年复利一次,则实际年利率为(　　)。

A. 6.09%　　B. 3%　　C. 3.045%　　D. 6%

18. 预付年金与普通年金的区别是(　　)。

A. 预付年金首次支付发生在若干年之后

B. 预付年金是无限期支付的

C. 预付年金支付的时间是在期初

D. 预付年金没有终值

19. 下面(　　)是 1 元预付年金现值。

A. $\sum_{t=0}^{n}\frac{1}{(1+i)^t}$　　B. $\sum_{t=1}^{n}\frac{1}{(1+i)^t}$

C. $\sum_{t=0}^{n-1}\frac{1}{(1+i)^t}$　　D. $\sum_{t=1}^{n-1}\frac{1}{(1+i)^t}$

20. 某企业销售产品收到对方开来的一张 3 个月期的带息商业汇票,票面金额为 150 000 元,票面利率为 6%。则该企业持有期间获得的时间价值是(　　)元。

A. 151 500　　B. 152 250　　C. 1 500　　D. 2 250

21. 下列项目中,可以认为是永续年金的是(　　)。

A. 普通股股利　　B. 优先股股利
C. 国债利息　　D. 诺贝尔奖金

22. 某公司拟设立一永久性进步奖以奖励员工，计划每年年末颁发奖金 200 000 元，银行年利率 5%，在复利计息情况下，公司应于期初一次性存入银行(　　)元。
A. 2 000 000　　B. 4 000 000　　C. 1 000 000　　D. 5 000 000

23. 如果投资者都愿意冒风险，即参与高风险、高报酬投资的人越多，则风险报酬斜率(　　)。
A. 增大　　B. 减小　　C. 不变　　D. 无法判断

24. 现有甲、乙两个投资方案，甲的投资报酬率标准离差是 0.12，乙的标准离差是 0.14，若两方案投资报酬率期望值相同，则两个方案相比(　　)的风险较大。
A. 一样大　　B. 无法判断　　C. 甲　　D. 乙

25. 某企业准备投资一个项目，此类项目含风险报酬的投资报酬率一般为 20%左右，其报酬率的标准离差率为 50%，无风险报酬为 10%，则该项目风险报酬系数应确定为(　　)。
A. 0.2　　B. 0.1　　C. 0.3　　D. 0.25

26. 下面对报酬率的概率分布与股票风险的描述中，正确的是(　　)。
A. 概率分布越集中，风险越高　　B. 概率分布越均匀，风险越低
C. 概率分布越集中，风险越低　　D. 概率分布越分散，风险越低

27. 企业可以通过多元化投资予以分散的风险是(　　)。
A. 通货膨胀　　B. 经济衰退
C. 被投资企业诉讼失败　　D. 社会动荡

28. 财务管理中提到的风险与不确定性的主要区别是，风险是(　　)。
A. 可规避的　　B. 可预测的
C. 可控的　　D. 可获利的

29. 某投资项目经预测，其未来投资收益率有以下三种情况，每种情况出现的概率如下：

情况	好	一般	差
收益率	20%	10%	−5%
概率	30%	55%	15%

则其预期收益率为(　　)。
A. 8.5%　　B. 11.7%　　C. 10.75%　　D. 17.5%

30. 已知项目 A 投资报酬率预期值＝15%，标准差＝20%，那么，该项目盈利的概率为(　　)。
A. 0.6734　　B. 0.2256　　C. 0.2734　　D. 0.7734

二、多项选择题

1. 企业资金运动过程的各阶段总是与一定的财务活动相对应，企业的财务活动包括(　　)。

A. 筹资活动　　B. 资金营运活动
C. 投资活动　　D. 分配活动

2. 下列各项中，属于企业财务关系的有(　　)。

A. 企业与客户之间的财务关系　　B. 企业与职工之间的财务关系
C. 企业与受资者之间的财务关系　　D. 企业与税务机关之间的财务关系

3. 企业的组织形式主要有(　　)。

A. 独资企业　　B. 集团　　C. 合伙企业　　D. 公司

4. 与独资企业和合伙企业相比，公司具有的显著不同点是(　　)。

A. 公司的资本分为等额的份额
B. 公司面临的行政规章制度较少
C. 公司易于筹集资本
D. 公司的出资者对公司债务只承担有限责任

5. 公司制企业产生代理问题的原因是(　　)。

A. 所有权与经营权的分离　　B. 所有者与经营者目标的不一致
C. 代理契约的不完善　　D. 信息不对称

6. 将利润最大化作为企业财务管理目标的弊端是(　　)。

A. 没有考虑利润与现金的关系　　B. 没有考虑企业的可持续发展
C. 没有考虑货币时间价值　　D. 没有考虑盈利能力和财务风险的关系

7. 财务管理学科的发展和其他学科发展紧密相连，与财务管理学科联系比较紧密的学科有(　　)。

A. 会计学　　B. 管理学　　C. 经济学　　D. 生物学

8. 财务管理的外部环境指对财务管理产生影响的各种外部因素总和，主要包括(　　)。

A. 技术环境　　B. 法律环境　　C. 金融环境　　D. 经济环境

9. 税收对企业财务管理的影响主要体现在(　　)等方面。

A. 影响企业筹资活动　　B. 影响企业经营活动
C. 影响企业利润分配　　D. 影响企业制度建设

10. 影响企业理财的经济环境因素主要有(　　)。

A. 经济体制　　B. 经济周期
C. 经济发展水平　　D. 经济政策

11. 金融市场主要类型包括(　　)。

A. 外汇市场　　B. 资金市场　　C. 期货市场　　D. 黄金市场

12. 中国人民银行的基本职能包括(　　)。

A. 管理职能　　B. 调节职能
C. 资金借贷职能　　D. 服务职能

13. 目前我国主要的非银行金融机构包括(　　)。
A. 保险公司　　B. 信托投资公司
C. 证券公司　　D. 政策性银行

14. 按照利率与通货膨胀的关系,利率分为(　　)。
A. 基准利率　　B. 套算利率　　C. 名义利率　　D. 实际利率

15. 下列因素中,可以影响利率水平的是(　　)。
A. 平均利润率　　B. 借贷资金供求关系
C. 国家利用利率杠杆调节经济　　D. 物价变动率

16. 企业管理决策者的决策活动对财务管理目标影响的因素有(　　)。
A. 资本结构　　B. 投资项目　　C. 分配政策　　D. 存货采购

17. 某公司有 A、B 两个子公司,采用集权与分权相结合的财务管理体制,根据我国企业的实践,公司总部一般应该集权的有(　　)。
A. 融资权　　B. 担保权　　C. 收益分配权　　D. 经营权

18. 货币之所以具有时间价值,是因为(　　)因素共同作用的结果。
A. 通货膨胀　　B. 利息　　C. 时间　　D. 风险

19. 货币时间价值的增值方式有(　　)。
A. 单利　　B. 复利　　C. 年金　　D. 现值

20. 下列各项中,以年金形式出现的有(　　)。
A. 直线法计算的折旧　　B. 租金
C. 保险费　　D. 奖金

21. 下列公式是用来计算普通年金终值的是(　　)。
A. $A\times\sum_{t=0}^{n-1}(1+i)^t$　　B. $A\times\sum_{t=1}^{n}(1+i)^t$
C. $A\times\frac{(1+i)^t-1}{i}$　　D. $A\times(F/A,\ i,\ n)$

22. 风险的特征包括(　　)。
A. 主观性　　B. 客观性
C. 可预测性　　D. 可测定概率的不确定性

23. 市场风险又称为(　　)。
A. 不可分散风险　　B. 系统风险
C. 非系统风险　　D. 可分散风险

24. 下列指标中,可以在财务管理中用来衡量风险的是(　　)。
A. 标准离差　　B. 标准离差率　　C. 风险报酬率　　D. 方差

25. 对于必要的投资报酬率,下列说法中,正确的是(　　)。
A. 无风险报酬率增大,则必要报酬率增大
B. 无风险报酬率增大,则必要报酬率减小
C. 风险程度越大,必要报酬率越小
D. 风险程度越大,必要报酬率越大
26. 投资者是否愿意从事风险活动,主要受(　　)影响。
A. 风险大小　　B. 风险报酬率
C. 货币时间价值　　D. 投资者对风险的态度

三、判断题

1. 向职工支付薪酬属于企业资金分配活动。(　　)
2. 资金运动是企业生产经营活动的货币反映。(　　)
3. 财务管理涉及企业各方面,它是企业管理的核心。(　　)
4. 财务管理是价值管理,只对企业资金运动进行管理。(　　)
5. 在财务管理中,主要的代理问题只存在于所有者与经营者之间。(　　)
6. 企业经济价值最大化作为财务管理目标,兼顾了企业各相关利益人的利益诉求。(　　)
7. 法律环境因素对企业理财活动的影响主要体现在企业的产权组织形式和税收两个方面。(　　)
8. 在经济发展的不同阶段,企业财务管理应该采取不同的财务策略。(　　)
9. 金融市场是企业投融资场所,又被称为资本市场。(　　)
10. 从资金的借贷关系来看,利率是一定时期资金使用权的价格。(　　)
11. 货币时间价值是指一定数量的货币由于投资而形成的在不同时点上的价值量。(　　)
12. 预付年金终值可以利用普通年金终值乘以$(1+i)$得到。(　　)
13. 递延年金是普通年金的一种特殊形式,其发生期是无限期的。(　　)
14. 内插法计算投资回报率或投资回收期时,存在误差。(　　)
15. 风险是客观的,也是不可预测的。(　　)
16. 从理财的角度来看,风险主要是无法达到预期报酬的可能性。(　　)
17. 进行股票投资时,如果购买了全部种类的股票,也就分散了市场风险。(　　)
18. 当投资者都去冒风险进行投资时,单位风险报酬率会下降。(　　)
19. 方差、标准差作为衡量风险的指标可以用于不同项目的风险大小比较。(　　)
20. 对于具体的投资项目,如果给定的置信概率越大,则置信区间也越大。(　　)

四、计算分析题

1. 某投资者将1 000元存入银行,期限为3年,当银行存款年利率为8%,

要求：

(1) 如果按单利计算，则3年后的本利和是多少？

(2) 如果1年复利一次，则3年后的本利和是多少？

(3) 如果每季复利一次，则3年后的本利和是多少？实际年利率是多少？

2. 某投资者向银行存入一笔资金，欲5年后增值到10万元，若银行存款年利率为5%，要求：

(1) 如果按照单利计息，现在应存入银行多少资金？

(2) 如果按照复利计息，现在应存入银行多少资金？

3. A矿业公司决定将其一处矿产开采权公开拍卖。已知甲公司和乙公司的投标书最具有竞争力，甲公司的投标书显示，如果该公司取得开采权，从获得开采权的第一年开始，每年年末向A公司缴纳1 000万元的开采费，直到10年后开采结束。乙公司的投标书表示，该公司在取得开采权时，直接付给A公司4 000万元，在8年后开采结束，再付给6 000万元。

要求：

如A公司要求的年投资回报率达到15%，问应接受哪个公司的投标？

4. 假定某公司连续3年于每年年末向银行借款1 000万元，对原厂房进行改扩建。假设借款的复利年利率为12%。若该项改扩建工程于第4年年初建成投产。

要求：

(1) 若该公司在工程建成投产后，分7年等额归还银行全部借款的本息，每年年末应归还多少？

(2) 若该公司在工程建成投产后，每年可获净现金流入900万元，全部用来偿还银行的贷款本息，那么需要多少年可以还清？

5. 某公司拟购置一处房产，房主提出三种付款方案：

(1) 从现在起，每年年初支付20万元，连续支付10次，共200万元；

(2) 从第五年开始，每年年末支付25万元，连续支付10次，共250万元；

(3) 从第五年开始，每年年初支付24万元，连续支付10次，共240万元。

要求：假设该公司的资金成本率（即最低报酬率）为10%，该公司应选择接受哪个方案？

6. A公司准备引入一条新产品生产线，预期收益及概率分布如下表所示，同期国库券利率为6%。

概率分布

收益	180万元	120万元	70万元
概率	0.3	0.6	0.1

要求：若行业风险报酬系数为8%，计算该方案的必要报酬率。

7. ABC公司拟投资开发新项目，投资额相同有甲、乙两个方案可供选择，有关资料如下表所示：

投资环境	概率	预期收益(万元)	
		甲	乙
良好	0.3	80	120
一般	0.5	60	40
较差	0.2	40	−20

要求：

(1) 对甲、乙两方案的风险程度作出判断。

(2) 确定甲、乙两方案各偏离正负一个标准差的置信区间。

(3) 确定甲、乙两方案各实现预期收益在80万元以上置信概率。

8. 某企业准备对外投资，现有甲、乙、丙三家公司可供选择，这三家公司的年预计收益及其概率的资料如下表所示：

市场状况	概率	年预期收益(万元)		
		甲公司	乙公司	丙公司
良好	0.3	40	50	80
一般	0.5	20	20	−20
较差	0.2	5	−5	−30

要求：

(1) 计算各公司的收益期望值。

(2) 计算各公司收益的标准离差。

(3) 计算各公司收益的标准离差率。

(4) 如果你是该企业集团的稳健型决策者，请依据风险与收益原理作出选择。

9. B企业现有2个投资项目可供选择，外界经济环境等各种情况出现的概率及企业相应的预计收益如下表所示：

项目	经济环境	出现的概率	投资收益(万元)
A	繁荣	0.3	400
	一般	0.5	180
	萧条	0.2	−150
B	繁荣	0.3	250
	一般	0.5	100
	萧条	0.2	50

要求：

(1) 计算两个项目的收益期望值。

(2) 比较两个项目的风险大小。

如果你是企业的决策领导，从稳健性的角度出发，应该选择哪个项目？

10. 某工厂准备拿出500万元来扩大生产规模，根据市场预测，预计每年可获得收益及其概率资料分布如下表所示。年利率为8%。

市场情况	预计每年收益(万元)	概率
良好	120	0.2
一般	100	0.5
较差	60	0.3

要求：

(1) 假设本行业风险与收益之间的比例关系为6%，根据该方案收益额的风险计算风险报酬率。

(2) 计算该方案的必要报酬率，评价该投资方案是否可行。

第二篇

财务评价

本篇从财务分析的角度，利用上市公司的公开资料，对如何解读企业的经营状况与发展前景，如何评价企业经营的信息质量，予以示例并说明如何通过相关指标来论证观点的方法。

【案例 5】

盈余管理——三泰控股的案例

一、引言

ST 制度是指沪深证券交易所从 1998 年 4 月 22 日开始，对连续出现 2 年亏损的上市公司股票交易进行特别处理（Special Treatment），并在被“特别处理”的股票简称前冠以“ST”的制度。如果公司经营连续 3 年亏损，则会在股票简称前会冠以“*ST”，表示退市预警，说明企业股票有被强制退市的可能。监管机构对亏损公司实行“ST”制度既是对亏损上市公司的警告，也是对投资者的风险提示。对于 ST 公司来说，如果不能及时实现净利润扭亏为盈，就可能面临强制退市的糟糕结果，所以许多 ST 公司都会利用风险警示缓冲期不遗余力地采用各种盈余管理方式实现盈利，以达到“脱星摘帽”的目的。

对于盈余管理的定义，比较有影响的是以下两种。一是美国会计学家斯考特认为，盈余管理是指在 GAAP 允许的范围内，通过对会计政策的选择使经营者自身利益或企业市场价值达到最大化的行为。二是美国会计学家凯瑟琳·雪珀认为，盈余管理实际上是企业管理人员通过有目的地控制对外财务报告过程，以获取某些私人利益的“披露管理”。总体而言，盈余管理就是企业管理者在遵循会计法规和会计准则的基础上，通过对企业对外报告的会计收益信息进行控制或调整，以达到主体自身利益最大化的行为。

显然，通过盈余管理的做法可能帮助上市公司摆脱被特别处理甚至退市的处境，能够维持上市公司的地位，保护上市公司的利益，但是，这样的操作不可避免地对企业的会计信息带来显著的人为影响，直接影响市场上利益相关者的判断，在一定程度上会影响资本市场的有效性，对证券市场带来负面的影响。

二、背景介绍

成都三泰电子实业股份有限公司成立于 1997 年 5 月 20 日，2009 年 12 月 3 日登陆资本市场，在深圳证券交易所中小板上市，股票简称三泰电子，股票代码 002312。自 2015 年 3 月 5 日起，公司中文全称由“成都三泰电子实业股份有限公司”变更为“成都三泰控股集团股份有限公司”（下文均简称“公司”）。证券简称由“三泰电子”变更为“三泰控股”。

公司上市以来，前6年一直维持盈利的状态，但是2015年和2016年连续两年出现亏损，先后被“ST”和“* ST”处理，面临严峻的退市危机，不过，在关键的2017年，公司扭亏为盈，顺利摘帽。随后的2018年，公司又陷入亏损，事实上直到2019年第三季度，公司仍然亏损8 261.20万元，再次面临被ST处理的危险，不过公司2019年年报显示，公司获得盈利10 571.83万元，成功避免了被ST处理的命运。那么，公司是如何度过这两次危机的呢？

图1展示了三泰控股上市以来的税前利润总额情况。

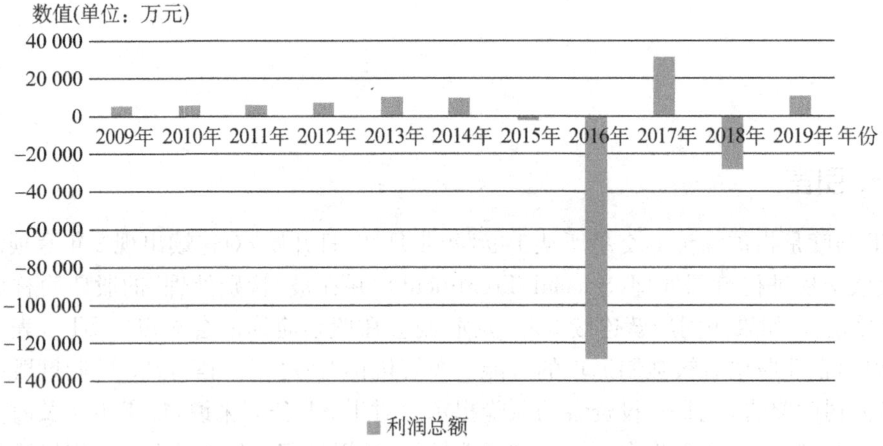

图1 三泰控股上市以来的税前利润总额情况

资料来源：根据同花顺iFinD的数据整理。

三、案例分析

(一) 2017年扭亏摘帽[①]

由于三泰控股在2015年和2016年的净利润均为负数。2017年4月28日，三泰控股受到“退市风险警示”特别处理，股票更名为“* ST三泰”。然而经过一系列盈余管理的操作，公司在2017年一举扭亏为盈，实现净利润3.02亿元。2018年5月8日，深圳证券交易所对* ST三泰撤销了“退市风险警示”特别处理，公司股票更名为“三泰控股”。公司成功解决了退市危机。

1. 利用商誉减值损失进行盈余管理

商誉是指在企业合并中购买企业支付的买价超过被购买企业净资产公允价值的部分。商誉减值是指对企业在合并中形成的商誉进行减值测试后，确认相应的减值损失。现实中，上市公司对于商誉减值的计提拥有较大的自主权，因此商誉减值经常被用来作为

① 本小节内容参考了文献“赵思敏.ST公司利用盈余管理实现摘帽的案例研究——以* ST三泰为例[J].商业会计，2019(10)”并结合三泰控股年报进行了改编。

利润调节的手段。

三泰控股于2015年8月完成对烟台伟岸信息科技有限公司(以下简称“烟台伟岸”)100%股权的收购,形成非同一控制下的企业合并。烟台伟岸经审计的净资产账面价值为4 529.35万元,而评估值为75 000万元,增值率高达1 555.87%。双方以评估值75 000万元作为交易价格,确认商誉67 755.03万元,并签订了为期3年的业绩承诺协议。

公司的财务报表显示,2016年公司的营业利润为-124 237.52万元,当年很难实现盈利。而如果2017年仍然无法盈利,公司就会面临退市的风险。公司在2016年年末计提商誉减值准备共计65 272.50万元,占商誉总额的96.31%,几乎全额计提商誉减值准备。正因为这笔商誉减值数额巨大,公司2016年的亏损达到了惊人的128 549.66万元,比2015年亏损净增加126 224.14万元。这样一次性计提巨额商誉减值的做法,难免有为了避免商誉减值拖累2017年的盈利,为2017年扭亏为盈扫除障碍的嫌疑。

2. 利用非经常性损益进行盈余管理

非经常性损益是指公司发生的与生产经营无直接关系,以及虽与生产经营相关,但由于其性质、金额或发生频率,影响了真实、公允地评价公司当期经营成果和获利能力的各项收入、支出。非经常性损益由于具有偶然性、隐蔽性、易操控性等特点,也经常被上市公司用来进行盈余管理。

2016年,公司当期的非经常性损益为-1 383.92万元,但2017年的非经常性损益为78 306.64万元,这样的显著反转也难免有盈余管理的嫌疑。进一步的分析也进一步证实了这一推断。

(1) 利用非流动资产处置收益进行盈余管理。三泰控股在2016年已经开始对公司的主营业务和未来发展方向进行调整,对传统金融电子设备及金融安防业务进行了剥离,出售了三泰电子81%的股权及家易通100%的股权,以实现逐步向金融外包服务行业转型。可以推断,对于连续几年给公司带来较大亏损的我来啦公司的仓储服务也应当适时予以处置。2017年,三泰控股确实处置了我来啦公司的股份,最终减持至34%。但是三泰控股却在2016年对未来打算处置的我来啦公司进行了设备升级,报废了8 100.54万元的设备和资产。这种操作可以在2016年实现亏损,为2017年提高我来啦公司估值并获取高额投资收益预留较大的空间。

(2) 利用重大资产重组进行盈余管理。三泰控股在营业收入连续3年持续下降的情况下,还能在2017年实现3.02亿元的净利润,主要是依靠2016年剥离亏损子公司、2017年重大资产重组产生的7.31亿元的重组收益。

2016年,公司下属子公司三泰电子的净利润为-622.2万元,家易通的净利润为-1 314.34万元。两家公司经营状况均不佳,拖累了公司的业绩。2016年12月,三泰控股的控股股东、实际控制人补建收购了公司持有的三泰电子81%的股权、家易通100%的股权。本次交易采用资产基础法估值,交易金额合计79 964.76万元,约定在4年内分期支付全部款项。在这次交易中,三泰控股将亏损子公司转让给控股股东,并签订了相当宽松的付款协议，如此便能以较小的交易成本剥离亏损资产，在当期迅速实现报表盈利，为来年扭亏为盈做好充分准备。

2017 年 8 月，*ST 三泰的全资子公司我来啦公司完成重大资产重组，重组后*ST 三泰持有其 34%的股权。本次重大资产重组为*ST 三泰贡献了 7.31 亿元的投资收益，其中处置长期股权投资产生收益 4.48 亿元（处置股权收益 3.56 亿元，收到增资款收益 0.92 亿元），按照公允价值重新计量我来啦公司的剩余股权，产生收益 2.83 亿元。此外，由于剥离了速易递重资产业务，大大降低了*ST 三泰的营业成本和费用，也对公司 2017 年实现盈利有所贡献。我来啦公司 2015—2016 年的净利润分别为－13 691.32 万元、－50 309.84 万元、－41 196.12 万元。虽然*ST 三泰声称资产重组是为了引进战略股东，为公司战略转型、寻求新的增长点提供充足的现金保障及资源支持。但在连续两年亏损、面临退市风险之际，*ST 三泰通过重大资产重组进行盈余管理的动机十分充分。通过分析三泰控股以往的经营业绩，可以发现公司亏损的重要原因是智能快递柜市场竞争激烈以及对速递易快递柜的持续资源投入。本次速递易业务出表既能为三泰控股带来丰厚的投资收益，又能减轻公司的经营压力，帮助公司及时止损，有助于保住公司上市的“壳”资源。

（二）2019 年扭亏为盈①

虽然 2016 年和 2017 年的盈余管理使公司成功“摘帽”，但是由于这些操作并没有实质上改善公司的经营情况。或许是出于长期亏损的压力，近年来三泰控股急切谋求转型，相继筹划布局智慧社区、科技＋金融、半导体芯片、金融保理等。2018 年公司再次陷入了亏损，税前亏损额达到了 28 192.99 万元。2019 年公司的经营情况仍然没有起色，2019 年第三季报显示企业的税前亏损仍然达到了 8 261.20 万元，公司再次面临被 ST 的风险。但是公司 2019 年年报显示，公司实现年度税前利润 10 571.83 万元，公司再度扭亏为盈，避免了再次被 ST 的情形发生。

1. 确认烟台伟岸股权抵偿款

2015 年 2 月，三泰控股谋求转型，宣布现金收购程春和程梅所持的烟台伟岸 100%股权，进入互联网保险服务领域，后者通过旗下“金保盟”“爱意汽车网”等网站进行商业车险和人寿保险产品的互联网推广而获取服务费收入。

当时，烟台伟岸净资产为 4 500 万元，交易作价 7.5 亿元，增值率高达 15 倍，确认商誉 67 755.03 万元，2016 年公司计提的商誉减值准备共计 65 272.50 万元正是来源于此，并签订为期 3 年的业绩承诺协议。烟台伟岸承诺，2015 年度、2016 年度、2017 年度经审计后扣除非经常性损益后的净利润分别为 5 050 万元、6 050 万元、7 250 万元。但最终烟台伟岸三年业绩承诺期均未达标，累计完成率仅为 31.54%。为此，公司向烟台伟岸进行

---

① 本小节内容参考了文献“37 亿全现金：三泰控股跨界收购龙蟒大地保壳战再打响 https://finance.sina.com.cn/stock/s/2019-06-10/doc-ihvhiews7949825.shtml”，并结合三泰控股年报进行了改编。

了补偿金追索。

2018年3月15日瑞华会计师事务所(特殊普通合伙)出具了《关于烟台伟岸信息科技有限公司2015—2017年度业绩承诺实现情况专项审计报告》(瑞华核字〔2018〕51040001号)(以下简称"《专项审计报告》")和《关于烟台伟岸信息科技有限公司2017年减值测试专项审核报告》(瑞华核字〔2018〕51040002号)(以下简称"《减值测试报告》")。根据报告,程春需向公司支付业绩补偿金额为550 547 000.00元。

2018年3月27日,公司收到中国国际经济贸易仲裁委员会(以下简称:"中经贸仲裁委")下达的《仲裁通知》〔(2018)中国贸仲京字第025389号〕正式受理公司要求程春业绩补偿的仲裁申请。

2019年8月15日,公司收到国际仲裁委下达的《裁决书》〔(2019)中国贸仲京裁字第1197号〕,仲裁裁决被申请人应向申请人支付的款项合计人民币568 198 862.47元,被申请人应于本裁决做出之日起的30天内支付完毕。此裁决为终局裁决,自做出之日起发生法律效力。

2019年度公司在年报中说明:"依据有确凿证据可以收回的款项金额,确认股权抵偿款221 636 873.12元,其中:A、冻结被申请人程春持有的本公司股票数量26 517 072股期末公允价值111 636 873.12元;B、申请仲裁前保全的补建应向被申请人程春支付的借款本金1.1亿元。应收的其余仲裁款项346 561 989.35元公司正在积极追偿中,但鉴于截止本报告批准报出日尚未执行到程春除上述的其他财产,可收回金额具有较大不确定性。"

仅此一项,公司的利润增加了2.2亿元。回头来看,不得不说2016年商誉减值的大幅计提,为2019年的确认盈利创造了可能性,商誉减值的盈余调节作用在这里表现得相当明显。

2. 跨界收购龙蟒大地

2017年7月,公司实施重大资产重组,将速递易业务剥离至上市公司体外。之后,公司主要从事金融服务外包业务,围绕中国银行业网点转型、渠道再造及业务拓展等新需求,通过业务流程梳理、平台化集中管理、大数据分析等技术手段,为客户提供完整的服务解决方案,涵盖银行前、中、后台全业务流程。但是,公司的经营状况并不理想,2018年度,公司实现营业收入71 689.56万元,较2017年度下降11%;2018年税前亏损28 192.99万元,净利润较2017年度剧烈下降190%。公司的经营状况不佳,只有谋求重大转型才可能摆脱困境。

经过多次谋求转型无果,公司终于于2019年成功收购龙蟒大地农业有限公司(以下简称"龙蟒大地"),由于龙蟒大地的营业额远高于三泰控股,所以收购后公司的主营业务已经转型为主要从事磷酸一铵、磷酸氢钙等磷酸盐产品以及各种复合肥产品的生产、销售。公司2019年的营业收入构成见表1,这还是仅将龙蟒大地第四季度的收入并入公司报表的结果,可以想象,随着2020年起龙蟒大地的全部收入并入公司,公司营业收入中来源于龙蟒大地的比重还将显著提高。龙蟒大地自2019年四季度起纳入公司合并报表范围,增加公司本期利润1.03亿元。

表1　　三泰控股2019年营业收入构成　　单位:万元

项目名称	营业收入金额	营业收入占比
磷化工	95 390.38	49.98%
BPO	74 719.52	39.15%
其他	19 842.26	10.4%
建材业	482.46	0.25%
现代农业	405.75	0.21%
合计	190 840.36	100%

资料来源:根据同花顺iFinD的数据整理。

龙蟒大地成立于2014年2月,注册资本高达18亿元。公开资料显示,龙蟒大地经营范围为谷物种植、销售,化肥、饲料及饲料添加剂、初级农副产品,农业技术推广服务等。截至2019年3月4日,李家权和龙蟒集团分别持有龙蟒大地64%和36%的股权,李家权则直接和间接持有龙蟒集团42.23%的股权。2019年6月7日,三泰控股发布公告称,将通过现金支付方法向李家权及龙蟒集团够买龙蟒大地100%股权,作价36.75亿元。

值得注意的是,这次收购有业绩承诺的要求:龙蟒大地2019年度、2020年度和2021年度实现的扣除非经常性损益后归属于母公司股东的净利润分别不低于30 000万元、37 800万元和48 000万元。

如果龙蟒大地不能实现业绩承诺,则要按以下约定对收购方予以补偿:

业绩补偿:当期应支付的利润补偿=(当期末累计承诺净利润-当期末累计实际实现的净利润)-累计已支付的利润补偿;

当期末累计实际实现的净利润可以为负值;当期末累计承诺净利润-当期末累计实际实现的净利润≤0时,按0取值;

当期末累计实际实现的净利润大于当期末累计的承诺净利润时,交易对方无需补偿;交易对方当期应支付的利润补偿可以为负值,利润承诺期内任意年度超额完成的利润可累积至其他年度,已经补偿的部分可冲回;

资产减值补偿:应补偿的资产减值额=利润承诺期内资产减值额-利润承诺期内交易对方已确认的利润承诺补偿;

利润承诺期内资产减值额=本次交易对价-2021年期末标的资产评估值±利润承诺期内标的资产的增资、减资、接受赠与以及利润分配的影响。

这样的安排将有利于保障未来公司3年并购的利润,有利于公司避免再次陷入亏损。

另外还有一点值得关注,收购款的支付安排也有特别之处。收购款的支付采用分期支付的方式,前3期的支付直接按照约定金额以现金支付,但是后3期的支付有特殊约定。

第四期股权转让款：自三泰控股聘请的会计师事务所就龙蟒大地 2019 年度承诺利润实现情况出具专项审核报告之日起 10 个工作日内，三泰控股支付交易对价的 8.16%，即 30 000.00 万元；

第五期股权转让款：自三泰控股聘请的会计师事务所就龙蟒大地 2020 年度承诺利润实现情况出具专项审核报告之日起 10 个工作日内，三泰控股支付交易对价的 10.29%，即 37 800.00 万元。

第六期股权转让款：在交易对方不存在重大违约的前提下，自三泰控股聘请的会计师事务所就龙蟒大地 2021 年度承诺利润实现情况及资产减值情况出具专项审核报告之日起 10 个工作日内，三泰控股支付交易对价的 13.06%，即 48 000.00 万元。

根据上述约定，实际支付第四期、第五期及第六期股权转让款时，需考虑当期利润承诺完成情况及减值测试情况；若交易对方需承担利润补偿或减值补偿，则上市公司分别按前述第四期股权转让款、第五期股权转让款、第六期股权转让款扣除交易对方当期应承担的利润补偿或减值补偿后的净额进行支付。也就是说，在 2019 年年末之前，三泰控股需要交付总对价的 68.49%，也就是 25.17 亿元，剩余的 11.58 亿元则在之后的两年多内支付，且与业绩承诺的完成情况挂钩。这样，公司的利益将有更好的保障，资金支付也有业绩兜底的保障，支付压力也得以缓解。

（三）进一步的分析

在 2016—2019 年间，三泰控股通过一系列的盈余管理操作使公司得以在 2017 年成功摘帽和 2019 年免于亏损，应该说公司的运作达到了预期的目标。然而对于企业来说，企业在 2015—2019 年间经营上处于困境却是不争的事实，盈余管理可以在账面上扭亏为盈，但是却不能根本改善企业的经营状况，企业仍然面临着巨大的困难。从原理上来说，资产减值、调节非经常性损益等盈余管理的手法往往只能短期改变企业的盈利水平，但长远来看只有企业的经营性业务能够保持盈利，企业的发展才是健康的，有保障的。这一点从公司的财务数据也可以得到验证。

为了说明问题，可以构造一个“净经营利润”的概念，用来反映企业经常性业务的经营利润，以区别于会计报表上的营业利润和利润总额。其计算公式为：

$$\begin{matrix}\text{净经营}\\\text{利润}\end{matrix}=\begin{matrix}\text{营业}\\\text{收入}\end{matrix}-\left(\begin{matrix}\text{营业}\\\text{成本}\end{matrix}+\begin{matrix}\text{税金及}\\\text{附加}\end{matrix}+\begin{matrix}\text{销售}\\\text{费用}\end{matrix}+\begin{matrix}\text{管理}\\\text{费用}\end{matrix}+\begin{matrix}\text{研发}\\\text{费用}\end{matrix}+\begin{matrix}\text{财务}\\\text{费用}\end{matrix}\right)$$

三泰控股的净营业利润和利润总额的对照情况见图 2。

从图 2 可以看出，2016、2017 和 2018 年两种口径利润的差距较大，反映出明显的盈余管理的迹象，这与公司实际的情况也是相符的。这说明，可以将净营业利润和利润总额的差异作为判断企业是否存在盈余管理的依据之一。不过，需要注意的是，2019 年公司实际上存在很大程度的盈余管理，但是净营业利润和利润总额却差距甚微，这主要是因为

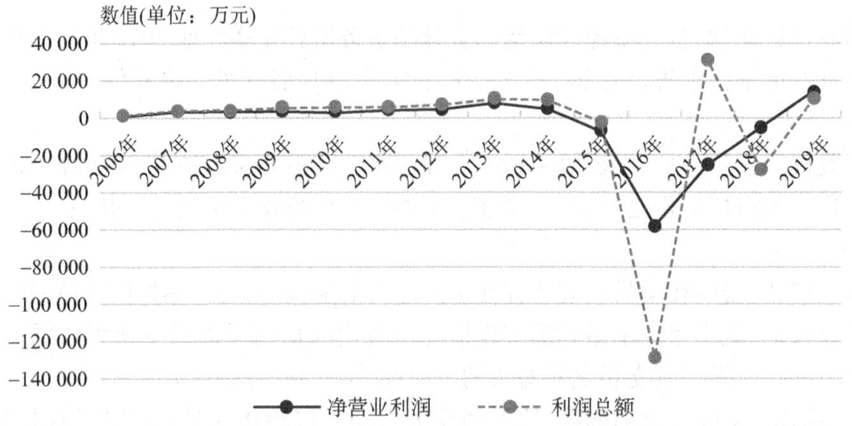

图 2　三泰控股净营业利润和利润总额情况

资料来源：根据同花顺 iFinD 的数据整理。

虽然公司通过确认烟台伟岸股权抵偿款 2.2 亿元和收购龙蟒大地及并表增加利润 1.03 亿元，但是公司投资中邮智递的股权按权益法核算产生投资损失约 1.7 亿元，冲减掉了 1.7 亿元的利润，最后计算出的利润总额正好较为接近净营业利润。这也说明，净营业利润和利润总额的差异只是可能为发现盈余管理提供线索，但二者并没有必然的因果关系，具体的情况还是要依靠投资人认真研读企业的财务报告进行判断。不过，从研究企业经营情况的角度来说，净营业利润还是能够提供一个较为客观的依据，从图 2 中还是可以看到，公司 2015—2018 年实际一直经营不善，主要业务难以盈利，这一信息对于投资人做出正确判断是有作用的。

四、结论

在资本市场中，上市公司为了实现自身利益最大化，会为了迎合市场或法规的要求而采用盈余管理的手段调控利润，常见的手法有利用商誉等各类资产减值、利用非经常性损益(如利用非流动资产处置收益、利用资产重组)等。这些行为可能游走在法规的边缘，不一定真正触犯法律，但是确实严重影响公司利益相关者的判断，可能给投资人带来投资损失。所以，投资者对公司的财务报表一定不能只关注最后的数据，而是应该追根溯源，厘清数据变化的真正原因，只有这样，投资人才能不被数据的表象所蒙蔽，才能做出正确的判断与决策。

案例分析提示与探讨

1. 分析思路

(1) 从 ST 制度和退市制度分析三泰控股盈余管理的动机。

(2) 三泰控股是如何进行盈余管理的?

2. 理论依据

(1) 现行会计准则对资产减值和非经常性损益会计处理的相关规定。

(2) 盈余管理理论。

3. 启发性思考题

(1) 废除ST和强制退市制度是否就能够避免盈余管理行为?

(2) 除本文提到的手法以外,还有哪些盈余管理的方法?

【案例6】

交易过渡——暴风科技高速发展中的现金问题

一、引言

暴风科技股份有限公司(以下简称暴风科技)上市几年了。资本市场曾经用55个涨停板迎接暴风科技,如今纵使有VR、AR、DT、AI各种热点加身,暴风科技在3年前的估值已远不及当年。

二、背景介绍

暴风科技2018年度初步核算的财务数据:营业总收入1 123 309 511.01元,营业利润−1 844 545 862.32元,利润总额−1 886 675 316.50元,基本每股收益−3.37元,加权平均净资产收益率为−196.87%,总资产1 267 375 084.85元,业绩下滑主要系公司控股子公司深圳暴风智能科技有限公司(以下简称“暴风智能”)受资金周转影响,库存备货不足,收入有所下降所致。同时,互联网视频行业竞争加剧,公司互联网视频业务营业收入有所下降。本报告期内,归属于上市公司股东的净利润为−10.90亿元,同比减少2 076.43%,主要系:①公司根据经营情况对主要资产的预计可收回金额进行了估计,为公允反映公司财务状况,计提相应的权益性投资减值准备、应收款项坏账准备、存货跌价准备等资产减值损失,当期利润同比大幅减少。②暴风智能的互联网电视业务处于业务快速拓展期,为积累用户,抢占市场份额,营销推广力度加大,成本费用增加。③公司互联网视频业务受竞争加剧影响,利润下降。公司资产总额同比减少57.06%;归属于上市公司股东的所有者权益0.21亿元,同比减少97.99%。定增4次屡战屡败,屡败屡战,金额从当年的30亿元变成了现在的5 000万,还不够半个月的营收;股权质押累计45次。

三、案例分析

如何评价暴风科技的财务状况?

首先,公司收入暴增没有带来利润,反而不断消耗了上市公司宝贵的现金,变成了高企的应收账款和存货。

公司的经营业务持续失血，而投资端的现金流还在大量流出，所以只能拼命借款筹资。在定增屡次被否以后，暴风科技对资金的渴求更是上升了一个阶梯。因为根据2017年年报，公司的货币资金只有1.73亿元，占总资产的5.86%，而3年前，这两个数字是4.1亿元和30.4%。

这些货币资金即使加上变现相对容易的应收票据，一共也只有2.6亿元，而公司的短期借款3.75亿元，应付账款10亿元。与疲软的现金流相匹配的，是公司日益庞大的应收账款，从2015年的2.99亿元到2017年的7.36亿元，激增了146%。

同时公司的应收账款坏账计提政策非常宽松，1年以内的计提5%、1～2年的计提10%、2～3年的计提25%，3年以上才默认账款全部收不回来。而小组根据递延回收比例计算得到，公司的催收能力很差，1年以内的应收账款有56%都是被拖延支付的，1～2年的有67%的是被拖延支付的，2～3年的基本上收不回了。公司无法回收的应收账款真实比例和提前计入损失的比例根本不在一个量级，未来如果出现应收账款大规模违约，会进一步蚕食公司利润。

其次，暴风TV销售不畅，造成公司存货压力增加。

2015年暴风集团收购暴风统帅（暴风TV厂商）后，存货连年增加。即使2017年产量减少，暴风TV的库存量仍然在上升，存货积压的金额很高，周转也非常缓慢，2017年平均周转天数达到162天，同样做电视的深康佳和TCL的存货周转天数是58天和52天。互联网产品日新月异，唯快不破，暴风TV要花同行3倍的时间才能把产品卖出去，公司囤积的巨额存货到底还值多少钱是个疑问。更让人惊叹的是，暴风集团少数股东损益也十分巨大。少数股东把亏损背了，通过财技让归属于母公司的净利润爬上水面。以生产暴风TV的子公司暴风统帅为例，暴风统帅3年来一直在亏损，由于上市公司持股比例只有24%，体现在上市公司部分的亏损额并不大，2016年、2017年暴风统帅实际亏损额高达3.6亿元和3.2亿元，而2017年经营活动现金流量净额达到−6.3亿元。

最后，暴风集团的供应商集中度极高，2016年、2017年前五大供应商采购金额占总金额比重高达91.11%和91.7%，而其中关联方采购额2017年占比为72.93%，主要就是东山精密贡献的。2017年，暴风集团向这个救暴风统帅于水火之中的东山精密采购了12亿元的商品和售后服务，而公司披露的暴风TV及其售后服务的成本，也只有不到14亿元，东山精密提供的采购额占比高达90%。

公司让人疑惑的地方还不止于此。2017年公司销售人员从2016年的767人骤降61.54%变为2017年的295人，销售费用从2016年的4.33亿元下降25.04%变为2017年的3.24亿元，人员变动和费用变动比例相距甚远，更奇怪的是，销售收入从2016年的16.47亿元上升16.25%，2017年达到19.15亿元。

四、结论

从营业收入与经营性现金流量的背离情况这点来看，暴风科技的财务可能存在问题。

综上所述,虽然总体来看,暴风科技的会计报告选用的会计政策和会计估计合理,在重大方面反映了企业的财务状况和经营成果,但财务的真实性仍然存在需进一步关注及验证的项目。

案例分析提示与探讨

1. 分析思路

(1) 如何从报表数据关系中看出公司的财务问题？这些信号在财务上造成了怎样的后果？

(2) 如何从企业的经营活动过程变化的轨迹分析其财务产生变化的原因？

2. 理论依据

(1) 从企业会计准则与会计政策选择理论角度,分析公司财务决策行为。

(2) 从会计报表间的勾稽关系和形式与内容角度分析财务信息质量。

3. 启发性思考题

(1) 企业会计信息质量与会计政策选择间的关系是什么样的？

(2) 如何表述你对公司财务信息质量的观点？

【案例 7】

金地集团财务评价案例——基于哈佛分析框架

一、引言

金地集团初创于 1988 年，总部设于中国深圳，1993 年开始经营房地产业务，2001 年在上海证券交易所上市(600383. SH)，是中国最早上市并完成全国化布局的房地产企业之一。2010 年，集团确立“以住宅业务为核心，以商业地产和金融业务为两翼”的“一体两翼”发展战略，2012 年金地集团收购香港上市公司星狮地产(535. HK)，2013 年正式更名为金地商置，目前已发展成为大中华区具领先地位的地产发展商和运营商，集公寓住宅、商业中心、写字楼、产业地产、创新型商业等的投资开发及运营于一体，布局中国华南、华北、华东、华中、西北、东北、东南、西南 8 大区域 14 座城市，2015 年销售金额约 113 亿元人民币，总资产约 251 亿元人民币，净资产约 99 亿元人民币，累计商业管理面积约 1 120 万平方米，总土地储备突破 1 000 万平方米。目前旗下拥有多家控股子公司，截至 2015 年年末，总资产约 1 394 亿元人民币，净资产约 336 亿元人民币。

二、背景介绍

金地集团从 2006 年开始探索金融业务，是国内最早涉足金融的房地产企业之一。稳盛投资是金地集团旗下中国领先的房地产私募基金管理公司，2008 年与瑞士银行发起中国第一支标准化房地产美元基金，目前管理 1 支美元基金和 20 多支人民币基金，累计管理规模折合人民币约 238 亿元，连续 5 年位列中国房地产基金排名 TOP10，在香港、北京、上海、深圳均设有分支机构。

2014 年 4 月，金地集团与美国林肯公司合作开发位于旧金山 CBD 核心区域的两个商用办公地块，正式进军美国市场，国际化战略扬帆起航。目前金地在美国旧金山、洛杉矶、圣荷西、波士顿等地开发写字楼、商业、公寓、办公研发楼等项目，同时在旧金山、洛杉矶、纽约、波士顿等地设立办公室，积极在美获取新项目。

除房地产开发外，金地集团始终关注客户的居住体验，于 1993 年成立金地物业，是国家首批物业管理一级资质企业、中国物业管理协会常务理事单位，现已发展成为中国领先的社区服务与资产管理整合运营商。金地物业服务遍及中国50多座城市，管理面积近6 000万平方米，服务客户累计约150万人，连续5年蝉联中国物业服务百强企业服务质量榜首，盖洛普客户满意度达94%，处于行业标杆地位，品牌价值28亿元，位居全国第一。

同时，金地集团积极探索体育产业和国际教育，2003年成立弘金地网球俱乐部，是金地集团旗下融集国际教育和体育产业为一体的综合运营平台，提供以网球为特色的国际教育与培训、场馆与赛事、球星与球队以及旅游等增值服务。弘金地在深圳、北京、上海、南京等地拥有近百片网球场，是中国拥有场馆数量最多的网球俱乐部连锁实体。以此为依托，在职业网球领域，弘金地是ATP、WTA、ITF等国际顶级赛事和Nike杯、中青网大师赛等国内品牌赛事的中国运营商；在大众网球领域，弘金地是成人康乐网球、儿童音克网球等培训的中国领跑者，拥有PTR及ITF认证的中外籍专业教练30多名；在国际教育领域，弘金地国际学校是以网球教育为特色、体教结合、中西合璧的创新型国际教育机构。

三、案例分析

基于哈佛财务分析框架的财务评价围绕战略分析、会计分析、财务分析与前景分析四大模块展开。

（一）战略分析

金地集团战略发展的三个阶段：

第一个阶段，1996年进行改制，从国有制企业改制成股份有限公司，治理结构比较规范，同时建立一个以管理层为核心的职业经理人打造的公司架构。

第二个阶段，2001资本市场给了金地集团非常好的平台，从此金地进入了资本市场，取得了非常好的发展资金，同时对金地的形象和品牌都带来了非常好的示范作用。

第三个阶段，2005年实施的增发。2005年度是金地的效率提升年，这个核心就是通过优化流程，来提高整个的运行效率。

金地集团今后的发展计划在三大战略经济区域——长江三角洲、珠江三角洲、环渤海进行房地产项目开发，计划开工面积约63万平方米，预计竣工面积约56万平方米。计划开工面积最多的是珠江三角洲，以深圳为主的广东占了50%，上海接近21%。实现战略的基本操作体现于以下几个方面。

1. 快速滚动开发，保证利润贡献和健康的现金流

快速滚动开发战略路线是集团战略的精华，“开发”表示集团的投资还是集中在房地产住宅开发；“快速”就是要缩短开发周期，加快销售速度和资金回流速度，体现了集团的开发效率要求；“滚动”就是集团要提高资金使用效率，及时有效地将钱投到项目中去。简言之，“快速滚动开发”就是要：第一，把握开发效率，迅速滚动，以时间赢得资金效率提升；第二，注重投资效率，把握合适的净负债率和正确的投资布局，提升资金

效率。

2. 公司并购扩张

国外发达国家无论哪个行业，占企业数量20%的企业，所占的市场份额是总市场份额的80%。而并购是行业发展到一定程度行业洗牌的重要手段，中国房地产业发展到今天，市场集中度不断提高，诸多大型企业必须靠并购来增强实力，赢得市场份额。

3. 同心多元化发展

集团战略定位于抱元守一，坚持房地产开发业务。

对于深圳公司来说，目前积极介入了与房地产二级开发相近的地产开发业务，包括城市更新改造、土地一级开发、政府工程代建服务等业务范围，一方面可以提高公司形象、品牌，强化区域公共关系。比如渔农村旧改项目的顺利实施，有效地提升了金地集团在深圳区域的品牌认可度和政府公共关系，又如珠海土地一级开发也有效地加强了与珠海市的政府公共关系，为公司顺利进军珠海二级开发做好了准备；另一方面，可以有效地尝试新的盈利模式，为公司带来稳定的现金流。福田科技广场项目让公司有机会尝试高端写字楼开发，获取经验，强化政府公共关系，培养人才，同时也为公司2006—2008年提供了500万元左右的稳定的现金流。因此，公司在资源的调度上可以考虑适度的同心多元化战略。

（二）会计分析

会计分析是提高会计信息质量，为财务分析提供可靠数据的过程，主要通过对企业会计政策与会计估计方法的选择来评价会计信息的真实性与客观性。在房地产开发企业中，重要的会计科目如下。

1. 存货

存货是房地产开发企业的一项重要资产，通常其价值占企业资产的比重较大且流动性较强。存货核算的内容基本涵盖房地产开发过程中的各项成本、费用支出，因此对其进行准确地确认和计量有着非常重要的意义。

需要说明的是，同样是房子，存货的处理方法与固定资产有一定差异：因为房子作为房地产企业的产品，竣工验收后即便没卖出去，也不用计提折旧、不用分摊房子的价值，但应计提减值准备，其计提基础为目前市场可变现净值。

2. 投资性房地产

根据新会计准则中关于投资性房地产的规定，投资性房地产的范围限定为已出租的土地使用权，持有并准备增值后转让的土地使用权和已出租的建筑物。如果企业有确凿证据表明房地产用途发生改变，满足下列条件之一的，应当将投资性房地产转换为其他资产或者将其他资产转换为投资性房地产：①投资性房地产开始自用；②作为存货的房地产，改为出租；③自用土地使用权停止自用，用于赚取租金或资本增值；④自用建筑物停止自用，改为出租。

3. 预收账款

房子预售给购房者后，购房款需要借记"现金/银行存款"科目，贷记"预收账款"科目所以报告期预收账款的增减能够真实反映报告期内房子的实际销售情况，而不是看当期的主营业务收入，主营业务收入反映的只是过去的销售情况。预收账款和主营业务收入的关系表现在房地产公司的房子从房屋封顶开始出售时由存货变为预收账款，之后购房人收房确认入住后再由预收账款转变为主营业务收入。

（三）财务分析

财务分析涉及指标包括偿债能力、盈利能力、运营能力和发展能力四个方面。

1. 偿债能力分析

偿债能力，主要涉及流动比率、速动比率、资产负债率、产权比率等。

（1）流动比率。流动比率是流动资产对流动负债的比率，用来衡量企业流动资产在短期债务到期以前，可以变为现金用于偿还负债的能力。一般说来，比率越高，说明企业资产的变现能力越强。

在 2011—2015 年这 5 年中，金地集团流动比率在 1.8～2.0 之间小幅震荡，高于行业平均值 1.2，在四大地产商中遥遥领先，说明企业短期偿债能力强。如图 1 所示。

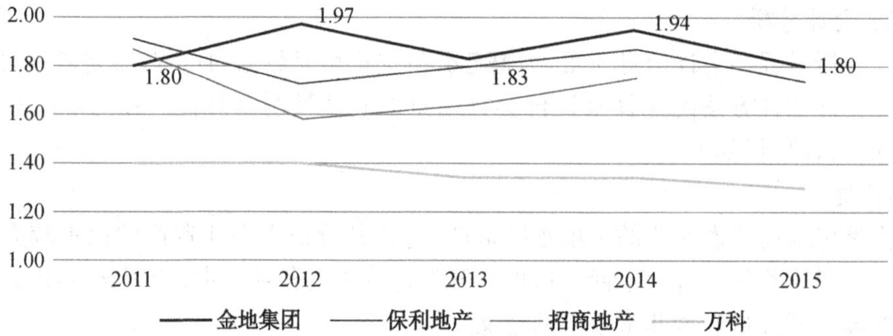

图 1　四大房地产公司流动比率对比情况

（2）速动比率。速动比率又称酸性测试比率，是指速动资产与流动负债的比率。

在 2011—2015 年这 5 年中，金地集团速动比率呈上升趋势且处于较高水平，虽然离行业平均 0.65 还差一些，但是考虑到房地产行业存货量大，价值高，但多为在建工程，可预售，因此实际速动比率略低一些并不表明变现能力差。如图 2 所示。

（3）资产负债率。资产负债率指负债与资产的比率，是评价公司负债水平的综合指标。

2011—2015 年，金地集团资产负债率逐年下降，2015 年已经接近行业平均值 65%。说明企业债务较轻，利于公司持续发展。如图 3 所示。

（4）产权比率。产权比率是指负债总额与所有者权益总额的比率，是评估资金结构合理性的一种指标。

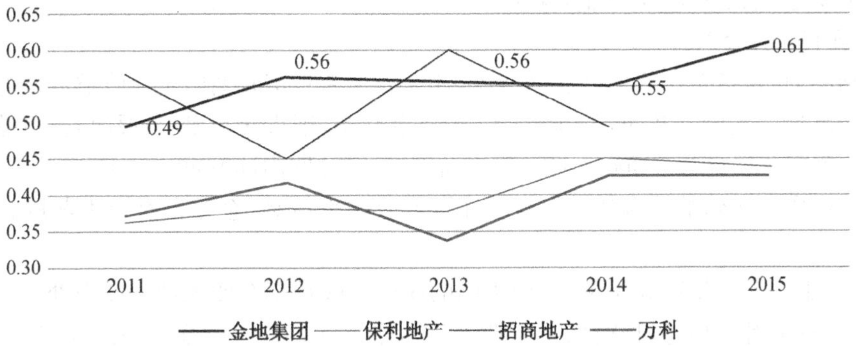

图 2 四大房地产公司速动比率对比情况

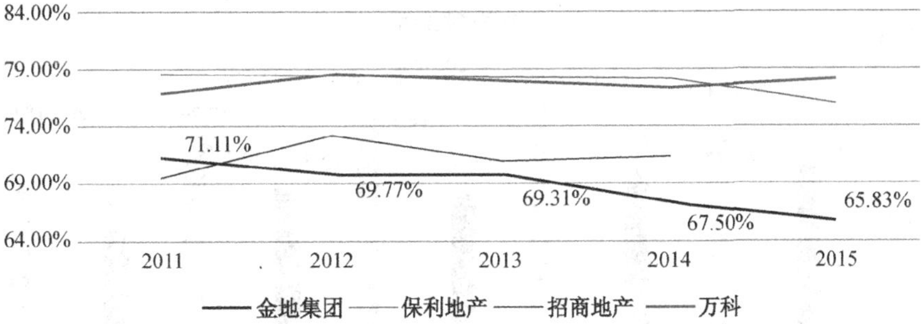

图 3 四大房地产公司资产负债率对比情况

2011—2015 年，金地集团产权比率也相对较低，进一步说明其债务较轻。实际上，产权比率$=\frac{负债}{所有者权益}=\frac{负债}{资产-负债}=\frac{负债/资产}{1-负债/资产}=\frac{资产负债率}{1-资产负债率}$，因此资产负债率低的企业产权比率也低。如图 4 所示。

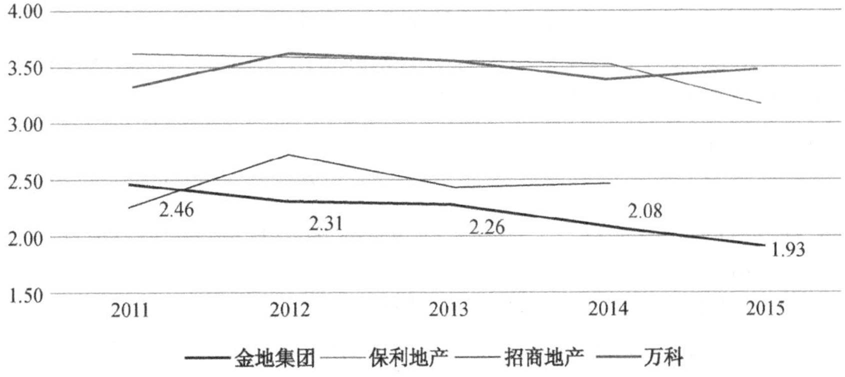

图 4 四大房地产公司产权比率对比情况

综上所述，金地集团偿债能力较好。

2. 盈利能力分析

盈利能力，是指企业获取利润的能力，通常表现为一定时期内企业收益数额的多少及其水平的高低。主要涉及净资产收益率，销售毛利率，销售净利率，每股收益，市盈率等。

（1）净资产收益率。净资产收益率是企业一定时期内净利润与平均净资产的比率，反映了企业资产运营的综合效率。企业净资产收益率越高，企业自有资本获取收益的能力越强。

在2011—2015年这5年中，金地集团的净资产收益率在四大地产商中处于较靠后的地位，而且有下滑的趋势，且略低于行业平均水平。2015年的下跌主要是因为净利润下滑以及投资收益的增加导致所有者权益的上升。净资产收益率低表明企业盈利能力较差，需要引起注意。如图5所示。

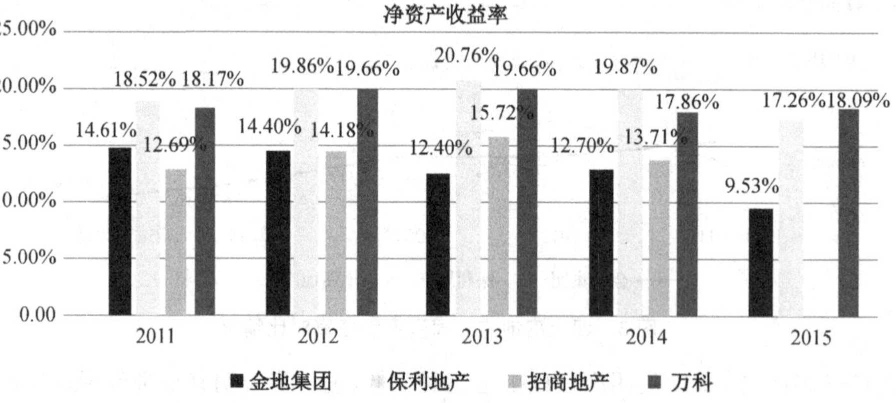

图5 四大房地产公司净资产收益率对比情况

（2）销售毛利率。销售毛利率是指每一元销售收入所能获取的毛利。可以揭示企业在定价政策，产品或生产成本控制方面存在的问题。

2011—2015年这5年中，金地集团销售毛利率先下降，后缓慢回升。这说明金地集团前几年因为销售收入的扩大导致了销售毛利率的下滑；后来由于成本控制得当使得销售毛利率止跌回升。虽然略高于行业平均值，然而在四大地产商中仍处于靠后的位置，今后金地集团应进一步控制销售成本。如图6所示。

（3）销售净利率。销售净利率是企业主营业务盈利能力与获利水平方面对资本收益率的进一步补充，体现了企业净利润对企业全部收益的影响程度。该项指标越高，说明产品定价科学，附加值高。

2011—2015年这5年中，金地集团销售净利率也经历了先降后升的过程，从与保利、万科平起平坐到超越，说明金地集团在成本费用控制方面有所起色，经营管理有所改善。

（4）每股收益。每股收益是净利率扣除优先股的余额与发行在外普通股的加权平均

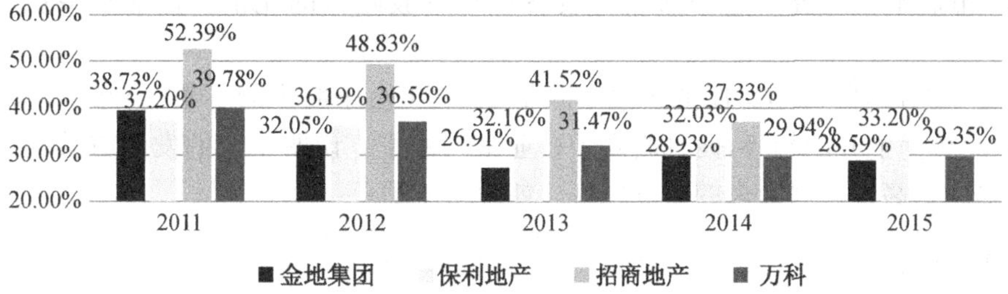

图 6 四大房地产公司销售毛利率对比情况

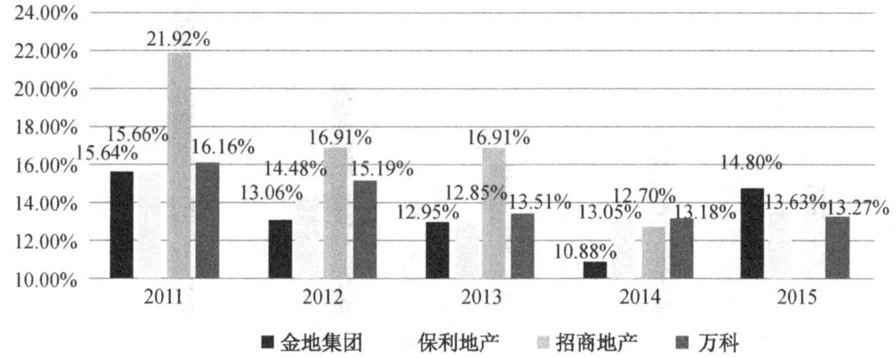

图 7 四大房地产公司销售净利率对比情况

数之比，是衡量上市公司盈利能力最重要的财务指标，不仅可以评价股本获利能力，还能衡量股票投资价值。

2011—2015 年，金地集团的每股收益稳定在 0.7～0.9 元，在四大房地产商中处于劣势，甚至低于行业平均，导致了金地集团股价较低。公司获利能力有待提高。如图 8 所示。

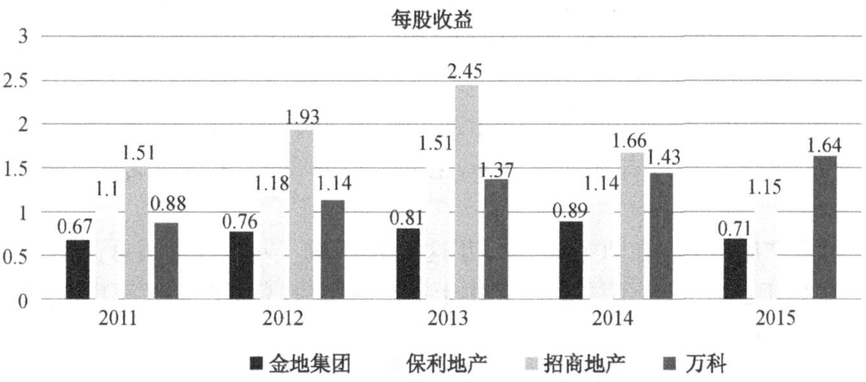

图 8 四大房地产公司每股收益对比情况

(5) 市盈率。市盈率是普通股每股股价与每股收益的比值。正常水平在 14～20 之间。

2011—2015 年,金地集团的市盈率除了 2013 年由于股市的不景气导致市盈率小幅下跌外,总体呈上升的趋势,而且略高于行业平均水平。说明企业的发展前景较为乐观,但是也要注意高市盈率带来的投资风险。如图 9 所示。

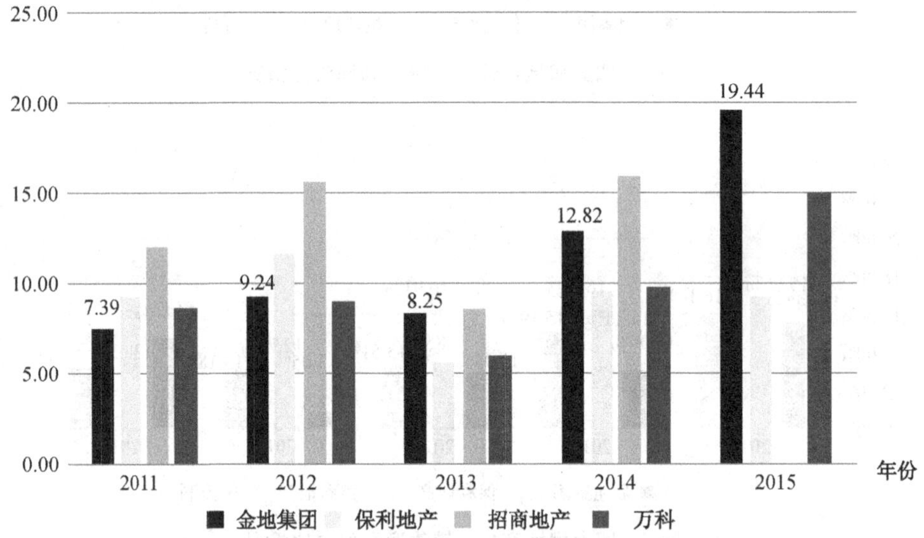

图 9　四大房地产公司市盈率对比情况

3. 营运能力

营运能力,即企业运用各项资产以赚取利润的能力。主要指标有应收账款周转率、存货周转率、总资产周转率等。

(1) 应收账款周转率。四大地产商应收账款周转率差异非常悬殊。其中,金地集团应收账款周转率非常高,资金回笼速度很快,资金使用效率非常高,坏账损失少,具有极大的竞争优势。由于应收账款周转率相差非常悬殊,因此我们用应收账款周转天数来作图(见图 10)从侧面反映应收账款周转率。

(2) 存货周转率。在 2011—2015 年这 5 年中,金地集团平均存货周转率在四大地产商中最高,然而 2015 年却有显著下降,主要是因为 2015 年营业成本下降。如图 11 所示。

(3) 总资产周转率。在 2011—2015 年这 5 年中,前 4 年金地集团总资产周转率在四大地产商中处于较高水平,不过 2015 年由于资产的增加,总资产周转率也出现了明显下降。如图 12 所示。

综上所述,金地集团营运能力较好。

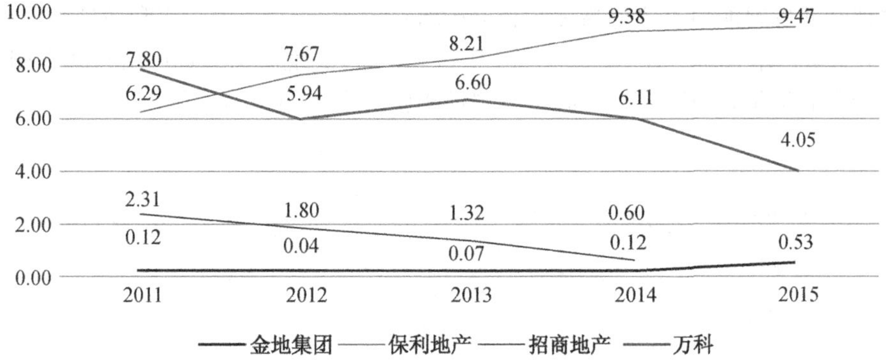

图 10　四大房地产公司应收账款对比情况

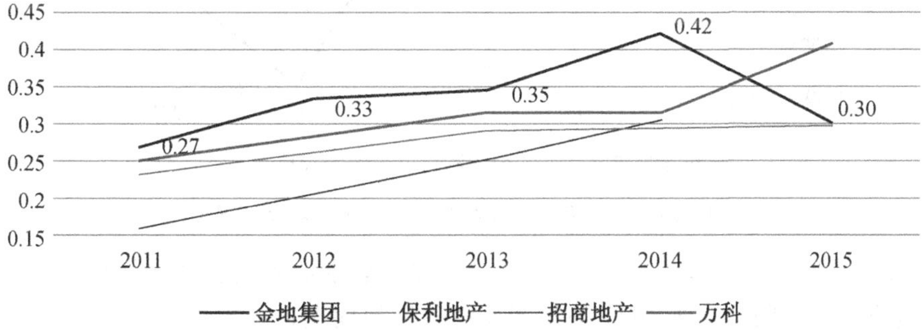

图 11　四大房地产公司存货周转对比情况

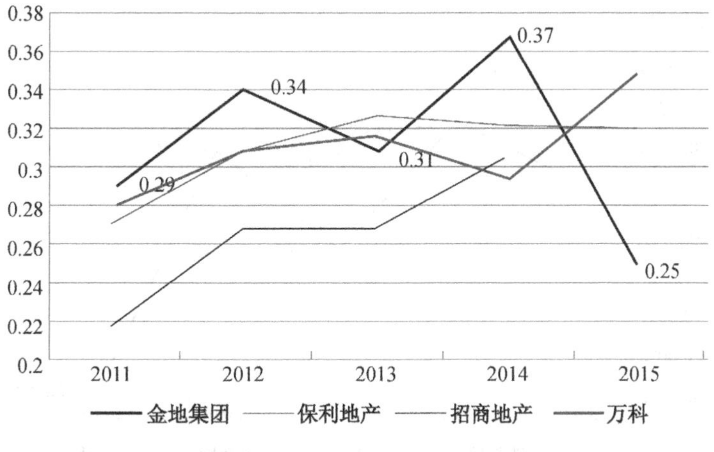

图 12　四大房地产公司总资产周转对比情况

4. 发展能力

体现企业发展能力主要的指标有总资产增长率、营业收入增长率和净利润增长率。

(1) 总资产增长率。在 2011—2015 年这 5 年中,金地集团总资产增长率在四大地产商中处于靠后地位,增长率不算高,资本规模扩张有限。如图 13 所示。

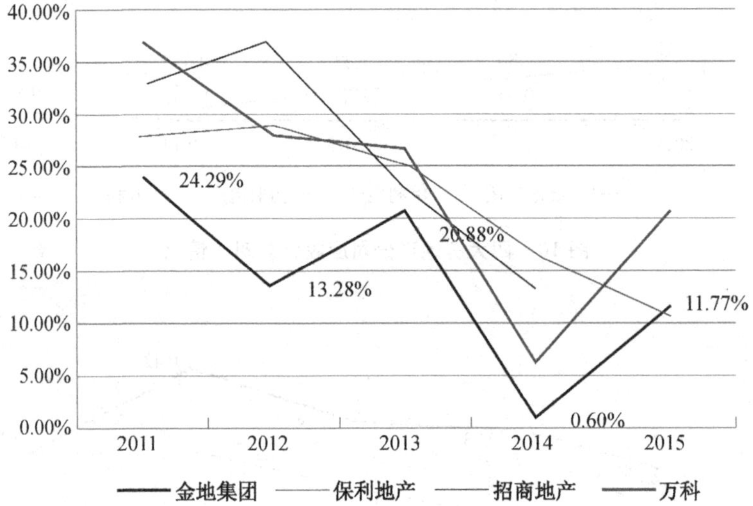

图 13 四大房地产公司总资产增长率对比情况

(2) 营业收入增长率。2011—2015 年金地集团营业收入增长率也不高,2015 年甚至出现了负值。这是因为 2015 年金地集团投资的项目周期过长导致年底许多项目未能完工或虽已完工但收入确认滞后,因而计价面积减少,因此影响了营业收入。如图 14 所示。

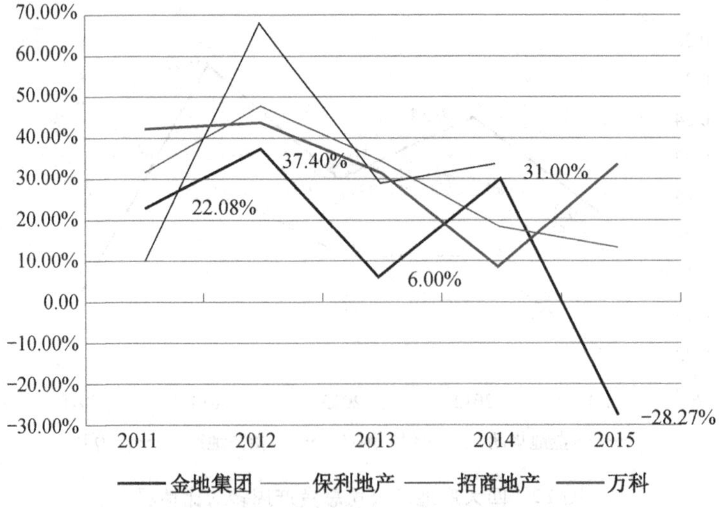

图 14 四大房地产公司营业收入增长率对比情况

(3) 净利润增长率。同总资产增长率,营业收入增长率类似,金地集团净利润增长率也偏低,近5年来净利润增长不显著,2015年也出现了负值。主要是因为2015年金地集团投资数额太大,项目周期过长,导致收入、利润下滑;另外与行业整体利润率下滑也不无关系。但是在营业收入减少28%情况下净利润才减少2.4%,说明金地集团期间费用的控制较好。如图15所示。

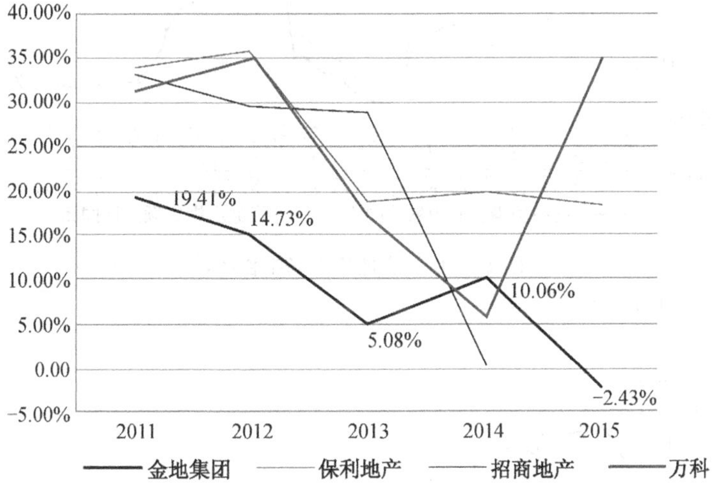

图15 四大房地产公司净利率对比情况

(四) 前景分析

1. 房地产行业告别高速增长,行业改革需求加大

2015年以来全国整体的楼市销售在政策不断利好的刺激下,温和回暖。1~5月全国商品房销售面积35 996万平方米,同比下降0.2%,降幅大幅收窄;商品房销售额24 409亿元,同比增长3.1%,已经回正。销售数据温和回暖,同比降幅收窄或略有增长。如图16所示。但我们仍然看到,房地产开发投资增速下行趋势没有改变。1~5月房地产开发投资累计完成额32 292亿元,同比名义增长5.1%,增速比1~4月回落0.9个百分点。房地产开发投资增速持续下行。如图17所示。

国房景气指数是从土地、资金、开发量、市场需求等角度综合反映全国房地产业基本运行状况的指数,指数高于100为景气空间,低于100为不景气空间。该指数2014年年在95左右徘徊了几个月以后一路下行,2015年5月国房景气指数92.43,创下了1997年指数创立以来的历史低值。如图18所示。

2. 相关政策密集出台,国企改革步伐加速

虽然此前国企改革进度总体来说低于预期,但从2015年年初以来,尤其是两会以后,相关政策密集出台,"1+N"国企改革文件出台的预期逐渐加强。如表1所示。

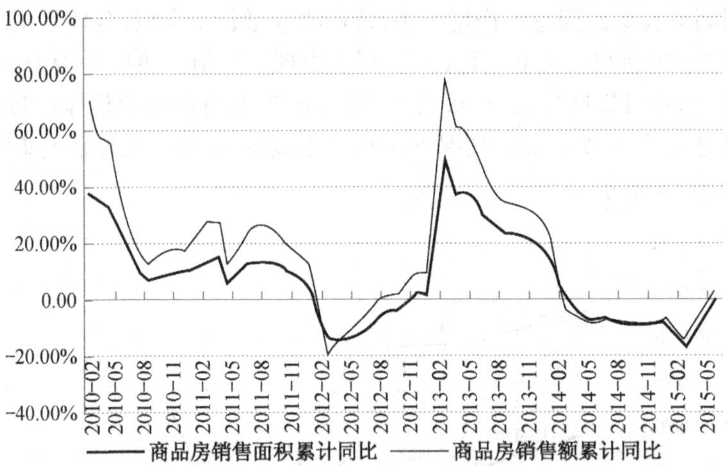

图 16　我国房地产市场销售统计

资料来源：国家统计局，中国产业信息网。

图 17　我国房地产投资统计

资料来源：国家统计局，中国产业信息网。

表 1　　2015 年年初以来国企改革相关文件密集出台情况统计表

时　　间	部　　门	文　　件
2015 年 5 月 8 日	国务院、发改委	《关于 2015 年深化经济体制改革重点工作的意见》
2015 年 5 月 25 日	国资委	《2015 年度指导监督地方国资工作计划》
2015 年 6 月 5 日	中央全面深化改革领导小组会议	《关于在深化国有企业改革中坚持党的领导　加强党的建设的若干意见》《关于加强和改进企业国有资产监督防止国有资产流失的意见》

资料来源：政府部门网站，中国产业信息网。

图 18 我国房地产景气指数统计

资料来源:国家统计局,中国产业信息网。

3. 城镇化对房地产行业的促进作用或将减弱

国际上将城市化进程大体分为三个阶段:第一阶段为城市化初期,城市人口增长较为缓慢,城市人口比重超过 10%以后逐渐加快。当城市人口比重超过 30%时进入第二阶段,城市化进程出现加快的趋势,这种趋势一直持续到城市人口超过 70%以后才有所减缓。第三阶段为城市化进程将出现停滞或略有下降的趋势。

我国的城镇化进程充分符合国际理论。我国的城镇化率从 1949 年的 10.64%提升至 1981 年的 20.16%,城镇化率年均提高 0.3 个百分点。城镇化率超过 20%之后,城镇化进程加快。从 1981 年的 20.16%提升至 1996 年的 30.48%,城镇化率年均提高 0.69 个百分点。城镇化率达到 30%以后,城市化进入加速发展期。从 1996 年的 30.48%提升至 2013 年的 53.73%,城镇化率年均提高 1.37 个百分点。2013 年我国的城镇化率为 53.73%,比照发达国家平均 80%的城市化率及发展趋势,理论上我国依然处于城镇化快速发展阶段。如图 19 所示。

4. 土地供应偏紧,价格涨幅较大

我国土地供应整体偏紧。2003 年至 2013 年,我国房地产企业购置土地面积仅增长了 8.7%,而同期商品房销售面积增长了 287.2%。主要城市土地供应下滑速度尤为明显。40 个主要城市供应土地占地面积同比增速由 2009 年的 44.62%下滑至 2014 年上半年的−19.8%。

土地价格的增速明显超过同期商品房销售均价的上涨。2004 年至 2013 年,土地平均购置价格年均复合增长率 15.07%,同期商品房销售均价年均复合增长率 9.69%。土地平均购置价格占商品房销售均价的比例由 26.62%上涨至 40.97%。如图 20、图 21 所示。

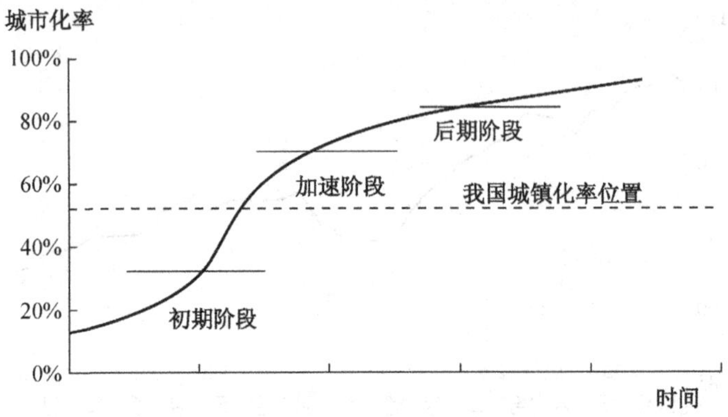

图 19　我国城镇化发展阶段分析统计

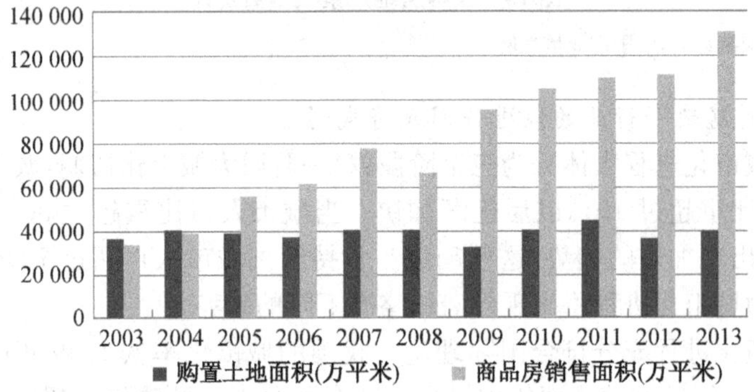

图 20　购置土地面积和商品房销售面积统计

资料来源：WIND，中国产业信息网。

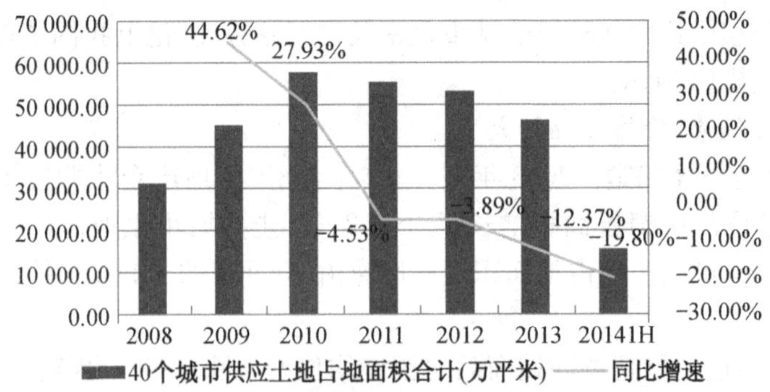

图 21　40 个主要城市供应土地占地面积及同比增速统计

资料来源：WIND，中国产业信息网。

四、结论

1. 房地产多元化经营趋势加快

在传统住宅行业面临拐点的前提下，房地产企业多元化经营趋势明显加快。一方面，房企的多元化经营围绕房地产的不同业态进行布局，包括商业、养老和文化旅游地产。另一方面，房企积极参股或控股其他行业，实现主业的多元化或彻底转型。由于行业的竞争力度逐渐加大，中小房企的多元化经营趋势将加快。未来，我们预计大型房企的转型也将逐步落地。

2. 楼市需求仍未见顶，一线城市具有强支撑

在行业潜在需求层面，人口结构是决定房地产市场长周期趋势的关键因素，历经了2014年楼市全方位调整后，人口红利拐点已然成为一个老生常谈的话题，但根据我们的分析逻辑框架，尽管住房需求顶点已渐行渐近，但人口结构调整需历经漫长的过程，短期内年龄结构的变化并不足以使当前楼市需求的根本驱动因素发生反转，而且时代观念的转变促使婚房需求延迟释放，中国第三次婴儿潮（1982—1990）带来的结婚登记顶峰仍将产生足够的增量，我们仍坚信过往10年中推动楼市快速发展的市场刚需群体仍处于对住房需求支撑阶段的高点，人口红利在未来5～10年内仍将是市场需求的正向驱动因素。

3. 增量到存量的时代接力

存量房市场规模扩大是房地产市场成熟的一个重要特征，在房地产市场发展较为成熟的欧美等发达区域，存量房作为房地产交易的主体，占市场总量80%以上，而我国目前存量房的交易额规模仅占总体交易额的25%～30%，当前大部分地区仍主要依靠增量带动发展，同时也意味着未来存量市场发展具有广阔的空间。

案例分析提示与探讨

1. 分析思路

(1) 哈佛财务分析框架是从企业经营的角度，利用财务数据对企业发展前景进行评价，因此，分析应从战略分析入手。

(2) 财务指标的计算应按企业的特点选择运用。

(3) 会计分析是整理财务数据的基础，应充分考虑企业的账务处理方法与会计政策和会计估计方法的选择问题。

2. 理论依据

(1) 从企业经营战略角度评价企业财务战略目标。

(2) 按行业特点进行会计政策选择运用，从价值链理论进行企业财务分析。

3. 启发性思考题

(1) 如何利用哈佛财务分析框架从财务的角度对企业发展前景进行评价？

(2) 如何在哈佛分析框架的基础上构建财务评价指标体系？

(3) 如何理解会计分析是整理财务数据的基础，如何解析会计政策和会计估计方法的选择对企业财务状况的影响？

第二篇练习

一、单项选择题

1. 通过计算财务报表中各项目占总体的比重或结构，以反映报表中的项目与总体关系及其变动情况的会计分析方法是(　　)。

A. 比率分析法　B. 纵向比较法　C. 横向比较法　D. 因素分析法

2. 财务分析常用的分析方法不包括(　　)。

A. 比率分析法　B. 因素分析法

C. PEST 分析法　D. 现金流量分析法

3. 反映企业初始获利能力的指标是(　　)。

A. 主营业务利润率　B. 净资产收益率

C. 主营业务毛利率　D. 资本保值增值率

4. 反映企业自有资本及其积累获取报酬水平的指标是(　　)。

A. 资产净利率　B. 净资产收益率

C. 营业利润率　D. 销售净利率

5. 下列指标中，无法反映企业获利能力的指标是(　　)。

A. 主营业务利润率　B. 资本保值增值率

C. 净资产收益率　D. 市净率

6. 每股盈余是指普通股每股净利润，计算每股盈余指标时，本年盈余为(　　)。

A. 净利减普通股股息　B. 净利减盈余公积

C. 净利减优先股股息　D. 净利减未分配利润

7. 反映利润质量较高的事项是(　　)。

A. 利润的含金量较低　B. 利润没有较多的现金支撑

C. 利润来源于未来持续性较强的业务　D. 利润来源于未来具有可预测性的业务

8. 在基本条件不变的情况下，下列经济业务可能导致总资产收益率下降的是(　　)。

A. 用银行存款支付一笔销售费用　B. 用银行存款购入一台设备

C. 将可转换债券转换为普通股　D. 用银行存款归还银行借款

9. 下列各因素中，将导致应收账款周转率下降，除了(　　)。

A. 销售收入减少　B. 销售退回增加

C. 客户逾期付款增加　　D. 享受现金折扣的赊销比例增加

10. 某企业年主营业务成本为 3 600 万元，存货从购进到实现销售，平均需要 30 天，则存货周转率为(　　)次。

A. 30　　B. 120　　C. 12　　D. 6

11. 在平均收账期一定的条件下，营业周期的长短主要取决于(　　)。

A. 生产周期　　B. 流动资产周转天数

C. 存货周转天数　　D. 结算天数

12. 总资产周转率等于(　　)的比率。

A. 销售收入与期末资产总额　　B. 销售净收入与期末资产总额

C. 销售收入与平均资产总额　　D. 销售净收入与平均资产总额

13. 某企业 20×5 年主营业务收入净额为 36 000 万元，流动资产平均余额为 4 000 万元，固定资产平均余额为 8 000 万元。假定没有其他资产，则该企业 20×5 年的总资产周转率为(　　)次。

A. 3.0　　B. 3.4　　C. 2.9　　D. 3.2

14. 在计算速动比率时，要把存货从流动资产中剔除的主要原因是(　　)。

A. 存货的价值变动较大　　B. 存货的质量难以保证

C. 存货的数量不易确定　　D. 存货的变现能力相对较弱

15. ABC 公司无优先股，去年每股盈余为 4 元，每股发放股利 2 元，保留盈余在过去 1 年中增加了 500 万元。年底每股账面价值为 30 元，负债总额为 5 000 万元，则该公司的资产负债率为(　　)。

A. 30%　　B. 33%　　C. 40%　　D. 44%

16. 若流动比率大于 1，则下列结论成立的是(　　)。

A. 速动比率大于 1　　B. 净营运资本大于零

C. 资产负债率大于 1　　D. 短期偿债能力绝对有保障

17. 有时速动比率小于 1 也是正常的，比如(　　)。

A. 流动负债大于速动资产

B. 应收账款不能实现

C. 大量采用现金销售

D. 销售旺季前超储存货导致速动资产减少

18. 下列影响速动比率可信性的因素是(　　)。

A. 存货的变现能力　　B. 股票投资的变现能力

C. 产品的变现能力　　D. 应收账款的变现能力

19. 如果企业速动比率很小，下列结论中，成立的是(　　)。

A. 企业流动资产占用过多　　B. 企业短期偿债能力很强

C. 企业短期偿债风险很大　　D. 企业资产流动性很强

20. 某企业流动资产中，现金为5 000元，银行存款为15 000元，应收账款为30 000元，存货为50 000元；流动负债为50 000元，则其现金比率为（　　）。

A. 2　　B. 1　　C. 0.5　　D. 0.4

21. 资产负债率与（　　）之和等于1。

A. 产权比率　　B. 有形净资产债务率

C. 资产权益比率　　D. 有形资产债务率

22. 能够反映企业利息偿付安全性的指标是（　　）。

A. 利息支付倍数　　B. 流动比率

C. 清算价值比率　　D. 现金比率

23. 净利增长率（可持续增长率）受多种因素影响，在其他条件不变的前提下，股利支付率越大，可持续增长率（　　）。

A. 越高　　B. 越低　　C. 不变　　D. 无法确定

24. 下列指标中，（　　）是杜邦分析系统中综合性最强的财务指标。

A. 资产净利率　　B. 净资产收益率

C. 销售净利率　　D. 资产负债率

25. 在杜邦分析体系中，通过对系统的分析可知，提高权益净利率的途径不包括（　　）。

A. 加强销售管理，提高销售净利率　　B. 加强资产管理，提高其利用率和周转率

C. 加强负债管理，降低资产负债率　　D. 加强负债管理，提高产权比率

26. 某企业去年的销售净利率为5.73%，资产周转率为2.17；今年的销售净利率为4.88%，资产周转率为2.88。若2年的资产负债率相同，今年的权益净利率比去年的变化趋势为（　　）。

A. 下降　　B. 不变　　C. 上升　　D. 难以确定

27. 权益乘数又称权益倍数，是指总资产与净资产的比率，下列权益乘数表述中，不正确的是（　　）。

A. 权益乘数=所有者权益÷资产　　B. 权益乘数=1÷(1−资产负债率)

C. 权益乘数=资产÷所有者权益　　D. 权益乘数=l+产权比率

28. 某公司有普通股2 000万股，每股市价10元，20×5年净利润1 000万元，发放股利500万元，则股利发放率为（　　）。

A. 50%　　B. 25%　　C. 10%　　D. 5%

29. 亚历山大·沃尔在确定其信用能力指数时，选择反映偿债能力的指标是（　　）。

A. 资产负债率　　B. 产权比率　　C. 权益乘数　　D. 股权比率

30. 经济增加值(EVA)大于0，则意味着（　　）。

A. 公司获得的收益大于公司投入的成本，股东财富增长

B. 股东获得的收益超过股东心理预期，股东财富增长

C. 公司获得的收益大于公司投入的资本成本，股东财富增长

D. 股东获得的股利收益大于投资债券的利息收益,股东财富增长

二、多项选择题

1. 会计环境包括资本市场结构和( )。
   A. 会计惯例和法规　　B. 税收和财务会计的关系
   C. 独立审计　　D. 技术人才市场
2. 在运用比较分析法对会计报表分析时,应注意相关指标的可比性,具体来说,( )。
   A. 指标内容、范围和计算方法的一致性
   B. 会计计量标准、会计政策和会计处理方法的一致性
   C. 时间单位和长度的一致性
   D. 企业类型、规模的大体一致
3. 以下属于会计策略范畴的是( )。
   A. 会计政策和会计估计的选择　　B. 财务报告格式的选择
   C. 适用税率的选择　　D. 补充披露的选择
4. 影响会计信息质量的主要因素( )。
   A. 公司治理结构　　B. 会计理论、会计准则本身的适用性
   C. 会计人员职业判断水平　　D. 经营者对会计政策的选择
5. 评价企业信息披露质量时,应从以下几方面进行思考( )。
   A. 企业披露质量的充分性分析　　B. 企业披露信息的及时性分析
   C. 分部信息披露情况分析　　D. 企业对会计政策的选择分析
6. 企业财务能力评价包括( )。
   A. 盈利能力评价　　B. 偿债能力评价
   C. 发展能力评价　　D. 营运能力评价
7. 企业财务分析评价的标准包括( )。
   A. 经验标准　　B. 历史标准
   C. 行业标准　　D. 预算标准
8. 财务分析的因素分析法,具体分为( )。
   A. 差额分析法　　B. 趋势比较分析法
   C. 连环替代法　　D. 比率分析法
9. 对于企业经理人员来说,进行盈利能力分析的具体目的是( )。
   A. 利用盈利能力指标反映和衡量企业经营业绩
   B. 提前决策股利分配政策
   C. 发现经营管理中存在的问题
   D. 便于考核内部各部门业绩
10. 在分析企业的盈利能力时不应包括的项目是( )。

A. 市场季节性变动带来的影响　　B. 证券买卖等非正常项目
C. 将要停止的营业项目　　D. 会计政策变动带来的影响

11. 决定收益质量的因素包括(　　)。
A. 会计政策的运用　　B. 会计政策的选择
C. 收益与经营风险的关系　　D. 资产总体规模

12. 从一般原则上讲,影响主营业务利润率指标高低的因素有(　　)。
A. 主营业务毛利率　　B. 管理费用控制水平
C. 利润分配比例　　D. 生产成本管理水平

13. 应收账款周转率降低意味着(　　)。
A. 销售收入下降　　B. 销售成本下降
C. 短期偿债能力降低　　D. 平均应收账款增加

14. 在其他条件不变的情况下,会引起总资产周转率指标上升的经济业务是(　　)。
A. 用现金偿还负债　　B. 借入一笔短期借款
C. 用银行存款购入一台设备　　D. 用银行存款支付 1 年的电话费

15. 资产负债表内表现企业变现能力的资料有(　　)。
A. 应收账款　　B. 交易性金融资产
C. 已办理贴现的商业承兑汇票　　D. 可动用的银行贷款指标

16. 短期偿债能力一般取决于(　　)。
A. 营运资本的多少　　B. 资产变现的速度
C. 企业获利能力　　D. 资本结构

17. 如果流动比率小于 1,则下列结论中,正确的有(　　)。
A. 速动比率小于 1　　B. 营运资本小于零
C. 现金流动负债比率小于 1　　D. 短期偿债能力绝对有保障

18. 影响企业长期偿债能力的报表外因素有(　　)。
A. 为他人提供的经济担保　　B. 未决诉讼案件
C. 售出产品可能发生的质量事故赔偿　　D. 准备近期内变现的固定资产

19. 某公司当年的经营利润很多,却不能偿还到期债务,为查清其原因,应检查的财务比率包括(　　)。
A. 资产负债率　　B. 流动比率
C. 存货周转率　　D. 现金比率

20. 下列各项中,影响营业周期长短的因素有(　　)。
A. 年度销售额　　B. 平均存货
C. 销货成本　　D. 平均应收账款

21. 采用清算价值比率来衡量企业的长期偿债能力,其依据是(　　)。
A. 资产中的待摊费用、递延资产等本身无直接变现能力

B. 无形资产能否用于偿债具有较大的不确定性

C. 该指标越低，表明企业长期偿债能力越强

D. 该指标越高，表明企业长期偿债能力越强

22. 资本周转率是用可变现的流动资产与长期负债的比值，可变现的流动资产包括(　　)。

A. 货币资金　　B. 应收票据

C. 预付账款　　D. 交易性金融资产

23. 判断企业未来成长性的指标是(　　)。

A. 净利增长率　　B. 成本增长率

C. 股利增长率　　D. 销售增长率

24. 下面情况中，会导致净资产收益率下降，(　　)。

A. 销售净利率下降　　B. 总资产周转天数增加

C. 企业负债率上升　　D. 资产净利率上升

25. 财务状况综合分析方法包括(　　)。

A. 因素分析法　　B. 杜邦财务分析法

C. 趋势分析法　　D. 财务比率综合评分法

三、判断题

1. 会计分析的目的是评估财务报表对企业经营活动反映的真实程度，为财务分析提供客观有效的数据资料。(　　)

2. 企业经营总是在一定的具体环境中进行的，经营环境与企业战略分析是财务分析的重要起点。(　　)

3. 连环替代法确定因素替代顺序的一般原则是先数量因素后质量因素。(　　)

4. 对于一个健康的、正在成长的公司来说，经营活动现金净流量应当是正数，投资活动现金净流量是正数，筹资活动现金净流量正、负数相间。(　　)

5. 在选定会计政策后，管理当局如何运用会计政策，也会影响收益质量。(　　)

6. 流动比率越高，说明企业短期偿债能力越强，即时到期债务肯定能够偿还。(　　)

7. 在其他条件不变的情况下，权益乘数越大则企业负债率越低。(　　)

8. 留存盈利比率指标用于衡量当期利润总额中有多大比例留存于企业。(　　)

9. 计算利息支付倍数时的利息费用，指的是计入财务费用的各项利息。(　　)

10. 现金比率是用现金及其等价物与负债的比值。(　　)

11. 企业流动比率越大，说明企业风险越小收益率越高。(　　)

12. 从股东的立场看，在资产净利率高于借款利息率时，负债比例越小越好，否则反之。(　　)

13. 企业目前的速动比率大于1，本应借记应付账款，却误借记应收账款，这种错误会导致

速动比率下降。 ( )

14. 收益质量好是指实际收益和账面收益的相关性强，而不是指公司的收益高。 ( )
15. 资产负债率为 3/4，则权益乘数为 4/3。 ( )
16. 资金周转得越快，说明资金利用效率越高，企业的经营管理水平也越高。所以存货周转率和应收账款周转率越高越好。 ( )
17. 权益乘数的高低取决于企业的资金结构，资产负债率越高，权益乘数越低，财务风险越大。 ( )
18. 其他条件不变的情况下，销售产品取得收入、归还银行借款都会引起企业总资产周转率提高。 ( )
19. 企业增加速动资产会增强短期偿债能力，降低企业的机会成本。 ( )
20. 在计算速动资产时，要从流动资产中扣除存货，主要是因为存货的质量难以保证。 ( )
21. 总资产报酬率不变的情况下，资产负债率越低，净资产收益率越高。 ( )
22. 杜邦分析方法是通过建立新的财务指标来综合分析企业财务状况的一种方法。 ( )
23. 总资产周转率越高，说明企业经营管理水平越好，企业利润率越高。 ( )
24. 如果 A 企业的流动比率大于 B 企业，不一定表示 A 企业的短期偿债能力更强。 ( )
25. 沃尔评分法中的相对比率都等于实际数除以标准数。 ( )

四、计算分析题

1. A 公司 20×4 年年末和 20×5 年年末的部分资料见下表。

A 公司 20×4 年和 20×5 年资产负债表(部分) 单位:元

项　　目	20×4 年	20×5 年
现金	4 600	4 000
银行存款	500 000	10 000
交易性金融资产——债券投资	400 000	460 000
其中:减值准备	−3 000	−3 130
应收票据	45 000	48 000
应收账款	6 450 000	7 340 000
其中:坏账准备	−72 000	−87 000
存货	3 030 000	4 230 000
固定资产	23 800 000	38 320 000

（续表）

项　　目	20×4 年	20×5 年
其中：累计折旧	−3 280 000	−3 580 000
应付票据	4 489 000	5 890 000
应交税金	412 000	453 000
预提费用	38 000	43 000
长期借款——基建借款	7 981 000	8 982 000

要求：

(1) 计算该企业各年的营运资本。

(2) 计算该企业各年的流动比率。

(3) 计算该企业各年的速动比率。

(4) 计算该企业各年的现金比率。

(5) 将以上两年的指标进行对比，简要说明其短期偿债能力是否得到改善。

2. A 公司和 B 公司分别是各自行业的领导者。两公司 20×5 年的利润表如下表所示。

A 公司和 B 公司利润表(部分)　　单位：万元

	A 公司	B 公司
销售净额	6 471	19 536
已售商品成本	3 907	14 101
销售和行政管理费用	1 589	3 846
利息费用	39	16
其他费用	37	38
所得税费用	346	597
净收益	553	938

A、B 两家公司 20×5 年平均总资产分别是 15 890 万元和 12 080 万元。

要求：

(1) 计算 A、B 公司 20×5 年的销售毛利率。

(2) 计算 A、B 公司 20×5 年的销售净利率。

(3) 计算 A、B 公司 20×5 年的资产净利率。

(4) 分析哪家公司的盈利能力更强？并说明理由。

3. 某公司 20×4 年和 20×5 年主营业务收入分别为 1 300 万元和 1 460 万元，20×3 年、20×4 年和 20×5 年流动资产年末余额分别为 460 万元、420 万元和 470 万元。

要求：

(1) 计算 20×4 年和 20×5 年流动资产平均余额。

(2) 计算 20×4 年和 20×5 年流动资产周转次数和周转天数，并作出简要的评价。

4. 某公司有关资料如下：　金额单位：万元

项　目	期初数	期末数	本期数或平均数
存货	3 600	4 800	
流动负债	3 000	4 500	
速动比率	0.75		
流动比率		1.6	
总资产周转次数			1.2
总资产			18 000
主营业务毛利率			40%

假定该公司流动资产等于速动资产加存货。

要求：

(1) 计算该公司流动资产的期初数与期末数。

(2) 计算该公司本期的主营业务收入。

(3) 计算该公司本期存货平均余额和存货周转次数。

(4) 计算该公司本期流动资产平均余额和流动资产周转次数。

5. 某公司年初存货为 30 000 元，年初应收账款为 25 400 元，年末流动比率为 2∶1，速动比率为 1.5∶1，存货周转率为 4 次，流动资产合计为 54 000 元。

要求：

(1) 计算公司本年销货成本。

(2) 若公司本年销售收入为 312 200 元，除应收账款外，其他速动资产忽略不计，则应收账款周转次数是多少？

(3) 该公司的营业周期有多长？

6. M 公司 20×5 年年初的流动资产总额为 900 万元(其中应收票据 300 万元，应收账款为 200 万元，存货为 400 万元)，流动资产占资产总额的 25%；流动负债总额为 600 万元，流动负债占负债总额的 30%；该公司 20×5 年年末的流动资产总额为 1 100 万元(其中应收票据为 350 万元，应收账款为 300 万元，存货为 450 万元)，流动资产占资产总额的 20%，流动负债占负债总额的 32%。该公司 20×5 年年末股东权益与年初股东权益的比值为 1.5。

已知，该公司 20×5 年的营业收入为 6 000 万元，销售毛利率为 22%，负债的平均利息率为 9%，经营现金流量对流动负债的比率为 0.5。

要求：

(1) 计算 20×5 年年初的负债总额、资产总额、权益乘数、流动比率和速动比率。

(2) 计算 20×5 年年末的股东权益总额、资产总额、资产负债率、流动比率、速动比率。

(3) 计算 20×5 年的应收账款及应收票据周转率、存货周转率(按营业成本计算)和总资产周转率(涉及资产负债表数据使用平均数计算)。

(4) 计算 20×5 年经营现金流量净额、现金流量利息保障倍数(涉及资产负债表数据使用平均数计算)。

7. 某公司 20×5 年 12 月 31 日资产负债表如下: 单位:万元

资　产	年初数	年末数	负债及所有者权益	年初数	年末数
流动资产					
货币资金	110	95	流动负债合计	220	218
应收账款净额	135	150	长期负债合计	290	372
存货	160	170	负债合计	510	590
待摊费用	30	35	所有者权益合计	715	720
流动资产合计	425	450			
固定资产净值	800	860			
总计	1 225	1 310	总计	1 225	1 310

另外,该公司 20×4 年销售净利率为 20%,总资产周转率 0.7 次,权益乘数 1.71,净资产收益率 23.94%。20×5 年销售收入净额 1 014 万元(其中赊销收入 570 万元),净利润 253.5 万元。

要求:

(1) 计算 20×5 年销售净利率、总资产周转率和权益乘数和净资产收益率。

(2) 采用因素分析法,分析销售净利率、总资产周转率和权益乘数对净资产收益率的影响。

8. 某公司 20×5 上半年部分财务指标如下:

财务指标	计　划	实　际
销售净利率	7.5%	9.3%
总资产周转率	0.133	0.115
平均资产负债率	50%	53.33%

要求:

(1) 计算该公司 20×5 年上半年计划和实际的净资产收益率。

(2) 用杜邦分析原理定量分析该公司股东权益报酬率实际偏离计划的原因。

第三篇

筹资管理

本篇从企业资金筹措与管理的角度，利用公司的公开资料，分析在企业财务决策中，如何结合企业的经营周期选择筹资方式，从成本与控制权的角度来论证企业筹资渠道选择的合理性。

【案例8】

吉祥航空IPO上市案例

一、引言

上海吉祥航空有限公司(Juneyao Airlines,简称“吉祥航空”)是一家以上海为基地的新兴民营航空公司,是国内著名民营企业均瑶集团的全资子公司,是由均瑶集团所属的上海均瑶(集团)有限公司和上海均瑶航空投资有限公司共同投资筹建的民营资本航空公司。公司英文名字以均瑶(Juneyao)命名。于2005年6月经中国民用航空总局和上海市政府批准筹建。2006年9月25日正式开航,注册资本1.5亿元。从2004年开始,民航局放开民营资本进入民航业,春秋航空与吉祥航空均成为中国首批民营航空公司的一员。2014年,两家公司在差不多的时间内提交了上市申请,其中春秋航空于2014年4月22日报送了招股说明书,而吉祥航空则于2014年4月25日报送了招股说明书。但最终“民营航空第一股”花落春秋航空,于2015年1月份上市,吉祥航空则晚了4个月,于5月份上市。

二、背景介绍

吉祥航空于2006年9月25日正式开航运营,吉祥航空的发展适逢中国航空运输业的高速发展阶段。我国2010—2014年的民航运输总周转量呈稳定增长的态势(见图1)。

吉祥航空通过准确的市场定位和差异化的竞争策略在上海国际航空枢纽港占据了相当的市场份额,在中高端公商务及旅游休闲客户群体中拥有良好的口碑和较高的声誉,从而形成了独具吉祥航空特色的细分市场竞争优势。同时,公司积极开拓其他细分市场,已于2014年上半年控股设立九元航空,为全国第二家以广州为主运营基地的航空公司,正式进入我国低成本航空市场。公司2012—2014年3年的市场占有率情况如图2所示。

随着公司业务的快速发展对资本扩张的要求和与竞争对手竞争的需要,吉祥航空在取得开业后连续5年持续盈利的良好业绩后决定申请IPO上市。

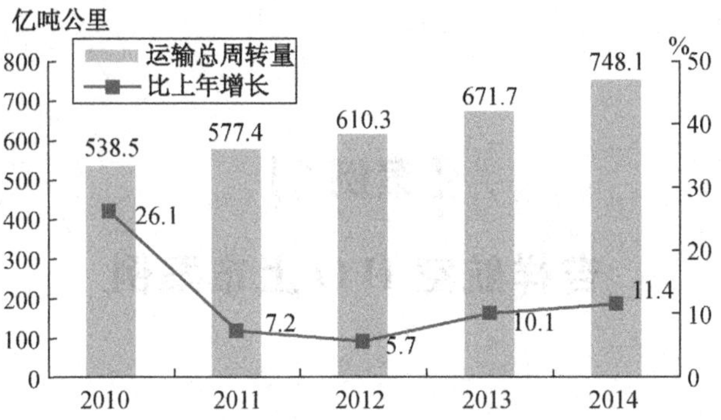

图 1　2010—2014 年民航运输总周转量

资料来源：2014 年民航行业发展统计公报，中国民用航空局官网。

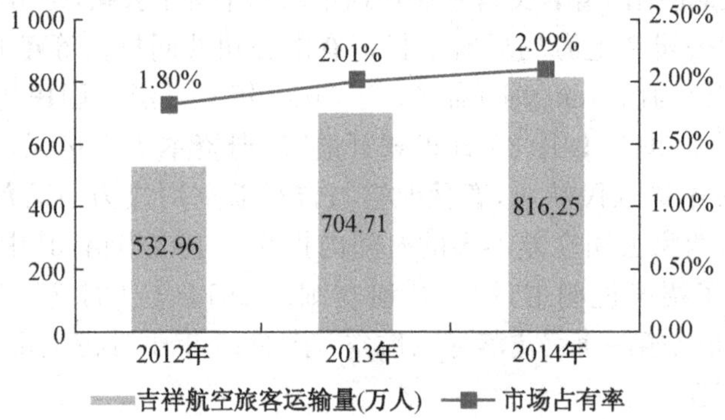

图 2　吉祥航空的市场占有率情况

资料来源：吉祥航空招股说明书。

三、案例分析

2014 年 4 月 25 日，吉祥航空向证监会正式报送了招股说明书。招股说明书的部分内容摘录如下。

(一) 发行人股权结构图

截至招股说明书出具之日，吉祥航空股权结构(包括子公司)如图 3 所示。

(二) 主要业务及主要服务的变化情况

吉祥航空公司自设立以来主要业务未发生重大变化，航空客、货运输业务一直是公司主要的收入和利润来源。报告期内，公司的主营业务收入情况如表 1 所示。

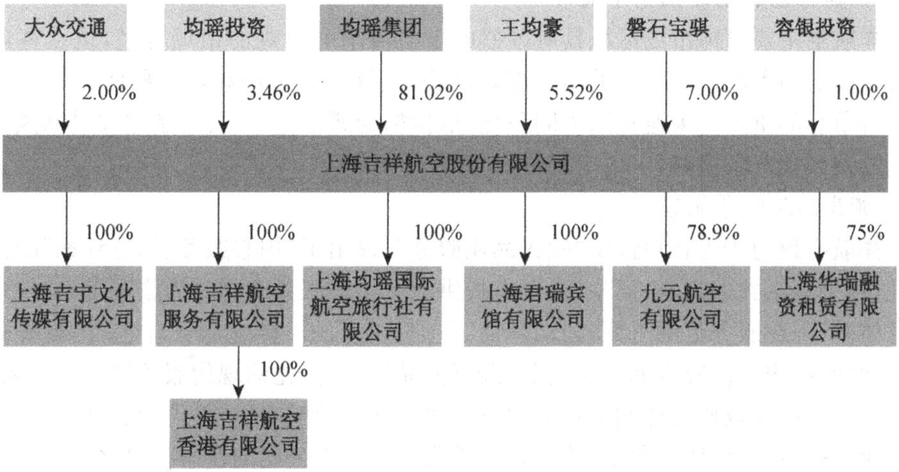

图 3 吉祥航空股权结构

表 1 吉祥航空 2012—2014 年主营业务情况表 单位:万元

项目	2014 年		2013 年		2012 年	
	金额	占比	金额	占比	金额	占比
客运	649 659.44	98.21%	577 716.66	97.88%	431 368.82	97.52%
货运	11 653.66	1.76%	12 455.19	2.11%	10 933.45	2.47%
其他	169.71	0.03%	85.04	0.01%	25.62	0.01%
合计	661 482.81	100.00%	590 256.89	100.00%	442 327.88	100.00%

(三) 公司在行业中的竞争地位

吉祥航空竞争优势如下。

1. 上海运营基地优势

根据当前的机队和人员规模,吉祥航空制定了以上海为主运营基地、以上海为中心辐射全国及周边国家的航空运输市场的经营模式。目前公司机队数量处于 30 余架的中等规模阶段,在合理安排航线布局,同时确保飞机利用率和客座率处于较高水平的基础上,公司采用主运营基地模式可以集中优势资源提高运营效率,同时减小成本支出、实现效益最大化。

2. 精准的市场定位优势

吉祥航空的目标客户就地域而言主要定位在上海及周边城市圈的长江三角洲地区,就群体而言主要定位于中高端商务、旅行及休闲客户。自设立以来公司始终围绕上述市场定位深耕细作,已在相关细分市场积累了深厚的客户基础、建立了良好的市场形象。

3. 独具特色的差异化竞争策略

吉祥航空主要目标市场区域具有旺盛的下游需求和可观的市场容量，重点客户群体亦拥有较高的消费能力和频繁的出行需要，然而该等区域市场和客户群体亦是行业内其他竞争者争夺的重点。为避免陷入同质化、低价格的恶性竞争，公司制定并贯彻执行着独具特色的差异化竞争策略。

4. 领先品质服务优势

吉祥航空致力于为客户提供“领先品质服务”，提出了“用心服务、如意到家”的吉祥航空标准，提倡尊崇礼遇、轻松商旅，强调在提供航空运输服务的同时为旅客带来“与众不同的如意体验”。在服务范围方面，公司贯彻“空地连接”的一体化服务理念，将服务从空中延伸到地面；在服务内容方面，公司积极践行高品质、个性化的现代服务理念，专门制定了贴近中高端公商务及旅游休闲客户的服务流程。在当前航空运输行业服务内容和质量日趋标准化、程式化的整体背景下，该特色品质服务已成为公司的竞争优势之一。

5. 成本控制优势

目前，我国航空运输行业基本处于以三大国有航空集团占主导地位、其他航空公司各自拥有优势细分市场的竞争态势，航空公司之间的运价处于公开、透明、有序的竞争状态。因此，航空公司的成本控制能力是对其盈利能力和市场竞争力具有重要作用的影响因素。2012—2014 年，公司的单位客运成本（客运业务成本/可用座公里）分别为 0.36 元、0.36 元和 0.35 元，显著低于可比上市公司。

6. 灵活、优惠的运费价格优势

在最优成本结构的有力支撑下，吉祥航空的运费价格水平制定政策为在较主要竞争对手有一定幅度优惠的基础上，根据不同运季的市场供求和不同航线的竞争程度灵活定价。这一方面可使公司的运费价格水平具有较强的客户吸引力；另一方面仍然可以保障公司单位营运收益高于其他竞争对手，充分体现公司独具特色的差异化竞争策略。

7. 安全保障优势

吉祥航空拥有的年轻化机队为降低事故发生概率、保障飞机运行安全奠定了良好的基础。同时，公司已经在所有相关部门和岗位推行行业领先的安全管理系统，并配备了具有完整飞机日常检查、修理资质的维修工程部门。全面系统的安全保障措施使公司的安全运营水平始终处于行业领先地位。自开航以来，公司未发生运输飞行事故、空防安全事故、航空地面运输事故和航空器维修事故。

8. 设立九元航空，拓展低成本航空市场

2014 年上半年吉祥航空控股设立九元航空，注册资本为 6 亿元，公司持股比例为 78.9%。九元航空以广州白云机场为基地机场，以波音 737 系列飞机组建单一机型机队，主要目标市场为我国低成本航空市场。2014 年 12 月，九元航空正式开航。九元航空的设立、开航使公司航空产业实现高、中、低端旅客市场全覆盖，实现双品牌及双枢纽运行的发展战略。

(四) 风险因素

1. 财政税收政策变化风险

航空运输业作为国家基础性产业，在推动现代服务业发展、促进社会融合与地区稳定等方面具有其特殊地位，因此一直享受国家有关部委、民航局、地方政府在财政、税收等方面的优惠政策，如民航基础设施建设基金先征后返政策、航线补贴、支线航空补贴、新开航线奖励、政府专项补贴或奖励等。

2012年、2013年和2014年，吉祥航空取得的政府补助类收入分别为10 630.91万元、11 055.29万元和13 828.90万元，分别占当期利润总额的33.29%、23.89%和23.16%，在同行业中占比相对较低，公司主营业务突出、盈利能力较强；但该等政府补贴仍对公司盈利存在影响，若相关财政、税收政策发生时效到期或被新政替代等变化，将会对公司的业绩产生影响。

2. 行业季节性波动风险

除受奥运会、世博会、世园会等特殊事件的影响外，航空业市场需求还具有显著的季节性波动特性，其绝大部分运力需求系由商务、旅游及访亲活动构成，且一般较为集中地出现在每年第二、第三季度。因此，航空市场已形成每年第二、第三季度为旺季，第一、第四季度为淡季的特点。航空业市场需求的季节性波动对公司的正常运营、未来的股价表现等将产生影响。

3. 市场竞争风险

由于历史成因及政策因素，国内航空运输业目前以中航集团、东航集团、南航集团三大航空集团为主体，以区域性航空公司与民营航空公司作为补充。随着国内航空市场的逐步放开，国内各航空公司在产品、价格、服务、航线、航班时刻、机队配置、成本控制、质量管理等方面的竞争日趋激烈，且直接来自国际航空巨头的挑战日益严峻，航空业市场竞争格局变数增大。

吉祥航空目前主要以国内航线开发及运营为主，现已开通香港、澳门、台湾地区航线，并拟逐渐进一步扩展其他国际航线，在机队年龄、航线分布、机票价格、舒适服务等方面具有独特优势。本次首次公开发行并上市将使公司实力大为增强，有利于公司增强竞争力，但随着国内航空业市场竞争的日益激烈，公司仍面临较大的竞争风险；若公司无法采取有效的措施应对变化的市场竞争格局，则公司经营将面临较大的风险。

4. 其他运输方式的竞争风险

铁路运输、公路运输以其相对低廉的成本对航空业公司的短途运输业务发展形成一定的竞争压力。结合目前国内有利的经济形势，以及我国出口快速复苏、人民币预期升值等因素，近些年我国运输业市场需求及运力供应都出现了较大幅度的增长。

在各类交通运输方式中，民航业及其他运输业运力持续增长。虽然相对于其他运输方式，航空运输具有更加快捷、高效、安全、长距离等优势，但其他运输方式的出现或改进将在一定程度内对航空业的市场需求产生影响。

5. 利率变动风险

截至2014年12月31日，公司合并口径下负债总额为58.13亿元，其中约36.88亿元为带息债务(包括长短期借款)，市场利率波动将对公司债息偿付产生一定影响。

从币种看，吉祥航空带息债务以人民币、美元债务为主，美元部分贷款的利率以伦敦银行同业拆放利率为基准利率，因此伦敦银行同业拆放利率的变化会相应增加公司浮动利率的外币贷款成本。同时，公司未来业务发展所需的部分资金将不可避免地通过增加银行借款等带息债务而获得，利率变动将直接影响这些债务的利息，并进而带来公司净利润及经营业绩波动的风险。

6. 汇率变动风险

从合并口径下的财务构成来看，截至2014年12月31日，吉祥航空以自有飞机向银行抵押所取得的借款基本为美元借款，美元债务余额达到约5.30亿美元(包括长短期美元借款、长期美元应付等)，扣除该时点公司拥有的美元资产的影响，汇率每波动1%，影响2014年全年净利润达2 254.91万元，占2014年已实现净利润的5.43%；同时，公司未来增加机队规模、采购航材等亦存在进行外币交易的需要。2012年、2013年和2014年，公司汇兑损益分别为－1 233.50万元、－8 494.24万元和1 530.19万元。

近年来，美元对人民币汇率总体持续走低，对公司经营业绩产生一定正面影响。若未来美元对人民币汇率走高，由于公司大量外币负债及外币业务的存在，将对公司经营业绩产生不利影响。

7. 实际控制人控制的风险

吉祥航空实际控制人为王均金先生，本次发行前王均金先生合计控制公司84.48%的股份。公司目前已按照《公司法》《证券法》《上市公司章程指引》等法律、法规和规范性文件的规定建立并执行了较为完善的公司治理结构，但如果实际控制人利用其对公司的控制地位，对公司的发展战略、经营运作、利润分配、人事安排等重大事项的决策实施不当影响，则存在可能损害公司及公司其他股东利益的风险。

8. 募集资金投向风险

吉祥航空拟将本次募集资金全部用于引进7架A320系列飞机和2台备用发动机项目，该项目的实施将进一步扩大公司经营规模并提升盈利能力。在本次对募集资金投资项目可行性分析过程中，公司结合自身发展规划，广泛听取业内专家、专业机构在市场、技术、运营、财务、环保等方面的充分论证和预测分析，并相应编制了项目可行性报告，以保障未来募投项目的实施效果。但若未来出现宏观政治经济环境变化、飞机引进进度调整、人才匹配等问题，均将对本次募集资金投向产生影响，本次募集资金投资项目的实施效果是否良好，将存在一定的不确定性。

9. 突发事件风险

地震、台风、海啸等自然灾害，地区冲突、恐怖袭击等社会动荡，突发性公共卫生问题以及其他非传统性安全问题等突发事件都会对整个国内航空业产生负面影响，扰乱航空公司的正常运营，对各航空公司的业绩和长远发展带来不利影响。

10. 股价波动风险

股票市场的投资收益与风险并存。未来公司股票价格不仅受宏观经济、公司盈利水平的影响，还受投资者心理、市场供求等多方面的影响。吉祥航空股票价格可能因上述因素而波动，直接或间接对投资者造成损失，投资者对此应有充分的认识，谨慎投资。

（五）经营状况

1. 财务状况分析

截至 2012 年、2013 年和 2014 年年末，吉祥航空总资产分别达到 614 325.29 万元、628 426.76 万元和 793 222.22 万元。报告期内公司资产规模增长较快，2012—2014 年资产规模复合增长率达 12.34%，这是由于报告期内公司业务发展迅速、机队规模快速扩张，使得货币资金、固定资产等资产规模迅速扩大。2013 年年末较年初资产规模增加 14 101.48万元，增幅为 2.30%，变化幅度不大；2014 年年末较年初资产规模增加 164 795.46万元，增幅为 26.22%，主要系公司在建工程增加所致。

截至 2012 年、2013 年和 2014 年年末，公司总负债分别达到 481 432.74 万元、465 670.41万元和 581 306.32 万元。2013 年年末较年初负债规模减少 15 762.33 万元，降幅为 3.27%，主要系公司为降低资金成本减少短期负债所致；2014 年年末较年初负债规模增加 115 635.91 万元，增幅为 24.83%，主要原因系当期支付多家飞机首期款以及公司规模扩大、营运资本需求增加所致。公司流动比率与速动比率均较低，与公司所处行业特点相一致。

截至 2012 年、2013 年和 2014 年年末，公司资产负债率处于健康、合理水平。公司长期偿债能力较强。2012 年年末公司资产负债率有所上升，系因公司飞机购置等重大资本性支出，主要来源于银行借款及融资性租赁，公司期内引进多架自购机融资租赁飞机使公司负债规模上升所致，以及当期分红 1.90 亿元所致。

2. 盈利能力分析

吉祥航空公司营业收入主要包括主营业务收入和其他业务收入，公司主营业务收入主要为国内、国际航空客运业务收入。近 3 年公司营业收入快速增长，公司 2014 年度实现营业收入 664 686.36 万元，较 2013 年度增加 71 737.66 万元，增幅 12.10%；公司 2013 年度实现营业收入 592 948.70 万元，较 2012 年度增加 148 024.14 万元，增幅33.27%。公司主营业务的增长为公司营业收入增长的主要来源和核心驱动力。2012 年度、2013 年度和 2014 年度公司主营业务收入占营业收入的比重分别为 99.42%、99.55% 和 99.52%，公司主营业务突出。

公司其他业务收入主要包括机供品销售、辅助业务收入等，及合并报告期内子公司均瑶旅行社收入。2012 年度、2013 年度和 2014 年度，公司的营业成本分别为 357 085.10 万元、495 376.41 万元和 540 424.66 万元。公司 2012 年至 2014 年主营业务成本年复合增长率为 23.39%，高于同期主营业务收入年复合增长率，报告期内公司主要成本项目呈上升趋势，毛利率有所下降。2012 年度、2013 年度和 2014 年度，公司营业毛利润分别为 87 839.45 万元、97 572.29 万元和 124 261.69 万元。同期，公司的主营业务毛利润分别为 88 220.18 万元、96 760.45 万元和 122 386.58 万元。公司的主营业务毛利润中，客运业务占比较高，2013 年度占营业毛利润比例为 97.02%，2014 年度占营业毛利润比例为 96.61%。

四、结论

吉祥航空正式运营以来连续盈利，为企业 IPO 上市创造了良好的条件。公司原拟发行股数为 2 亿股，后调整为 6 800 万股，估计公司鉴于发行价比较低，导致募集资金较少，因此首先考虑上市，在上市以后再考虑定向增发。吉祥航空最终以 11.18 元的价格发行 6 800万股，股票上市后连续一字板涨停达到 17 个，总涨幅达到 512%。

案例分析提示与探讨

1. 分析思路

(1) 从吉祥航空的案例分析企业 IPO 上市的意义。

(2) 结合我国 IPO 上市的相关规定分析吉祥航空成功上市的原因。

2. 理论依据

(1) 从企业发展阶段与融资方式的对应关系分析吉祥航空从建立到 IPO 的发展历程。

(2) 利用股票发行定价的相关理论结合我国市场的情况分析吉祥航空的 IPO 方案。

3. 启发性思考题

(1) IPO是否是公司发展的必由之路？

(2) 比较春秋航空和吉祥航空 IPO 的情况，分析两者的异同。

(3) 吉祥航空将原计划的发行股数从 2 亿股调整为 6 800 万股，你对此有何评价？

【案例9】

××信托中小企业发展基金(债权型信托融资)案例

一、引言

2008年全球金融危机后,年仅30岁却已经经历了5次大整顿后的中国信托业进入了一个高速发展期,融资总规模从2008年年末的1.24万亿元人民币迅速增长至2015年6月底的15.87亿元人民币,成为国内仅次于银行业的第二大金融业态。在如此庞大的资产规模中债权型融资方式占据了相当大的份额,2010年债权型信托融资规模占比达到了59.01%,支撑着信托业的半壁江山。随着信托业的发展壮大,信托融资方式也在不断地拓展和创新,2010年后,债权型信托融资占比出现了持续的下降,2014年年底降到了33.65%,但仍是信托行业的擎天支柱。

债权型信托融资方式是企业债务融资方式的重要组成部分,是企业在高速发展阶段和某些特殊发展阶段资金来源的重要保证。本案例以××信托2014年发行的以扶持中小企业为目的的集合资金信托计划为基础进行整理分析,目的是为了培养学生掌握并熟练应用融资型信托进行财务资金安排的能力。

二、背景介绍

中小企业是我国国民经济和社会发展的重要力量。在企业划分中,从业人员1 000人以下或营业收入4亿元以下的为中小微型企业,其中从业人员1 000人以下300人以上,且营业收入2 000万元及以上的为中型企业;从业人员20人以上,不到300人,同时营业收入300万元以上为小型企业。从业人员20人以下或者营业收入300万元以下的为微型企业。

按照2013年年底的统计数据,中国有1 500多万家企业,在这1 500多万家企业当中,1 100多万家企业是中小微型企业。如果再加上个体工商户,那么中小微型企业应该超过企业总数的95%,也就是说我国的企业,从数量上来讲,绝大部分是中小微型企业。因此促进中小企业发展,是保持国民经济平稳较快发展的重要基础,是关系民生和社会稳定的重大战略任务。

但是长期以来中小企业经营的困境尤其是融资难的问题一直未能得到有效的解决。2008年后受国际金融危机的冲击，我国中小企业生产经营愈加困难。虽然国家出台了各类相关政策措施，加大财税、信贷等扶持力度，改善中小企业经营环境，中小企业生产经营出现了积极变化，但发展形势依然严峻。尤其是融资难、担保难问题依然突出。因此如何采取更加积极有效的融资模式，帮助中小企业克服融资难的困境是各类金融机构需面对的重要课题。

××信托为响应国家进一步支持中小企业发展的方针政策，探索在现有监管环境下，信托公司如何在中小企业融资领域发挥更加积极有效的作用，从2011年年底起连续发行了多期专门为中小企业提供债务融资的信托产品。募集资金用于向符合贷款条件的中小企业发放流动资金贷款，在市场上初步建立了“中小企业发展基金系列”的品牌效应。

该信托计划虽命名为“基金”，但根据信托文件，资金运用基本以贷款形式为主，因此其实质是一款债权型的产品。

三、产品结构分析

1. 信托期限

信托计划期限1～5年，总规模预计50 000万元，首期发行22 300万元。信托单位按照期限、收益方式和收益率的不同分为A、B、C三类，全部向合格投资者公开募集，其中，A类信托单位存续期限为18个月，B类信托单位存续期限为24个月，C类信托单位存续期限为36个月。各类信托单位收益方式全部为预期固定收益。

2. 信托资金运用方式及用途

信托计划募集资金运用方式以发放信托贷款形式为主，资金用于补充中小企业流动资金，满足企业主营业务周转的资金需求，每笔贷款期限均在12个月以内。信托计划所服务的中小企业的划分系以工业和信息化部、国家统计局、发展改革委、财政部研究制定的《中小企业划型标准规定》(工信部联企业〔2011〕300号)为标准。

3. 信托委托人收益

信托计划收益来源包括发放信托贷款所取得的借款人偿还的本金及利息、担保公司履行担保义务所交付资金以及闲置资金运用所获得的利息、投资收益。

4. 独立第三方信用管理服务及担保公司担保

信托计划聘请Y公司担任信托计划的信用管理顾问，负责协助对借款企业进行现场尽职调查、贷后跟踪和管理及债务清收等工作，并在Z担保公司为每一笔贷款提供连带责任担保的前提下，对符合要求的中小企业放款。

5. 信托产品交易结构(见图1)

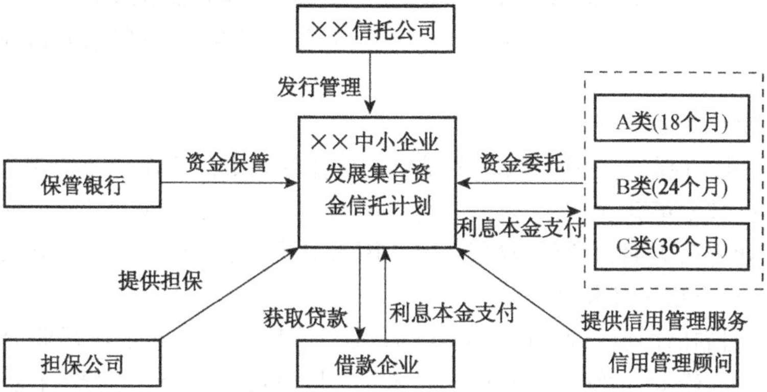

图1 信托产品交易结构图

四、案例特点评价

1. 期限设计评价

该信托计划为满足项目发行运行需求、担保方的标准需求、融资方资金需求、资金委托方资金时间安排需求、项目运营风险控制的需求设计了多个期限,达到了多方在时间上的平衡。

为最大限度地降低信托机构的运营成本,提高发行、运营效率。信托计划总期限设定为5年,做到一次审批、一次运营、一次投入。

为控制贷款风险,达到担保方的担保标准,同时又满足融资方的资金需求,每笔信托贷款的期限最长设定为1年。

为更有效地足额募集资金,满足不同资金委托人的期限安排需求,信托计划设定了3类资金委托期限,为信托计划提供了更多更灵活的资金来源。

但是由于设定了较多的期限时点,较多的期限错配的设计在提高运营效率的同时对信托公司期限管理的能力提出了更高的要求。

2. 内部管理评价

考虑到中小企业融资业务的特殊性,××信托在原有内部控制体系中对涉及该类业务的各项"软硬件"进行了进一步优化和完善:

(1) 对中小企业融资类业务线进行梳理,明确了业务所涉及的前、中、后台各部门和人员的职责和权限。

(2) 针对中小企业融资类业务制定专门的管理办法和操作指引,已经讨论并出台《中小企业贷款业务风险管理指引》和《中小企业发展基金单笔业务审批操作规范(暂行)》,为该类业务开展过程中所涉及的各环节工作提供制度依据。

(3) 对业务相关的审批材料(包括贷款企业的资料、尽调报告、业务审批单、信用管理顾问管理报告等)和内部流转文件材料进行统一要求,制定格式化模板。

(4) 为进一步提高工作效率,对中小企业类业务开发线上审批流程,目前已开始投入运行。

3. 风险控制措施评价

(1) 行业风险控制。行业风险主要是指向信托计划申请信托贷款的借款企业因所处行业寿命周期、技术革新、政府的政策变化等因素引发其经营困难,以及担保行业因宏观经济变化、行业寿命周期、政府的政策变化等因素导致信托贷款担保主体经营困难,无法履行信托计划项下担保义务。

防范措施:信托计划运行期间,向信托计划申请贷款的借款企业行业分布具有分散性,行业集中程度较低,能够有效降低行业风险。同时,信托公司将根据行业的风险状况,及时调整公司贷款政策,同时密切关注担保行业整体风险控制状况,定期或不定期对担保主体的担保业务及风险控制指标进行核查。

(2) 信用与流动性风险。本风险主要是指信托计划在信托利益支付日或终止时,无法偿付投资者本金或收益。

防范措施:信托计划运行期间,按照贷款金额 5%计提风险准备金,实时对信托计划的现金流进行提前预测。同时,担保主体将为每一笔信托贷款提供连带责任担保。一旦信托公司认定某笔信托贷款为坏账,担保主体需立即履行担保责任,偿付相关贷款。信托公司还会密切关注担保主体的财务情况,确保其具备为信托计划项下贷款进行担保的能力。

(3) 贷款管理风险。本风险主要是指信托计划在运作过程中由于业务操作的不规范或者管理上的疏忽等导致贷款坏账,从而给信托计划收益造成损失。

防范措施:信托公司为中小企业融资业务制定了严格的借款企业筛选标准和贷款审核标准和流程,对借款企业的各项指标予以明确规定。为了更好地控制管理风险,弥补信托公司在贷款管理方面经验不足的弱点。信托计划聘请了专业的第三方信用管理顾问,协助信托公司对借款企业进行独立的尽职调查、潜在借款人筛选、协调借款人担保事宜及相关文件的流转、贷后管理、风险预警、资产保全及债务清收。

信托公司定期对信用管理顾问的工作进行检查和评价,确保信用管理顾问能较好地履行其职责,并定期或不定期地对涉及金额较大或期限较长的重点贷款企业进行抽查,以便于及时发现和解决问题。

专业的第三方机构担任信用管理顾问是本信托计划的重要安排,也是信托计划能否安全运营到期的重要保证。因此,信用管理顾问必须在中小企业金融服务领域拥有丰富的管理经验和良好的经营记录。同时,如何建立一套有效的事前筛选、事中监控、事后评价独立第三方顾问的机制也是信托公司需要尽快解决的关键问题。

4. 社会效益评价

信托计划中借款人的平均资金总成本控制在年化率 18%左右,略高于中小银行对中小企业的贷款利率，但远远低于中小企业通过小额贷款公司贷款和民间借贷方式的融资成本。

同时根据委托人资金期限和规模的不同，各信托受益人收益所享有的年化预期收益为9%～12%。扣除担保费用和第三方独立顾问的服务费用后，信托公司仅获得了1%～2%的信托报酬，充分体现了信托公司"弱水三千，只取一瓢饮"的信托精神。

五、结论

××信托通过前期对中小企业贷款业务的研究和探索，通过行业资源的整合以及公司精细化管理能力的提升，有效筛选出优质的中小企业，在有效控制贷款风险的前提下，为中小企业的发展提供了一定的资金保障。

自2011年7月发行第一期中小企业产品，截至2014年××信托共发行成立4期产品，从一个探索性创新产品逐步发展成为特色品牌性系列产品。中小企业发展基金各期产品运行情况良好，募集资金规模从最初的3.1亿元增长到8.1亿元，累计发放贷款78笔，发放贷款金额11.28亿元，受惠企业达60余家，行业遍及食品制造业、医药行业、批发零售业以及信息技术行业等，信托计划运行至今尚未出现一笔不良贷款。

信托融资渠道应该可以成为中小企业发展过程中重要的资金来源。

案例分析提示与探讨

1. 分析思路

(1) 以信托产品的要素为分析切入点。

(2) 以风险控制为核心进行信托产品设计的路径。

(3) 以贷后管理中出现的问题为对照对风控措施进行评价。

(4) 以最终兑付程度对产品设计进行整体评价。

2. 理论依据

(1) 分析技术以金融工具的性质为基础，从4个维度进行金融产品的讨论。

(2) 以产业结构理论、生命周期理论和竞争优势理论为基础，进行信托贷款行业风险管理的讨论。

(3) 以发展极理论、梯度推移理论和金融生态理论为基础，进行信托贷款区域风险管理的讨论。

(4) 以微型金融理论对如何有效地为中小微企业提供融资服务进行讨论。

3. 启发性思考题

(1) 根据背景资料分析说明信托产品设计的思路和标准。

(2) 根据信托公司出现的风险事件，分析相关产品设计及运作管理中存在的问题。

(3) 浏览信托公司网站，查阅信托公司相关产品介绍，比较各公司产品设计、风险控制上的差异。

【案例 10】

轨道交通项目公司经营车辆取得方式决策

一、引言

城市轨道交通公司在未来的经营中，运营车辆取得问题是一个无法回避的问题。目前，项目公司经营决策分析方案中，一般都不考虑因运量与运距的增长而会出现车辆不足的问题。

如何才能做到从成本与效率两个方面，都较好地解决运营需求与资金需要、资金成本的矛盾，从财务的角度分析，主要是购与租的问题。

二、背景介绍

运营车辆是公司经营的主要生产设备，其取得形式主要有购买与租赁两大类型。在上海，原有轨道交通线路公司车辆配置存在一定的余量，因此，就项目公司而言，还存在一种以线路出租的经营模式。所以，分析解决方案，对此方式也不能完全加以排除。据此，我们将方案归纳为以下几种。

解决方案

- 自购：多少动车组，每项购置费为多少。影响利润与资金流
- 外租
  - 经营性租赁：租金＝购置费×年折旧率+资金成本+自购车辆年维护费
  - 融资性租赁：年租金＝（购置费+资金成本）÷租赁期限
- 出租线路：采用成本补偿法计算租金

三、案例分析

（一）定量分析方法

定量分析主要是计算各方案的成本。经营租赁与自购比较的租金临界值；对融资租赁方式不同租金计算方法进行比较；确定租赁与自购比较的临界值。

（二）计算基础与方法

测算的基础数据取值标准：运营期的前 3 年，应保有的运营车为 7 列（6 辆编组）；其后 10 年为 15 列；以后为 19 列。备用车配备标准以地铁的标准计算为：23∶7。车辆购置

费为160万元/辆。租金计算方式如下：

- 租金计算方法
  - 附加率法
  - 年金法
    - 等额年金法
    - 变额年金法
      - 等差变额年金法
      - 等比变额年金法
    - 成本回收法

(三) 融资租赁与借款购买决策方案比较

方案比较是通过计算不同决策中的现金流量变化与成本状况的比较。

1. 具体步骤

确定融资租赁条件下，租金支出及税后现金流量；确定借款购买条件下的税后现金流出量。

2. 具体公式

$$\text{融资租赁条件下的税后现金流出量} = R_t + O_t - (I_t + D_t + O_t)T - ST$$

式中：Rt 为第 t 年的租金；Ot 为第 t 年的维修费；It 为第 t 年利息费用；Dt 为第 t 年折旧费用；$(I_t + D_t + O_t)T$ 为维修费、折旧费、利息费等三项费用税收节约额；ST 为税后残值。

$$\text{借款购买条件下税后现金流出量} = B_t + O_t - (I_t + D_t + O_t)T - ST$$

式中：B_t为第 t 年借款偿还额。

3. 具体计算

具体计算如表1至表5所示。

表1　　融资租赁下的租金支付计算表　　单位：万元

年份	每期租金	每期利息	每期本金偿还额	未偿还的本金	本金增加额
2003				55 776.00	
2004	4 887.57	3 463.69	1 423.88	54 352.12	
2005	4 887.57	3 375.27	1 512.31	52 839.81	
2006	4 887.57	3 281.35	1 606.22	51 233.59	63 744.00
2007	10 473.37	7 140.11	3 333.26	111 644.33	
2008	10 473.37	6 933.11	3 540.26	108 104.07	
2009	10 473.37	6 713.26	3 760.11	104 343.96	
2010	10 473.37	6 479.76	3 993.61	100 350.35	
2011	10 473.37	6 231.76	4 241.61	96 108.74	
2012	10 473.37	5 968.35	4 505.02	91 603.72	
2013	10 473.37	5 688.59	4 784.78	86 818.94	31 872.00
2014	13 266.27	7 370.71	5 895.56	112 795.38	

（续表）

年份	每期租金	每期利息	每期本金偿还额	未偿还的本金	本金增加额
2015	13 266.27	7 004.59	6 261.68	106 533.70	
2016	13 266.27	6 615.74	6 650.53	99 883.18	
2017	13 266.27	6 202.75	7 063.52	92 819.65	
2018	13 266.27	5 764.10	7 502.17	85 317.48	
2019	13 266.27	5 298.22	7 968.05	77 349.43	
2020	13 266.27	4 803.40	8 462.87	68 886.56	
2021	13 266.27	4 277.86	8 988.41	59 898.15	
2022	13 266.27	3 719.67	9 546.59	50 351.55	
2023	13 266.27	3 126.83	10 139.44	40 212.11	
2024	13 266.27	2 497.17	10 769.10	29 443.02	
2025	13 266.27	1 828.41	11 437.86	18 005.16	
2026	13 266.27	1 118.12	12 148.15	5 857.01	
2027	13 266.27	363.72	12 902.55	−7 045.54	

表 2　　融资租赁下的现金流量计算表　　单位：万元

年份	租金	利息	利息抵税	税后现金流量
2004	4 887.57	3 463.69	1 143.02	3 744.56
2005	4 887.57	3 375.27	1 113.84	3 773.74
2006	4 887.57	3 281.35	1 082.85	3 804.73
2007	10 473.37	7 140.11	2 356.24	8 117.13
2008	10 473.37	6 933.11	2 287.93	8 185.44
2009	10 473.37	6 713.26	2 215.38	8 257.99
2010	10 473.37	6 479.76	2 138.32	8 335.05
2011	10 473.37	6 231.76	2 056.48	8 416.89
2012	10 473.37	5 968.35	1 969.56	8 503.81
2013	10 473.37	5 688.59	1 877.24	8 596.14
2014	13 266.27	7 370.71	2 432.33	10 833.94
2015	13 266.27	7 004.59	2 311.52	10 954.75
2016	13 266.27	6 615.74	2 183.20	11 083.07
2017	13 266.27	6 202.75	2 046.91	11 219.36
2018	13 266.27	5 764.10	1 902.15	11 364.12
2019	13 266.27	5 298.22	1 748.41	11 517.86

（续表）

年份	租金	利息	利息抵税	税后现金流量
2020	13 266.27	4 803.40	1 585.12	11 681.15
2021	13 266.27	4 277.86	1 411.69	11 854.58
2022	13 266.27	3 719.67	1 227.49	12 038.78
2023	13 266.27	3 126.83	1 031.85	12 234.42
2024	13 266.27	2 497.17	824.07	12 442.20
2025	13 266.27	1 828.41	603.38	12 662.89
2026	13 266.27	1 118.12	368.98	12 897.29
2027	13 266.27	363.72	120.03	13 146.24

表 3 借款购买条件下等额还本付息表 单位:万元

年份	年偿还额	年初本金	利息支付	本金偿还额	年终本金
2004	5 823.01	55 776.00	3 463.69	2 359.32	53 416.68
2005	5 823.01	53 416.68	3 317.18	2 505.84	50 910.84
2006	5 823.01	50 910.84	3 161.56	2 661.45	48 249.38
2007	12 477.89	111 993.38	6 954.79	5 523.10	106 470.29
2008	12 477.89	106 470.29	6 611.80	5 866.08	100 604.20
2009	12 477.89	100 604.20	6 247.52	6 230.37	94 373.84
2010	12 477.89	94 373.84	5 860.62	6 617.27	87 756.56
2011	12 477.89	87 756.56	5 449.68	7 028.21	80 728.36
2012	12 477.89	80 728.36	5 013.23	7 464.66	73 263.70
2013	12 477.89	73 263.70	4 549.68	7 928.21	65 335.49
2014	15 805.32	97 207.49	6 036.59	9 768.74	87 438.75
2015	15 805.32	87 438.75	5 429.95	10 375.38	77 063.37
2016	15 805.32	77 063.37	4 785.64	11 019.69	66 043.68
2017	15 805.32	66 043.68	4 101.31	11 704.01	54 339.67
2018	15 805.32	54 339.67	3 374.49	12 430.83	41 908.84
2019	9 982.31	41 908.84	2 602.54	7 379.77	34 529.07
2020	9 982.31	34 529.07	2 144.26	7 838.06	26 691.01
2021	9 982.31	26 691.01	1 657.51	8 324.80	18 366.21
2022	9 982.31	18 366.21	1 140.54	8 841.77	9 524.44
2023	3 327.44	9 524.44	591.47	2 735.97	6 788.47
2024	3 327.44	6 788.47	421.56	2 905.87	3 882.60
2025	3 327.44	3 882.60	241.11	3 086.33	796.27
2026	3 327.44	796.27	49.45	3 277.99	−2 481.71

表 4 借款购买下的现金流量计算表 单位:万元

年份	偿还额	利息	利息抵税额	税后现金流量
2004	5 823.01	3 463.69	1 143.02	4 680.00
2005	5 823.01	3 317.18	1 094.67	4 728.35
2006	5 823.01	3 161.56	1 043.32	4 779.70
2007	12 477.89	6 954.79	2 295.08	10 182.81
2008	12 477.89	6 611.80	2 181.90	10 295.99
2009	12 477.89	6 247.52	2 061.68	10 416.21
2010	12 477.89	5 860.62	1 934.00	10 543.89
2011	12 477.89	5 449.68	1 798.40	10 679.49
2012	12 477.89	5 013.23	1 654.37	10 823.52
2013	12 477.89	4 549.68	1 501.39	10 976.50
2014	15 805.32	6 036.59	1 992.07	13 813.25
2015	15 805.32	5 429.95	1 791.88	14 013.44
2016	15 805.32	4 785.64	1 579.26	14 226.07
2017	15 805.32	4 101.31	1 353.43	14 451.89
2018	15 805.32	3 374.49	1 113.58	14 691.74
2019	9 982.31	2 602.54	858.84	9 123.47
2020	9 982.31	2 144.26	707.60	9 274.71
2021	9 982.31	1 657.51	546.98	9 435.33
2022	9 982.31	1 140.54	376.38	9 605.93
2023	3 327.44	591.47	195.18	3 132.25
2024	3 327.44	421.56	139.12	3 188.32
2025	3 327.44	241.11	79.57	3 247.87
2026	3 327.44	49.45	16.32	3 311.12

表 5 比 较 分 析 表 单位:万元

年份	折现系数	融资租赁		借款购买	
		税后现金流量	现值	税后现金流量	现值
2004	0.941 5	3 744.56	3 525.50	4 680.00	4 406.22
2005	0.886 5	3 773.74	3 345.42	4 728.35	4 191.68
2006	0.834 6	3 804.73	3 175.42	4 779.70	3 989.14
2007	0.785 8	8 117.13	6 378.44	10 182.81	8 001.65
2008	0.739 9	8 185.44	6 056.41	10 295.99	7 618.00

（续表）

年份	折现系数	融资租赁		借款购买	
		税后现金流量	现值	税后现金流量	现值
2009	0.696 6	8 257.99	5 752.52	10 416.21	7 255.93
2010	0.655 9	8 335.05	5 466.96	10 543.89	6 915.73
2011	0.617 6	8 416.89	5 198.27	10 679.49	6 595.65
2012	0.581 4	8 503.81	4 944.12	10 823.52	6 292.80
2013	0.547 5	8 596.14	4 706.38	10 976.50	6 009.63
2014	0.515 4	10 833.94	5 583.81	13 813.25	7 119.35
2015	0.485 3	10 954.75	5 316.34	14 013.44	6 800.72
2016	0.456 9	11 083.07	5 063.86	14 226.07	6 499.89
2017	0.430 2	11 219.36	4 826.57	14 451.89	6 217.20
2018	0.405 1	11 364.12	4 603.60	14 691.74	5 951.62
2019	0.381 4	11 517.86	4 392.91	9 123.47	3 479.69
2020	0.359 1	11 681.15	4 194.70	8 274.71	2 971.45
2021	0.338 1	11 854.58	4 008.03	9 435.33	3 190.09
2022	0.318 3	12 038.78	3 831.94	9 605.93	3 057.57
2023	0.299 7	12 234.42	3 666.65	3 132.25	938.74
2024	0.282 2	12 442.20	3 511.19	3 188.32	899.74
2025	0.265 7	12 662.89	3 364.53	3 247.87	862.96
2026	0.250 1	12 897.29	3 225.61	3 311.12	828.11
2027	0.235 5	13 146.24	3 095.94		
合计		235 666.12	107 235.14	208 621.84	110 093.57

（四）经营租赁与购买决策分析

1．租金的确定与计算方法

经营性租赁的租金计算取决于承租方与出租方的相互协商关系。其计算方法简单。

租金包括：租赁设备的折旧、租赁手续费、利息、修理费用与管理费以及有形与无形磨损。

计算方法：折旧溢价法与行业平均利润率法。

折旧溢价法下：

$$年租金=年折旧额\times(1+溢价补偿率)$$

式中：溢价补偿率为4%；年折旧额＝概算成本÷使用年限。

行业平均利润率法下：

$$年租金 = 概算成本 \times 行业平均利润率$$

式中行业平均利润率取10%左右。

2. 分析计算

对租赁费用的计算，因该项目为某既有线路的延伸，不能独立计算其运量所需用车辆总数，而应根据该既有线路的现有车辆满足程度，因线路延伸而带来的运用车辆的增加量进行确定。因此，租赁费用的计算取单列年费用估算是合理的。

租赁车辆折旧估算与租赁费用的测算如表6所示。

表6　租赁车辆折旧估算表

项　目	原值(万元)	使用年限	残值率%	年折旧(万元)
1列车(6辆)	960	30	3	31.04
配件(车辆成本10%)				3.10
合　计				34.14

节约资金利息成本为：

$$(960 - 35.51) \times 6.21\% = 57.41(万元)$$

考虑折旧的税收挡板效应：

$$34.14 \times 33\% = 11.27(万元)$$

考虑溢价补偿因素，取值为4%，则有：

每列车经营性租赁费用为：

$$35.51万 \sim 77.41(万元)$$

各种车辆使用方式下的年租赁费用估算如表7所示。

表7　车辆使用方式下的年租赁费用估算表

租车数(列)	7(2007年以前)	15(2014年以前)	19(2015年以后)
最大租金(万元)	541.87	1 161.15	1 470.79
最小租金(万元)	248.57	532.65	674.69

四、结论

(1) 融资租赁成本与直接购买成本比较，前者优于后者，在不考虑其他因素影响的条件下，应选择融资租赁方案。

(2) 融资租赁更有利于企业的可持续发展，在存在所得税的前提下，其实际成本支出比直接购买低，同时还可以解决前期资金支付的压力。

(3) 根据上述计算结果,我们可以得出表8所示的结论。

表8　　各种车辆使用方式的比较表

方　式	融资租赁	直接购买	经营租赁
成　本	中	高	低
对公司经营的影响	小	小	大

(4) 根据地铁公司现有车辆保有量分析与地铁公司的有关人员的估计,其线路的运量在20万人次/天的情况下,现有车辆可以满足行车间隔5分半/列的行车要求。因此,对外出租车辆不会影响地铁公司的运营。在此条件下,应取最小租金值计算。

案例分析提示与探讨

1. 分析思路

(1) 以租赁理论为基础说明各种租赁方法的应用条件。

(2) 从租赁方式差异为分析基础,进行方案比较。

(3) 根据企业的资金状况,说明选择的理由。

2. 理论依据

(1) 项目现金流分析是设备取得方式的基础。

(2) 租金计算是方案选择的量化标准。

3. 启发性思考题

(1) 以背景材料为基础,分析设备取得方式的评价标准。

(2) 根据货币时间价值理论,说明设备取得方式计算评价时应注意的问题。

【案例 11】

特斯拉公司的“资金危机”

一、引言

特斯拉公司(Tesla Inc.)是美国一家产销电动车的公司,由马丁·艾伯哈德(Martin Eberhard)工程师于2003年7月1日成立,总部设在美国加州的硅谷地带。特斯拉汽车公司以电气工程师和物理学家尼古拉·特斯拉命名,专门生产纯电动车。特斯拉汽车公司是世界上第一个采用锂离子电池的电动车公司,其推出的首部电动车为Roadster。2004年2月,埃隆·马斯克向特斯拉投资630万美元,但条件是出任公司董事长、拥有所有事务的最终决定权,而马丁·艾伯哈德作为特斯拉之父任公司的CEO。2013年5月初,特斯拉宣布其2013年第一季度首次盈利后,一时成为全球瞩目的焦点。近一个月内,它的股价涨了约80%,市值突破100亿美元。

但是据彭博社北京时间2018年5月1日报道,彭博社编制的数据显示,特斯拉每分钟烧掉逾6 500美元现金。特斯拉的自由现金流——运营现金流扣除资本支出后剩余的现金流——已经连续5个季度为负,如果不进行额外融资,这家公司难以撑过2018年。

二、背景介绍

自马斯克加入特斯拉以来,特斯拉一直在打着马斯克的旗号想尽各种办法融资。作为特斯拉的代言人,马斯克对于特斯拉的融资能力至关重要。

在公司创建后的前7年,特斯拉完全依靠私募资金和风投资金勉强维持生存,其中大部分资金来自马斯克自己。2004年,当特斯拉通过A轮融资筹集750万美元资金时,马斯克自己投资了630万美元,并担任特斯拉董事长一职。在2008年经济衰退的冲击下,特斯拉面临生死考验。就在特斯拉将要破产几个小时前,马斯克安排了一项4 000万美元的债务交易,并在当年圣诞节前夕完成。

自从2010年6月通过首次公开招股(IPO)融资2.25亿美元后,特斯拉已经通过发行股票和可转换债券、垃圾债券、融资租赁(monetizing leases)等方式融资。这是其他汽车制造商几乎都可能会使用的融资方式。但是,特斯拉还格外幸运。特斯拉获得了对手戴姆勒公司的一笔早期战略性股权投资。另一对手丰田汽车在2010年5月成为特斯拉股东,并低价将费利蒙工厂出售给了特斯拉。

特斯拉的清洁能源使命也让它享受了特别的待遇。美国能源部在2010年授予特斯拉4.65亿美元的贷款。特斯拉在2013年提前全额偿还了这笔贷款。到目前为止,没有任何另外一家汽车制造商能够像特斯拉这样说服其粉丝为交付存在高度不确定性的新车支付订金,或者在碳零排放汽车上利用政府补贴。

"马斯克是位工程师,所以他把融资视为自己需要解决的一个问题。"前分析师,曾在特斯拉投资者关系部门短暂供职的安德里亚·詹姆斯(Andrea James)表示。

截至2017年年底,特斯拉手头持有现金34亿美元,未偿还债务高达94亿美元。评级机构穆迪投资者服务分析师布鲁斯·克拉克(Bruce Clark)警告称,特斯拉需要在今年(2018年)再融资20亿美元。他还指出,特斯拉现有的12亿美元债务将在2019年到期。做空投资者依旧确信,特斯拉股价即将遭遇"史诗级"暴跌。知名做空投资者、对冲基金Kynikos Associates创始人吉姆·查诺斯(Jim Chanos)已经预测,特斯拉将撞上"砖墙"。

许多分析师相信,特斯拉需要再次融资,而且得尽快。

不过,特斯拉在4月3日发布第一季度财报时称,一旦公司实现了每周5 000辆Model 3的产量——目前为止很难实现——公司的运营现金流就能转正。特斯拉称,除了正常信贷外,公司不需要在今年进行股权或债券融资。

投行Cowen & Co分析师杰夫·奥斯博恩(Jeff Osborne)并不相信特斯拉的说法。他指出,特斯拉之前也这么说过,但是照样得融资。他预计,要想把公司现金流保持在10亿美元以上,特斯拉需要在第四季度融资30亿美元,在2019年年底再融资20亿美元。

三、案例分析

"每分钟烧掉逾6 500美元现金""截至2017年年底,特斯拉手头持有现金34亿美元,未偿还债务高达94亿美元""12亿美元债务将在2019年到期"。这一组组的数据不能不说让人为特斯拉捏了一把汗。但是特斯拉在2018年4月3日发布第一季度财报时却称,一旦公司实现了每周5 000辆Model 3的产量,公司的运营现金流就能转正。特斯拉称,"除了正常信贷外,公司不需要在今年进行股权或债券融资"。

特斯拉到底是不是处于资金危机之中呢?

在融资方面,特斯拉是有其过人之处的。

首先,特斯拉的一大强项就是能够从其客户和忠实粉丝的耐心和好感中创收。截至2017年年底,特斯拉持有的客户订金达到了惊人的8.54亿美元。

由于特斯拉直接向客户销售汽车,不依赖经销商网络,所以客户订金实际上就是免利息的贷款。而且,这些贷款可以延长几年时间。如果特斯拉破产,这些订金支付者很可能会损失惨重。

特斯拉甚至向两辆还没有投产的汽车的意向客户收取订金。其中,电动半挂车

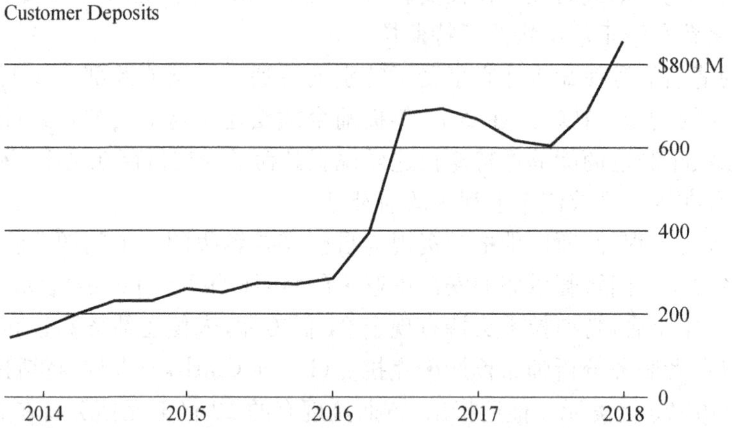

图 1 特斯拉的客户订金走势

Tesla Semi 的订金为 2 万美元；下一代 Roadster 跑车的订金为 5 万美元，限量版订金为 25 万美元。如果消费者有意安装屋顶太阳能电池板或者 Powerwall 家用电池，也必须支付逾 1 000 美元的订金。

特斯拉没有披露过汽车订金金额，但是绝大多数来自 Model 3。当特斯拉在 2016 年 3 月首次发布 Model 3 时，粉丝们在特斯拉商店排起长队争相预订这款低价版轿车。

而且，特斯拉还从忠实的粉丝中找到了另外一个创收来源。不知数量的客户已经订购了特斯拉的新功能，如价值 3 000 美元的“全自动驾驶”功能。

由于特斯拉生产的是全电动汽车，其还可以通过出售零排放汽车(ZEV)积分获利。

美国加州利用它在防治空气污染方面的权力迫使汽车制造商销售一定量的碳零排放汽车。对于没有达到要求的汽车制造商，可以从其他汽车制造商购买积分。如此一来，电动汽车制造商就拥有大量积分可卖。

自 2008 年以来，特斯拉出售了 13 亿美元以上的监管积分。2017 年，特斯拉在全球交付了 103 181 辆汽车，但是通过销售碳排放积分赚了 3.603 亿美元，相当于每辆车大约赚 3 500 美元。

特斯拉到底有多么危险？事实给出了答案。

虽然，2018 年特斯拉“被破产”了“一千次”。然而特斯拉 2018 全年财报展现出的却是特斯拉近年来首次连续季度盈利。全年净亏损相较创纪录的 2017 年缩减一半以上；大量 Model 3 由订单化为车款，经营性现金流终于由负转正。24.5 万辆交付车辆中，Model S/X 依旧稳定在 10 万辆级，而年中艰难突破产能瓶颈的 Model 3 在下半年开足马力，全年交付达到 14.5 万辆。要知道 2018 上半年，Model 3 的总产量尚不足 3 万辆。

成也 Model 3，难也 Model 3，特斯拉在 2017 年下半年到 2018 年上半年所经历的一

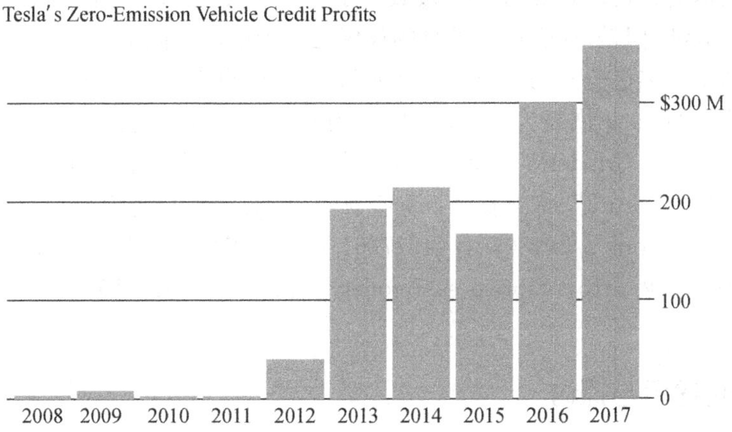

图 2 特斯拉的零排放汽车(ZEV)积分获利

切都和在 Model 3 身上押下的赌注脱不开关系。不同于之前 Model S/X 的共享底盘基础，Model 3 对于特斯拉是一个全新的开始：新的 21700 规格电池，缩短一半的线束总长(1.5 km)，新的永磁同步电机，新的单一大屏冒险设计，当然还有首次多达 50 万辆预订单的庞大需求。

然而即便在如此压力下(或许也正是为了在将来更好地适应这些压力)，特斯拉对于 Model 3 的生产却提出了更高标准，即自动化率高达 95%、具有革命性意义的全机器人生产线。新动作遇上高难度，理想的未来很丰满，难熬的现实却很骨感。最后全自动生产线问题频出，连马斯克本人也被迫承认，“过度自动化是一个错误”。特斯拉不得不增加人工环节，新搭帐篷工厂，财务状况在 2018 年初几乎被逼到了悬崖边上。当时众多投资者直言特斯拉濒临破产，并不是全无根据的危言耸听。

不过想必马斯克自己是清楚的，特斯拉垂危的根源，只是因为 Model 3 难产。当时依旧有超过 40 万预订单在手，一旦从好高骛远的错误上修正回来，再尽力弥补浪费掉的半年多时间，特斯拉再怎么接近悬崖边，只要撑住不掉下去，Model 3 都能把它拽回来。

听上去很刺激，但这样“凝视深渊嚼玻璃”(马斯克形容创业经历)的体验，不论是对于特斯拉还是马斯克，都经不起再来一次……至少短期内不能。

经历了这一切，特斯拉还会这样玩惊险下去吗?

四、结论

特斯拉是电动汽车行业的传奇，自创建以来就备受市场瞩目，许多投资者看好特斯拉的发展，但也有人对此有所担忧，2018 年“特斯拉破产警报拉响”的说法更是让特斯拉的“资金危机”暴露在公众面前，特斯拉到底是不是存在“资金危机”呢？虽然，随着 Model 3

生产能力的快速提升，特斯拉度过了“被破产了 1 000 次”的 2018 年，并且实现了近年来首次连续季度盈利，但是，这也许并不真的仅仅是一场虚惊。截至 2018 年年底，特斯拉的债务仍然高达 100 多亿美元，其中约 15 亿元将于 2019 年到期，另外，有关人士预计特斯拉的损益表将在 2019 年恢复为负值，所以特斯拉的“资金危机”也许并没有远离。

（资料来源：根据“Model Y 毫无惊喜，就是特斯拉的最大惊喜，https://www.huxiu.com/article/289608.html”“特斯拉破产警报拉响：一文让你知道它是如何融资、烧钱的，http://tech.ifeng.com/a/20180501/44977261_0.shtml”“债务规模达 110 亿美元的特斯拉离破产还有多远？http://forex.eastmoney.com/a/201901301037928597.html”整理而成。）

案例分析提示与探讨

1. 分析思路

(1) 2018 年特斯拉为什么会“被破产”？

(2) 特斯拉是如何度过 2018 年的财务危机的？

2. 理论依据

(1) 从现金流的角度分析特斯拉是否存在“现金危机”。

(2) 从可持续增长的角度分析特斯拉应该采用怎样的融资战略？

3. 启发性思考题

(1) 特斯拉为何陷入“资金危机”？

(2) 特斯拉在融资方面的优势和不足分别有哪些？

(3) 在不同的发展阶段，特斯拉的融资战略应该如何进行调整？

【案例 12】

存量浮动利率贷款定价基准转换下房贷转换决策分析

一、引言

存量浮动利率贷款定价基准转换已于 2020 年 3 月 1 日如期启动。对大多数的购房者来说，一个不能回避的问题是原来的定价基准要不要转换为 LPR？固定利率与 LPR 到底哪个更划算？如果转换，每个月按什么利率还贷？选择不同的转换时点有什么影响？对此，我们应该搞清楚基本的理财决策问题。

二、背景介绍

为深化利率市场化改革，进一步推动贷款市场报价利率（LPR）运用，中国人民银行 2019 年 12 月 28 日发布（2019）第 30 号公告，就存量浮动利率贷款的定价基准转换为 LPR 有关事项进行说明。

该公告的发布意味着，继新发放贷款主要参考 LPR 定价之后，存量浮动利率贷款也将参考 LPR 定价。

事实上，在 2019 年第三季度货币政策执行报告中，中央银行已表示"抓紧研究出台存量贷款利率基准转换方案"。这也显示了当前央行在加大货币政策逆周期调节力度方面积极作为。

LPR 全面成为贷款定价的基准，将使贷款利率能更及时反映市场利率变化，提升货币政策传导效果，与此同时，有助于降低实体经济融资成本。

三、案例分析

（一）存量浮动利率贷款定价基准转换的原则

此次定价基准转换体现了以下几个基本原则：一是，借款人可与银行协商确定将定价基准转换为 LPR，或转换为固定利率，借款人只有一次选择权，转换之后不能再次转换。已处于最后一个重定价周期的存量浮动利率贷款可不转换；二是，转换工作自 2020 年 3 月 1 日开始，原则上应于 2020 年 8 月 31 日前完成；三是，转换后的贷款利率水平由双方协商确定，其中，为贯彻落实房地产市场调控要求，存量商业性个人住房贷款在转换时点的利率水平应保持不变；另外，金融机构与客户协商定价基准转换条款时，可重新约定重定价周期和重定价日，其中商业性个人住房贷款重新约定的重定价周期最短为一年。

（二）存量贷款利率转换将产生的影响

对存量贷款利率转换带来的影响可以从贷款的个人与企业、商业银行、中央银行三个角度进行分析：

对于贷款的个人与企业而言，偿债负担能否下降、下降的幅度如何将取决于贷款合同的具体安排（如转换为浮息还是固息、重定价期限如何安排、加点幅度如何确定等）。总体而言，如果存量贷款转换为参考 LPR 定价，实体经济融资成本有望下降。通过存量贷款定价基准转换降低实体经济偿债负担，有助于提振个人消费和企业生产经营的活力。

对于商业银行而言，存量贷款换锚既有积极影响，也隐含挑战。一方面，与贷款基准利率相比，LPR 与市场利率之间的联动更为紧密，使商业银行资产端收益能够与负债成本的变动更为匹配，有利于避免资产端与负债端定价不一致所导致的基准错配风险。另一方面，虽然 LPR 有进一步下降的空间，但存款基准利率维持不变。在这种情况下，存量贷款转换为按照 LPR 定价可能压缩商业银行的息差。

对于中央银行而言，存量贷款定价基准转换有助于降低实体经济的融资成本，提高货币政策的传导效率。到 2019 年 11 月，我国金融机构贷款余额接近 152 万亿元，其中 26%是住户中长期贷款，37%是企业中长期贷款。因此，推进存量贷款利率换锚对我国而言尤为重要。

（三）房贷一族面临选择题

在存量浮动利率贷款中，商业性个人住房贷款占据了重要比例，数据显示，截至 2018 年年末，我国个人住房贷款余额为 25.75 万亿元，占金融机构各项贷款余额的 18.89%。

此次定价基准的改变无疑将影响房贷利率定价的变化，购房者需要和银行重签贷款合同，进行“换锚”，根据上述内容，房贷定价的转换也有两种方式，即“LPR＋加点”和固定利率。

这实际上也是给房贷一族出了一道选择题——到底是选固定利率还是“LPR＋加点”利率？

选择一：固定利率。按照规定，商业性个人住房贷款转换后利率水平应等于原合同最近的执行利率水平。也就是说，选择固定利率后，就是维持当前利率水平不变，不受 LPR 利率变化影响。

选择二：选择“LPR＋加点”利率。加点数值应等于原合同最近的执行利率水平与 2019 年 12 月发布的相应期限 LPR 的差值，也就是说，同一笔商业性个人房贷，在 2020 年 3 至 8 月之间任意时点转换，均根据 2019 年 12 月 LPR 和原执行的利率水平确定加点数值，加点数值不受转换时间的影响，银行和客户可合理分散办理。

举例而言，若某笔商业性个人住房贷款原合同期限 20 年，剩余期限为 8 年，原合同约定的利率为5年期以上贷款基准利率上浮10%，现执行利率为4.9%×(1+10%)=5.39%。2019年12月发布的5年期以上LPR为4.8%。如果借贷双方确定在2020年3月30日转换定价基准，且重定价周期仍为1年，重定价日仍为每年1月1日，那么加点幅度应为0.59个百分点(5.39%−4.8%=0.59%)。2020年3月30日至12月31日，执行的利率水平仍是5.39%(4.8%+0.59%)。

更重要的是，借款人只有一次选择权，转换之后不能再次转换。于是关键的问题来了，到底选哪个划算？

四、结论

需要持续关注的几个问题。

第一，存款利率定价基准的转换。目前存款利率仍按照存款基准利率定价，与市场利率之间存在脱节，不利于公开市场操作利率向存款利率的传导，可能导致货币政策传导不畅、商业银行资产负债端定价基准不匹配的问题。未来如何顺利实现存款利率的转换，深化利率市场化改革仍有待探索。

第二，LPR形成机制改革后LPR利率与市场利率的联动情况有待观察。在新的形成机制下，需要持续关注LPR与市场利率能否密切联动，充分反映流动性的变化。

第三，利率避险市场的发展。随着贷款利率市场化的深入，金融机构和企业的利率避险需求都将上升，因此，有必要加快发展场内外利率衍生品市场，丰富交易品种，提高市场深度。

参考资料：http://www.fangchan.com/news/6/2019-12-30/6617252107072639098.html

案例分析提示与探讨

1. 分析思路

(1) 新的存量浮动利率贷款的定价基准与之前的有何区别？

(2) 选择固定利率或者“LPR+加点”利率的后果有何不同？

2. 理论依据

(1) 从利率市场化理论分析这次改革的意义。

(2) 从利率风险防范理论分析房贷一族选择房贷定价方法的决策依据。

3. 启发性思考题

(1) 贷款市场报价利率(LPR)是不是一个理想的市场利率基准？

(2) 如何确定利率定价的“加点”更为科学？

(3) 利率风险的防范主要有哪些方法？

第三篇练习

一、单项选择题

1. 下面关于股票的说法中，正确的是(　　)。
   A. 优先股和普通股在股利权上是平等的
   B. 我国《公司法》规定股票应当标明面值
   C. 我国《公司法》规定股票应该记名
   D. B股只是针对境外投资者的
2. 根据我国《公司法》规定股票不得(　　)发行。
   A. 平价　　B. 折价　　C. 市价　　D. 溢价
3. 下面关于股票发行与销售的说法中，正确的是(　　)。
   A. 不公开间接发行是指不公开的通过中介机构向特定对象发行股票
   B. 股票自销方式发行费用低，筹资速度快
   C. 采用承销方式，发行企业不用承担发行风险
   D. 从发行成本来看，一般从高到低是包销、代销和自销
4. 普通股股东参与公司经营管理的基本方式是(　　)。
   A. 对公司账目和股东大会决议的审查权和对公司事务的质询权
   B. 出席或委托代理人出席股东大会，并依公司章程规定行使表决权
   C. 股份转让权
   D. 股利分配请求权
5. 某股份有限公司申请股票上市，其股本总额是4.5亿元人民币，规划每股面值60元，根据现有法规规定，其公开发行的股数至少为(　　)万股。
   A. 187.5　　B. 150　　C. 75　　D. 112.5
6. 下列各种筹资渠道中，属于企业内部筹资渠道的是(　　)。
   A. 非银行金融机构资金　　B. 企业自我积累资金
   C. 职工购买企业债券投入资金　　D. 银行信贷资金
7. 公司拟筹集能够长期使用、筹资弹性较大且筹资速度较快的资金，以下筹资方式较适合的是(　　)。
   A. 商业信用融资　　B. 发行长期债券

C. 发行普通股　　D. 长期借款融资

8. 在长期借款合同的限制条款中，属于一般性限制条款的是(　　)。

A. 定期向银行报送财务报表　　B. 限制高管人员薪酬

C. 借款专款专用　　D. 限制现金股利支付

9. 对于股票和债券，以下说法中，不正确的是(　　)。

A. 债券的投资风险小于股票

B. 债券的求偿权优先于股票

C. 债券的筹资成本高于股票

D. 债券的持有人不能参与公司决策，而普通股股东有权参与公司决策

10. 某股份有限公司初次发行公司债券，其资产总额为 9 000 万元，负债总额为 4 000 万元，则其累计发行债券总额不应超过(　　)万元。

A. 9 000　　B. 4 000　　C. 2 000　　D. 5 000

11. 按受偿权排列顺序低于其他债券的债券为(　　)。

A. 可转换公司债券　　B. 附属信用债券

C. 收益公司债券　　D. 附认股权债券

12. 有限责任公司的净资产不得低于人民币(　　)万元，才有资格发行公司债券。

A. 4 000　　B. 5 000　　C. 6 000　　D. 7 000

13. 决定债券是否按面值发行的主要因素是(　　)。

A. 期限　　B. 债券面值

C. 票面利率水平高低　　D. 票面利率与市场利率的一致程度

14. 某企业发行面值为 100 元，期限为 10 年的债券，票面利率为 10%，分期付息，那么当市场利率为 12%时，发行价格应该为(　　)元。

A. 100　　B. 96.5　　C. 88.7　　D. 112.6

15. 相对于发行股票而言，发行公司债券筹资的优点为(　　)。

A. 筹资风险小　　B. 限制条款少

C. 筹资额度大　　D. 资金成本低

16. 企业筹措长期借入资金的方式是(　　)。

A. 银行借款　　B. 吸收联营投资

C. 融资租赁　　D. 利用留存收益

17. 相对于发行债券和利用银行借款购买设备而言，通过融资租赁方式取得设备的主要缺点是(　　)。

A. 限制条款多　　B. 筹资速度慢　　C. 资金成本高　　D. 财务风险大

18. 可转换债券对投资者的吸引力在于：当企业经营好转时，可转换债券可以转换为(　　)。

A. 普通股　　B. 优先股　　C. 其他债券　　D. 认股权证

19. 企业在选择筹资渠道时，下列各项中，需要优先考虑的因素是( )。
A. 资金成本 B. 企业类型 C. 融资期限 D. 偿还方式

20. 在个别资金成本计算时，资金占用费可以有抵税好处的是( )。
A. 联营 B. 普通股 C. 留存收益 D. 长期借款

21. 利用公式 $K_C = D_1/P_C(1-F_C)+G$ 计算普通股筹资成本时，该股票应是( )。
A. 优先股 B. 非固定成长普通股
C. 零成长普通股 D. 固定成长普通股

22. 企业财务人员在进行追加筹资决策时，所使用的资金成本是( )。
A. 个别资金成本 B. 综合资金成本
C. 所有者权益资金成本 D. 边际资金成本

23. 更适用于企业筹措新资金的综合资金成本是按( )计算的。
A. 账面价值 B. 市场价值 C. 目标价值 D. 任一价值

24. 既具有税收挡板效应又具有财务杠杆效应的筹资方式是( )。
A. 留存收益 B. 普通股 C. 融资租赁 D. 优先股

25. 某企业本期息税前利润为 3 000 万元，本期实际利息为 1 000 万元，则该企业的财务杠杆系数为( )。
A. 3 B. 2 C. 0.33 D. 1.5

26. 某企业基期利润 100 万元，测定的经营杠杆系数为 2，计划期销售增长率为 5%，则计划期的利润为( )万元。
A. 10 B. 5 C. 105 D. 110

27. 已知销售增长 5%可使每股收益增长 12%，又已知利润对销量的敏感系数为 1.2，则该公司的财务杠杆系数为( )。
A. 3 B. 2 C. 1 D. 4

28. 在一个有借入资金的企业中，对于经营风险和财务风险( )。
A. 都存在 B. 只存在前者 C. 只存在后者 D. 都不存在

29. 如果企业一定期间内的固定经营成本和固定财务成本均不为零，则由上述因素共同作用而导致的杠杆效应属于( )。
A. 经营杠杆效应 B. 财务杠杆效应
C. 复合杠杆效应 D. 风险杠杆效应

30. 下面关于 EBIT-EPS 平衡分析的描述中，正确的是( )。
A. 当企业息税前利润高于每股收益无差别点时，低负债方案优于高负债方案
B. 当企业息税前利润高于每股收益无差别点时，高负债方案优于低负债方案
C. 当企业息税前利润等于每股收益无差别点时，低负债方案优于高负债方案
D. 当企业息税前利润低于每股收益无差别点时，高负债方案优于低负债方案

二、多项选择题

1. 在下列各项中，属于企业筹资动机的有（ ）。

A. 设立企业 B. 企业扩张 C. 企业收缩 D. 偿还债务

2. 下面属于企业的权益性质的资金来源是（ ）。

A. 内部留存收益 B. 发行的未到转股期的可转换债券

C. 吸收的直接投资 D. 发行股票所筹集的资金

3. 上市公司引入战略投资者的主要作用有（ ）。

A. 优化股权结构 B. 提升公司形象

C. 提高资本市场认同度 D. 提高公司资源整合能力

4. 按投资主体的不同，普通股可分为（ ）。

A. 个人股 B. 国家股 C. 法人股 D. 发起人股

5. 《公司法》规定股份有限公司公开发行新股必须具备的条件有（ ）。

A. 公司具有持续盈利能力，财务状况良好

B. 具备健全且运行良好的组织机构

C. 公司在3年内财务会计文件无虚假记载，无其他重大违法行为

D. 公司预期利润率高于同期银行存款利率

6. 按照《公司法》规定，股份有限公司发行股票应遵守的规定有（ ）。

A. 对社会公众发行的股票，必须为记名股票

B. 对社会公众发行的股票，必须由证券经营机构承销

C. 股票只能溢价、平价发行，不得折价发行

D. 对社会公众发行的股票，可以为记名股票，也可以为无记名股票

7. 股份公司申请股票上市，一般出于（ ）。

A. 使资本集中 B. 提高股票的变现力

C. 便于筹措新资金 D. 便于确定公司价值

8. 与负债筹资相比，普通股筹资的特点是（ ）。

A. 筹资风险小

B. 有利于增强公司信誉

C. 容易分散公司的控制权

D. 所筹集资金可以长期使用，没有到期还本的压力

9. 留存收益是企业内源性股权筹资的主要方式，下列属于该种筹资方式特点的有（ ）。

A. 筹资数额有限 B. 不存在资本成本

C. 不发生筹资费用 D. 改变控制权结构

10. 一般情况下，可作为长期贷款抵押品的资产有（ ）。

A. 债券 B. 股票

C. 房屋、建筑物　　D. 机器设备

11. 相对于股权融资而言,长期借款筹资的优点有(　　)。

A. 筹资风险小　B. 筹资速度快　C. 资本成本低　D. 筹资数额大

12. 长期借款筹资方式同长期债券筹资相比,其特点有(　　)。

A. 筹资弹性大　　B. 手续较为简便

C. 筹资费用大　　D. 利息可以在税前抵扣

13. 企业发行票面利率为 i 的债券时,市场利率为 k,下列说法中,正确的有(　　)。

A. 若 $i<k$,债券溢价发行　　B. 若 $i>k$,债券折价发行

C. 若 $i>k$,债券溢价发行　　D. 若 $i<k$,债券折价发行

14. 在我国,有资格发行债券的公司必须具备的条件有(　　)。

A. 最近 3 年平均可分配利润足以支付债券 1 年的利息

B. 股份有限公司净资产在 3 000 万元以上,有限责任公司净资产在 6 000 万元及以上

C. 筹资投向符合国家产业政策

D. 累计债券总额不超过公司净资产的 40%

15. 融资租赁的租金构成包括(　　)。

A. 设备价款　B. 利息　C. 手续费　D. 利得

16. 相对于普通股股东而言,优先股股东可以优先行使的权利有(　　)。

A. 优先认股权　　B. 优先表决权

C. 优先分配股利权　　D. 优先分配剩余财产权

17. 发行可转换债券的缺点是(　　)。

A. 股价上扬风险　　B. 财务风险

C. 丧失低息优势　　D. 资本结构不稳定

18. 在计算下列各筹资方式的筹资成本时,需要考虑筹资费用的有(　　)。

A. 普通股　B. 债券　C. 长期借款　D. 留存收益

19. 下列各项因素中,影响经营杠杆系数计算结果的有(　　)。

A. 销售单价　B. 销售数量　C. 资本成本　D. 所得税税率

20. 在下列各种情况下,会给企业带来经营风险的有(　　)。

A. 企业举债过度

B. 原材料价格发生变动

C. 企业产品更新换代周期过长导致销售下降

D. 企业产品的生产质量不稳定

21. 在边际贡献大于固定成本的情况下,下列措施中,有利于降低企业复合风险的有(　　)。

A. 增加产品销量　　B. 提高产品单价

C. 提高资产负债率　　D. 节约固定成本支出

22. 在下列各种资本结构理论中，支持“负债越多企业价值越大”观点的有(　　)。
A. 代理理论　　B. 净收入理论
C. 净运营收入理论　　D. MM 有所得税理论

23. 根据现有资本结构理论，下列各项中，属于影响资本结构决策因素的有(　　)。
A. 企业资产结构　　B. 企业财务状况
C. 企业产品销售状况　　D. 企业技术人员学历结构

24. 下列金融市场类型中，能够为企业提供中长期资金来源的有(　　)。
A. 拆借市场　　B. 股票市场
C. 融资租赁市场　　D. 票据贴现市场

25. 主权资本与借入资金的结构不合理会导致(　　)。
A. 财务风险增加　　B. 筹资成本增加
C. 财务杠杆发生不利作用　　D. 经营效率下降

三、判断题

1. 私募股权筹资是指融资人通过协商、招标等非社会公开方式，向公众出售股权进行的融资。(　　)
2. 普通股是公司发行的无决策权利的股份，它是公司股份的最基本组成。(　　)
3. 优先股股东享有优先认股权。(　　)
4. 股票设立发行是在一级市场进行，增资发行是在二级市场进行。(　　)
5. 采用自销方式发行股票对于发行企业来说可及时筹足资本，免于承担发行风险。(　　)
6. 股票溢价发行所获得溢价款作为企业资本公积。(　　)
7. 能够实现发行意图，免于承担发行风险的股票销售方式是包销方式。(　　)
8. 按《公司法》规定，股份公司发起人向社会公开募集股份，应当与依法设立的证券经营机构签订协议，由其承销；所发行股票只能是记名股票。(　　)
9. 留存收益是企业筹措内部来源资金的专门方式。(　　)
10. 长期借款是指企业向商业银行取得的借款期在 1 年以上的借款。(　　)
11. 凡是企业自有资产都可以用于向银行抵押获得抵押借款。(　　)
12. 当预测市场利率将上升时，企业应与银行签订浮动利率借款合同。(　　)
13. 抵押贷款可看成是银行对企业的一种风险投资，故利率较高。(　　)
14. 等额本息还款法计算每期还款额时，可以按照已知现值求年金形式计算。(　　)
15. 普通股和利率浮动的债券都可以一定程度抵销通货膨胀的影响。(　　)
16. 当债券票面利率高于市场利率时，为了弥补发行企业多付利息损失，债券溢价发行。(　　)

17. 采取预扣方式支付利息的债券,又被称为贴现债券,到期只需按面值支付本金。 (　　)
18. 办理融资租赁对企业资信和担保要求不高,所以融资租赁非常适合中小企业融资。 (　　)
19. 融资租赁不仅要承担利息,还要支付手续费,因此融资成本比银行借款高。 (　　)
20. 公司优先股融资虽然能保持控制权,增加偿债能力声誉,但会增加财务风险。(　　)
21. 筹资突破点是指在理想资本结构下保持某一资本成本可以筹集到的资金总额。 (　　)
22. 固定成本根据其形成原因不同分为固定经营成本和固定财务成本,而固定财务成本是指负债融资的利息。 (　　)
23. 在盈亏临界点的经营杠杆系数为零。 (　　)
24. 企业固定经营成本既定,则该企业经营杠杆系数就确定不变。 (　　)
25. 自有资金利润率变动相对于息税前利润变动的幅度是财务杠杆系数。 (　　)
26. 企业没有负债就没有财务杠杆作用,也就没有财务风险。 (　　)
27. 经营风险高的企业,能够承受的财务风险就低,因此应该高负债获得杠杆利益。(　　)
28. 根据 EBIT-EPS 平衡分析最佳资本结构是使得企业资本成本最低的资本结构。 (　　)
29. 根据风险-收益均衡分析使得每股收益最大的资本结构是最佳资本结构。 (　　)
30. 最优资金结构是使企业筹资能力最强、财务风险最小的资金结构。 (　　)

四、计算分析题

1. 某国有企业拟在明年年初改制为独家发起的股份有限公司。现有净资产经评估价值 15 000 万元,全部投入新公司,折股比率为 1。按其计划经营规模需要总资产 4.5 亿元,合理的资产负债率为 30%。预计明年税后利润为 3 440 万元。

请回答下列一些互不关联的问题:

(1) 通过发行股票应筹集多少股权资金?

(2) 如按每股 7.5 元发行,则至少要发行多少社会公众股? 发行后,每股盈余是多少? 市盈率又是多少?

(3) 如果市盈率不超过 21 倍,每股盈利按 0.40 元计,最高发行价格是多少?

(4) 若不考虑资本结构要求,按公司法规定,则至少要发行多少社会公众股?

2. A 公司发行面值为 1 000 元、期限为 5 年、票面利率为 8% 的债券,根据发行时的市场利率情况,确定以 1 100 元的价格出售。

要求:计算该债券发行时的市场利率。

3. B 公司拟发行面值 100 元,票面利率 10%,期限 5 年的债券,当时市场利率为 12%。

要求:分别下列情况计算债券的发行价格。

(1) 每年1月1日与7月1日付息,到期还本。

(2) 每半年单利计息,到期一次还本付息。

(3) 每半年复利计息,到期一次还本付息。

(4) 贴现发行。

4. C公司拟发行每张面值100元,票面利率8%,每年年末付息一次,到期还本,期限为3年的债券。

要求:分别计算市场利率为10%、8%、6%时的发行价格。

5. A公司为扩大经营规模融资租入一台机床,该机床的价款为150万元,租期10年,租赁公司的融资成本为30万元,租赁手续费为15万元。为了保证租赁公司完全弥补融资成本、相关的手续费并有一定的盈利,双方商定采用15%的折现率。

要求:

(1) 确定融资租赁租息。

(2) 确定融资租赁租金总额。

(3) 如果采用等额年金法,每年年初支付,则每期租金为多少?

(4) 如果采用等额年金法,每年年末支付,则每期租金为多少?

6. 某公司股票目前发放的股利为每股2元,股利按10%的比例固定递增,在筹资费用率为5%的情况下,据此计算出的资本成本为15%,则该股票目前的市价为多少(计算结果保留两位小数)?

7. 某公司拟发行普通股票600万元,上年股利率为14%,预计股利每年增长5%,所得税税率为25%,预计筹资费用率为5%,则该普通股的资本成本率为多少?

8. 某企业经批准发行优先股股票,筹资费率和年股息率分别为5%和9%,则优先股成本为多少?

9. 某上市公司计划建造一项固定资产,寿命期为5年,需要筹集资金600万元。有以下资料:

资料一:目前市场平均收益率为10%,无风险收益率为4%;如果市场平均收益率增加2%,该公司股票的必要收益率会增加1%。

资料二:如果向银行借款,则手续费率为1%,年利率为5%,复利计息,到期一次还本付息。

资料三:如果发行债券,债券面值1 000元、期限5年、票面利率为6%,每年年末付息一次,发行价格为1 080元,发行费率为5%。

假定:公司所得税税率为25%。

要求:

(1) 根据资料一利用资本资产定价模型计算普通股筹资成本。

(2) 根据资料二计算长期借款筹资成本(考虑时间价值)。

(3) 根据资料三计算债券筹资成本(考虑时间价值)。

(4) 根据以上计算结果，选择哪种融资方式？

10. 某公司负债和权益资本的比例为1∶4，加权平均资本成本为12%。已知负债只有长期借款，若权益来源的个别资本成本和资本结构不变，当公司长期借款超过200万元时，长期借款资金成本增加。

要求：计算此时总筹资规模的突破点是多少？

11. 已知经营杠杆系数为2，固定经营成本为500万元，利息支出为200万元，则已获利息倍数为多少？

12. 某企业本期财务杠杆系数为2，本期息税前利润为500万元，除利息外，企业没有其他固定财务成本，则本期实际利息费用为多少元？

13. M公司只生产和销售甲产品，其总成本习性模型为 $y = 1\ 000\ 000 + 4x$。假定该公司20×4年度产品销售量为100万件，每件售价为6元，每股收益为1.2元；按市场预测20×5年产品的销售数量将增长10%，固定生产经营成本和单位边际贡献不变，不增发新股，所得税税率不变。

要求：

(1) 计算20×4年的边际贡献总额。

(2) 计算20×5年预计的边际贡献总额。

(3) 计算20×5年的经营杠杆系数。

(4) 计算20×5年息税前利润增长率。

(5) 假定公司20×4年利息费用20万元，预计20×5年不变，且无其他固定财务成本，计算20×5年财务杠杆系数和复合杠杆系数以及每股收益。

14. N公司目前资本结构如下：

筹资方式	金额(万元)
长期债券(年利率8%)	100
普通股(面值10元)	200
资本公积	250
留存收益	200
合计	750

因生产发展需要，公司需再筹资250万元，现有两个方案可供选择：

方案一：发行新股10万股，面值10元，每股市价25元；

方案二：发行利率10%的公司债券250万元。该公司所得税税率为25%。

要求：

(1) 计算两种筹资方案下的每股收益无差别点的息税前利润。

(2) 若企业预计再筹资后息税前利润将达到100万元，企业应选择哪一方案筹资？

(3) 计算每股收益无差别点下方案二的财务杠杆系数。若企业预计息税前利润增长

10%，按照方案二融资，计算每股收益的增长率。

15. 已知：某公司 20×3 年 12 月 31 日的长期负债及所有者权益总额为 18 000 万元，其中，发行在外的普通股 8 000 万股（每股面值 1 元），公司债券 2 000 万元（按面值发行，票面年利率为 8%，每年年末付息，3 年后到期）。资本公积 4 000 万元，其余均为留存收益。

20×4 年 1 月 1 日，该公司拟投资一个新的建设项目需追加筹资 2 000 万元。现在有 A、B 两个筹资方案：A 方案，A，发行普通股，预计每股发行价格为 5 元；B 方案，B，按面值发行 5 年期，票面年利率为 8% 的公司债券（每年年末付息）。假定该建设项目投产后，20×4 年度公司可实现息税前利润 4 000 万元。公司适用的所得税税率为 25%。

要求：

(1) 计算 A 方案的下列指标。

① 增发普通股的股份数。

② 20×4 年公司的全年债券利息。

(2) 计算 B 方案下 20×4 年公司的全年债券利息。

(3) ①计算 A、B 两方案的每股利润无差别点。

②为该公司作出筹资决策。

16. 某公司年销售额 100 万元，变动成本率 70%，全部固定成本和费用 20 万元（提示：固定成本和费用＝固定经营成本＋利息费用），总资产 50 万元，资产负债率 40%，负债的平均利息率 8%，假设所得税税率为 25%。

该公司拟改变经营计划，追加投资 40 万元，每年固定经营成本（提示：不含利息费用）增加 5 万元，可以使销售额增加 20%，并使变动成本率下降至 60%。

该公司以提高权益净利率同时降低总杠杆（即复合杠杆）系数作为改进经营计划的标准。

要求：

(1) 所需资金以追加实收资本取得，计算权益净利率、经营杠杆系数、财务杠杆系数和复合杠杆系数，判断应否改变经营计划。

(2) 所需资金以 10% 的利率借入，计算权益净利率、经营杠杆系数、财务杠杆系数和复合杠杆系数，判断应否改变经营计划。

第四篇

投资决策

投资决策分析与评价方法的应用是企业经营中的一项重要内容，是保障企业可持续经营的一个基本前提。本章以现实投资项目为切入点选择相关案例进行分析，以期实现合理使用评价方法的目的。

【案例 13】

投融资体制创新模式——地方铁路项目投融资案例

一、引言

根据国家统计局资料，近几年我国铁路建设资金来源结构如表 1 和图 1 所示，除利用外资显著较少以外，其他来源的资金均占有一定比例，较为多元化。

表 1　　**铁路投资资金来源分类表**　　单位：亿元

年份	到位资金	国家预算	国内贷款	利用外资	自筹资金	其他
2018	6 449.2	931.0	1 756.5	8.8	2 731.9	1 111.4
2017	6 831.8	981	1 720.4	36.2	2 058.7	2 035.5
2016	7 020.7	1 062.8	1 863.8	13.7	2 293.2	1 787.2

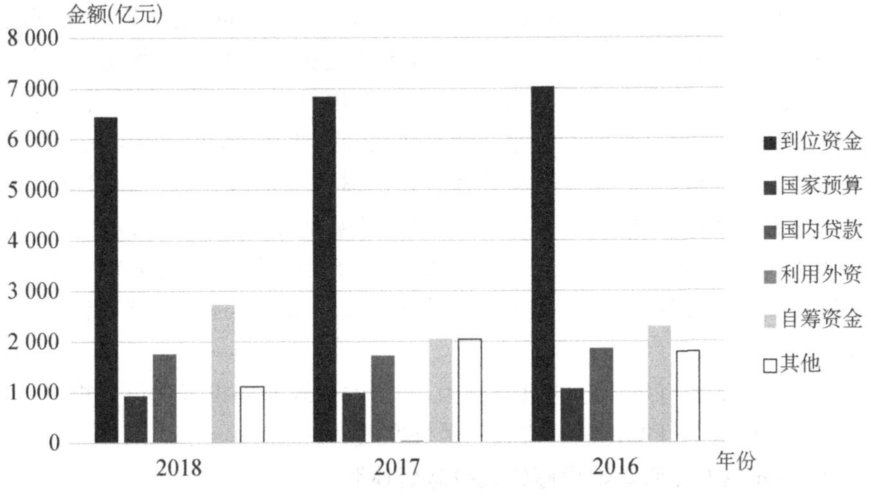

图 1　铁路投资资金结构图

资料来源：根据国家统计局《中国统计年鉴》2017 年、2018 年、2019 年整理得到。

目前我国地方铁路建设资金的来源的主要来源渠道分为四个方面:银行贷款、债券融资、城市自筹资金、民营资本,但其中主要的形式是银行贷款,资金来源渠道比较单一。

当前我国地方铁路建设的投融资体制主要存在以下几方面的问题:

(1) 投资渠道单一,投资额不足,投资渠道的单一化,使地方铁路建设资金严重不足,从而也导致了地方铁路建设的不足。

(2) 投资管理方面存在的问题,投融资所形成的地方铁路的资本结构,由于单一化,带来了管理上的不规范与效益上的问题,也导致了地方铁路建成后的经营管理上的困难。

(3) 投融资效率问题,资本结构的不合理,投融资结构的不科学,其结果必然是投资效率较低。

二、背景介绍

(一) 地方铁路建设项目的投资模式

1. 政府财政投资模式

这种模式是指由政府作为投资主体,主要利用财政资金,统一协调和组织实施地方铁路建设,并在此过程中由地方政府作为信贷担保人,进行一系列重大融资引贷活动。其最大不足在于无法对建设者和经营者建立成本的激励与约束机制。

该模式的典型代表:巴黎和新加坡。巴黎地铁的投资由政府当局全额投入,地铁公司本身负债为零。新加坡政府将地铁看成是全国基础设施的一部分,投资全部由财政负担,不要求收回建设成本。

2. 商业投资模式

这种模式是指由商业取代政府作为项目的投资主体,并采用商业原则进行经营。政府为使项目具有一定的盈利能力以吸引大型企业和财团的投资,会采取一系列的特殊措施。如:一般会给予项目一系列特殊优惠政策,包括交通政策和土地利用政策等;进行大量政府注资,改进项目的资金运营状况;创造良好的项目融资环境,降低项目的融资成本等。一般来讲,该模式通过有效的商业经营和成功的商业开发,可向投资人提供满意的回报。主要运用于人口稠密、商业发达和熟地开发的城市与地区。这一模式以香港地铁的建设与经营最为典型,其主要特点如前所述,值得注意的是,为体现间接受益者对地铁建设成本的补偿,政府一般采取转移支付的方式,如政府给予铁路公司某些土地、物业和税收方面的特许权,以保证铁路建设的间接效益部分能够充分返还给铁路建设。

3. 混合投资模式

政府与民间资本的有机结合的投资行为,采取的是政府向投资建设方提供一定补贴,减税或提供低息贷款。日本是这一模式的最好实践者。

(二) 国内外地方交通基础设施建设投融资体制

地方交通基础设施建设投融资体制构建是各级地方政府积极探索的一个课题,国内外都有成功的经验与失败的教训。总结与借鉴是成功创新的基础。

1. 日本城市铁路建设的投融资模式与借鉴

日本的城市轨道交通建设与经营对由公营和公共团体出资50%以上的地铁新线建设,采取政府补贴方式,补贴部分占建设费用的70%,中央政府和地方政府各补贴35%。补贴是从地铁开始运营的第二年起分10年拨付、实际建设费用几乎全部依靠企业自己以发行债券和借款的方式进行筹集,政府补贴仅相当于企业举债所负担的利息,对于私营企业投资建设的新线或扩建工程,则采取政府财政提供低息融资的方式,一般由日本开发银行提供低息融资。融资比率限于总工程费用的50%以内,利率低于长期最低利率。具体来讲,先由日本铁道建设公团融资并承担新线或复线的建设工程,完工后一次性转让给经营者,经营者分5年平均偿还地铁建设费用的本利。经营者承担的利息成本为5%,超过5%的部分由中央政府和地方政府各负担一半。另外,东京于1982年4月建立了"特定城市铁路建设公积金制度",规定对铁路部门的收入实行减免法人税和固定资产税,相应的收入纳入地铁部门内部资金,用于新线建设。

2. 我国香港地铁建设的投融资经验与盈利模式

香港地铁由地铁公司运营。地铁公司是香港特区政府全资拥有的一家公用事业企业,但并不由特区政府直接经营,由港府委任有关人员组成董事局,按"商业原则"进行地铁的修建、运营和管理。在投资、筹资体制方面,香港特区政府对官办企业的投资力求"花小钱、办大事"。地铁公司建立以来,香港只是在建地铁之初,通过认购地下轨道交通公司的发行股权的方式给予部分财政支持,其建设费用,政府的投资不足1/3,主要资金由各项融资筹集,包括债券、财团贷款和浮息票据等。例如,地下轨道交通公司在招标地铁工程时,将承建商能否组织到信贷作为考虑的主要条件之一;在香港或国际资金市场筹组集团贷款,在地铁建设高潮的1983年,公司就获得150亿港元的集团贷款;发行成本较低的短期债券(还本期为3年),筹集资金提早偿还一些成本较高的中期及长期债项,地铁兴建期间共发行了5亿港元的债券。

在经营管理体制方面,采取两权分离、自主经营模式。在香港,地铁公司是一家"官办民营"的企业,既接受政府和市民多方面监管,又在不受行政干预的环境下运行。公司除了名义上属政府兴办之外,营运方面与别的企业没有什么差别,均按市场规律运作。地铁公司充分运用沿线地产升值这一优势,把发展地铁与发展房地产业结合起来。做法是将地下车站大厅与上层物业(事先规划)同时发展。公司首先向政府取得发展车站上层空间的权利,之后寻求合作伙伴,利用发展商的资金,缴付土地费用,建造大型住宅、写字楼和商场。出售物业所得利润,则由地铁公司与发展商共享。地铁公司将这些利润,全部用于地铁建设,成为香港地铁发展的重要资金来源之一。同时,近年来为了适应通讯网络技术的发展,政府将地下轨道交通内的通讯设备,交由地铁公司经营,这为地铁公司的进一步发展开辟了新的利润增长点。良好的经营业绩保证了香港地铁的健康发展。

在资本运作方面,随着地铁公司的日益发展和壮大,2000年香港特区政府对地铁公司进行股份制改造,让高层主管及员工持股,该公司23%的股份通过上市私有化,套现

120 亿港元。这一资本运作,一方面进一步优化了地铁公司的产权结构、规范了企业制度,在国际上、市场上树立了良好的形象;另一方面,政府也通过出售少量股权,回收了可观的增值资金。

香港地铁公司以及众多国外地铁公司发展的案例表明,地铁公司与政府采取的合约关系模式、规范的商业化操作、长远的财政计划是值得借鉴的。因此,根据国外运营体制和经营模式分析,总体说来,国外地铁运作一般采取混合主导模式较多,主要按照市场经济规则进行筹资和经营。而我国内地铁路建设的运作,无论是在建设、投融资还是经营上大多数采取政府主导模式。因此,亟待通过借鉴国外成功的经验,加快经营模式由"一元化"向"多元化"的转变,推动铁路建设、运营和管理体制的全面改革。

3. 上海虹桥交通枢纽建设的投融资模式创新

上海虹桥综合交通枢纽工程(下称"虹桥枢纽")。该工程是世博配套工程的一部分,也是世界罕见的大型综合交通枢纽,于 2010 年 3 月 16 日部分建成并投入使用。整个项目占地 26.26 平方公里,接近澳门特别行政区的总面积。

为解决项目的资金融通渠道问题,项目设立了专门的融资平台:申虹公司。

申虹公司是 2006 年上海市政府专门为建设虹桥枢纽而成立的项目公司,注册资本 50 亿元。三大股东为上海机场、上海久事公司和上海市土地储备中心(上海地产集团有限公司),占股分别为 40%、30%和 30%。

为了建设该工程,申虹担负了艰巨的投融资任务,在浦发银行 2008 年的年报中,申虹公司位居前十大贷款客户之列,贷款余额 14.65 亿元。工商资料显示,截至 2008 年年底,申虹公司负债总额为 174 亿元,其中专项应付款 40.08 亿元,短期借款额高达 124 亿元。

三、案例分析

(一) 铁路建设投资模式的目标和设计构想

1. 铁路建设投资模式的目标

铁路建设投资模式的目标是实现:

(1) 利用铁路建设溢出效应,实现融资渠道的多元化。

(2) 利用一体化开发和权益置换模式,实现内部化融资。

(3) 针对不同设施建设特点,实现融资方式的多样化。

2. 铁路建设投资模式的目标实现构想

实现目标的构想是采取权益转换方式进行体制创新。这种权益转换模式可以因建设项目的不同而分项目进行,主要应区别点、线、面对经济发展的影响;区域经济布局与投资回报率的不同。

所谓的权益转换,主要针对的是具有不同投资回报,但两者之间又存在因果关系的两种投资对象,对两种权益报酬进行转换的方式。

投资铁路建设的资金回报率不高,而且回报期长,但因铁路交通的引导功能产生的效益，在过去的投融资模式下，与铁路投资方的回报没有形成关联，导致内部效益外部化，铁路建设的投资方并没有从这种引导功能产生的效益回报中获取利益。权益转换的目的就是要使两种效益相关联，让交通所引导的效益回到交通建设的投资者。这种置换的直接好处就是提高了社会资本投资者参与投资铁路建设的意愿，形成交通与区域经济发展的一体化投融资模式。

政府在这种置换中的角色定位在于：用现代城市建设与规划理念，对沿线产业链进行规划设计，达到交通与产业布局同步；城市规划、建设与交通发展一体化；产业升级与城市改造同步。在实现建设投资的融资目标的同时，借助外部资金，与资源性开发相结合，实现新城市建设与产业发展，就业与财政收入同时增长。

这种权益转换方式是项目融资模式的有机组合。将项目开发建设分为：建设过程、开发过程、运营过程和移交过程四个过程进行管理。其核心是引入社会资金的同时引入城市规划新概念，使建设与开发同时实现，从而实现项目效益的最大化。

这一置换过程的核心的问题是：项目发起人将一定的资源开发工作权授予项目公司，从而实现项目开发利润的共享。项目开发利润的共享机制设计如图 2 所示。

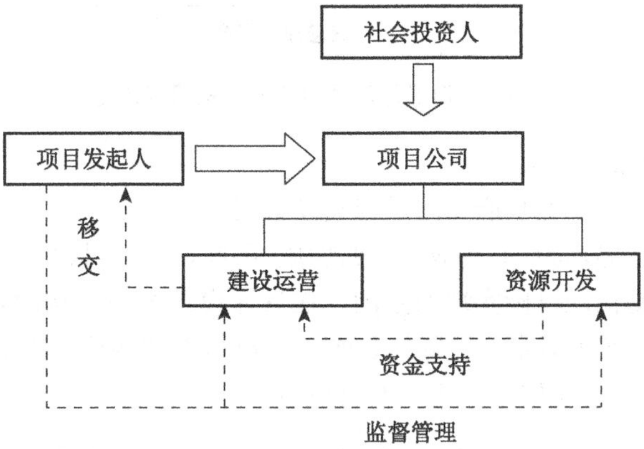

图 2　项目开发利润的共享机制设计

3. 资本结构设计

铁路项目，其本质具有一定的准公共产品性质，具有良好的国民经济效益。但项目投资额巨大，整个项目的财务效益并不一定非常好。在一般情况下其总投资的收益率不高，是难以吸引社会投资的。

社会投资的特性是追求经济效益的最大化，所以吸引社会投资注入铁路建设的必要条件就是保证社会投资能够得到足够的内部收益率(不低于真实的社会基准收益率)。从另一个角度考虑，在确定铁路项目建设资本投资时，将资本来源渠道区分为社会资本与国家资本两大类，根据项目的现金流量分析，确定出能够满足社会基准收益率的总投资量。在这一假设前提下，能够达到社会基准收益率的资产是能够通过各种方式吸引社会投资注入的。而对于另一部分没有足够收益支持的投资，因为考虑到其准公共产品性质，应由国家进行投资或提供投资补贴。从尽可能吸引社会投资的角度看，将社会投资作为自有资金来进行分析，在确保社会投资达到基准收益率的前提下，确定国家投资和社会投资的比例关系，如上海磁悬浮项目研究结论。

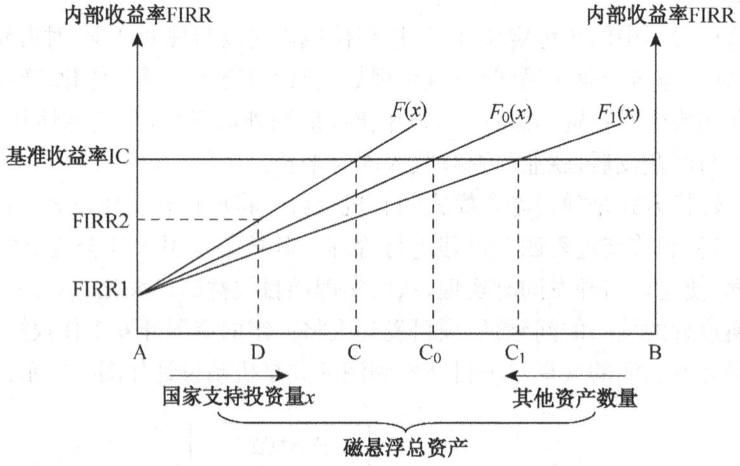

图 3　上海磁悬浮项目资本结构研究结论

4. 运作机制的组织结构选择

以项目为主体设立地方政府铁路设施建设融资平台。

本线路建设跨区界，同时又属地方铁路性质，因此，在利用权益置换模式实现开发时，其组织结构的设计是保证目标实现的基础。在具体设计组织结构时，要充分考虑地方利益分配与政府利益的关系，同时还要考虑项目公司运作的内部控制机制的有效运作，因此，建议以股份制形式构建如图 4 所示的组织结构。

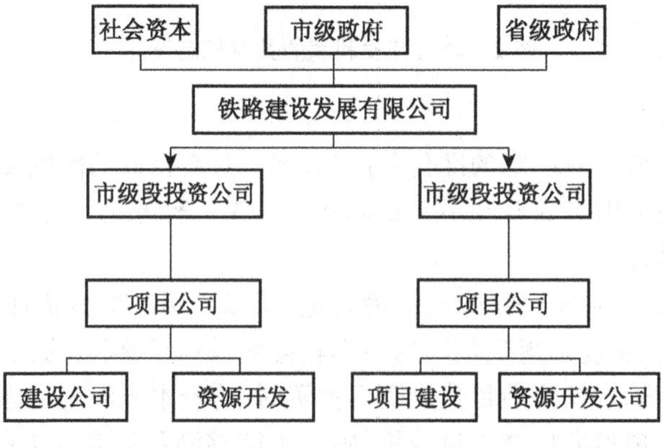

图 4　运作机制的组织结构

（二）铁路建设投融资模式实施方案

1. 模式设计构想

从铁路交通建设所形成的投入产出关系分析，铁路交通产出效益主要分为两大类：一是线路与设备等基础设施；二是附属资源及增值效益。前者属公共基础设施的范畴，而后者则是正外部性效益，按科学合理的原则将其内部化方式与投融资相结合，构建一种新的模式，在政策保证的前提下，实现资源配置优化目标。形成铁路建设投融资体制、经营与发展的良性循环。据此分析，具体模式设计如图 5 所示。

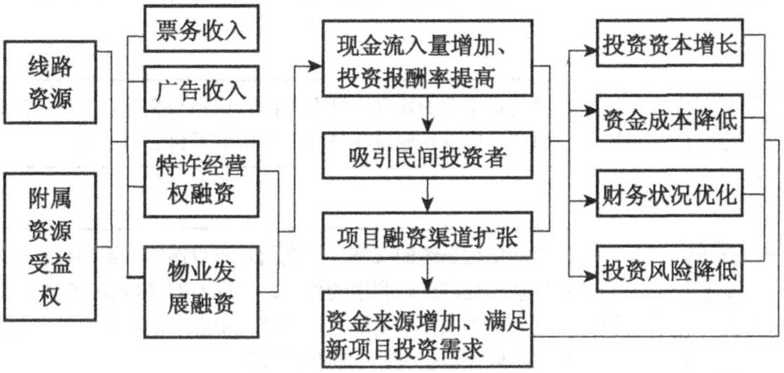

图 5　基于可持续发展的投融资模式

2. 铁路增值能力实现方案

（1）构建有效的铁路项目建设土地储备的运作机制。土地储备与综合开发效益的实现，必须要有一套行之有效的运作模式，以保证以土地储备形式转变项目投资中的资金不平衡问题，达到项目建设的现金平衡、项目综合效益最大、规划设计最优、资源配置最佳、政府、项目投资主体与区域开发多方互利之目标。

从铁路交通建设主体、政府与相关利益各方关系分析，其运作模式如图 6 所示。

（2）明确以投资主体为土地储备的权益主体，是实现交通基础设施的规划引导效应与规划设计的聚集效应，提高土地利用价值的基础。

土地储备运作机制的一个核心问题在于：权益主体的确立。没有一个明确的权益主体，或多头权益主体，都无法实现土地资源的充分有效利用。

建立以铁路投资主体为土地储备机制的权益主体，其最显著的优势在于可以实现规划效应，提高土地的利用效果，避免了多头规划的资源重新整合问题，降低了资源的交易成本。同时，以铁路投资主体作为土地储备的权益主体，还可以实现交通对“经营城市”的规划引导效应与聚集效应。

这一运作模式在日本轨道交通与城市规划一体化实施程序中得到了广泛应用，其效果已得到了充分证明。在我国，长沙市宁乡大道建设项目招标书中明确规定“出让道路两厢各 60 米宽土地使用权作为回报”。深圳市在 2001 年 7 月 22 日发布的第 101 号政府令

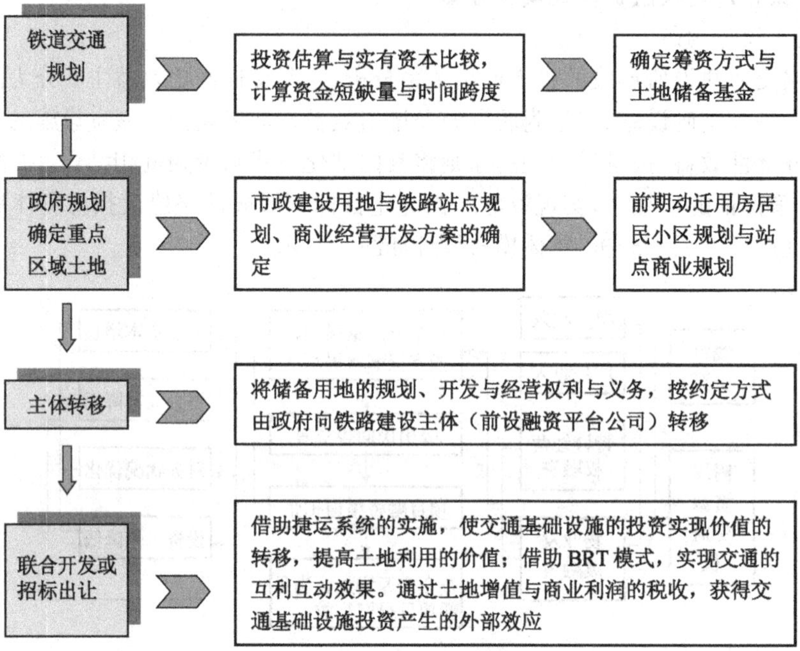

图6　利益相关方运作机制构想

就明确规定："地铁公司根据规划地政管理的有关规定组织编制地铁沿线特定区域的土地综合开发利用规划。"

(3) 锁定基价、滚动开发是实现项目建设的投资平衡与资金良性循环的前提。铁路沿线与车站周边的土地增值是因为可达性提高，房地产得到的利益机制是获得交通设施投资产生的价值转移的一部分。根据国务院办公厅[2003]81号文"城轨交通沿线土地增值的政府收益，应主要用于城轨交通项目的建设"精神，地方铁路投资建设可借鉴此政策，对土地储备受益主体转移过程中，其转移定价方式的选择应采用锁定基价的形式，将交通的外部效益部分内部化，并逐步形成铁路建设投融资体制、经营与还贷的良性循环机制。

基价的确定方法，可借鉴深圳地铁建设融资模式的经验。一般应采用未建铁路交通时的区域平均地价。如《深圳市地下铁道建设管理暂行规定》的第六章第三十九条就规定，综合开发的土地地价，按未建地铁时的地价核定出让给地铁公司开发。综合开发的土地地价款，按先开发后上缴原则，根据开发进度分期缴纳。

滚动开发，则包括两方面的含义：时间滚动与资金滚动。

时间滚动：从土地储备分析，主要是利用土地资源，进行前期资金转换，解决沿线动迁资金不足问题；或利用置换资金，先期开发动迁用房，实现快速动迁。如图7所示。

资金滚动：建立滚动开发资金池，通过投资、开发、置换、投资循环系统，实现投资资金的平衡与投资的良性循环。如图8所示。

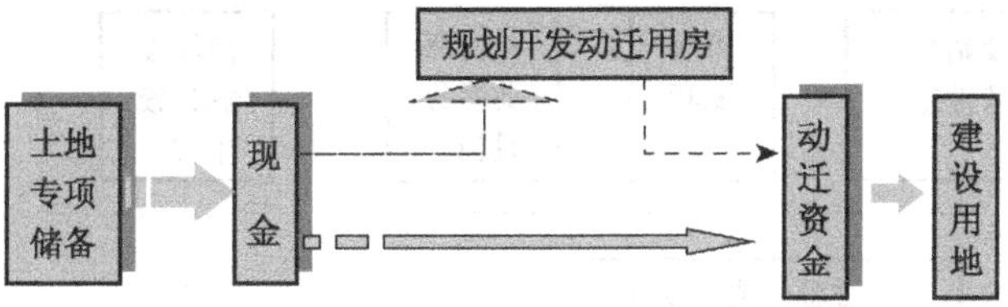

图 7 时间流动效应

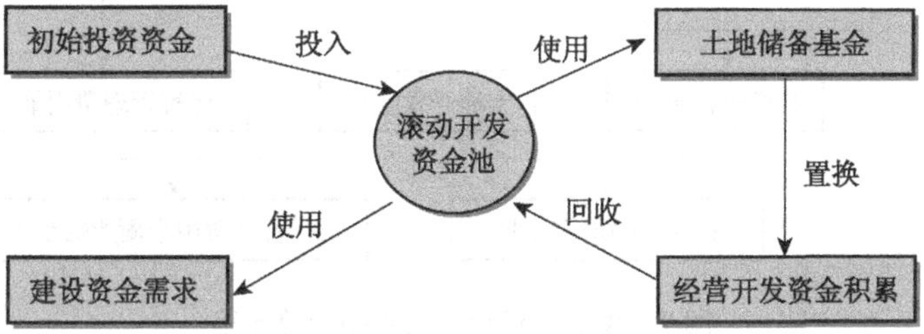

图 8 资金流动效应

(4) 车站空间的开发利用与周边物业管理权的有机结合,是实现交通站点的资源优化配置的有效方式。车站空间开发利用与周边物业管理权的有机结合,是国外的城市轨道交通建设项目投融资方式与经营的通行做法。这种以线路车站、车辆段和换乘设施等用地的地下、地上或邻近区域,建设方与其他单位或机构投资建设商业建筑的方式,在国外通常称为联合开发(Joint Development),如中国香港地铁通过在 18 处车站物业开发筹集了建设资金的 30%;美国新一代的地铁系统:华盛顿的 Metrorai 和亚特兰大的 MARTA 地铁系统采用联合开发模式,增加地铁公司的收入和增加客源。这些都是较为著名的联合开发成功的案例。在我国的台湾也作过这样的规划。

联合开发是交通与土地利用结合的规划,也是筹资的重要渠道。政府通过土地增值和利润的税收获取收益,项目公司通过土地储备专有权获取建设资金,是一种政府、项目投资主体、商业开发者三赢模式。而这种模式实现的关键在于空间与周边物业管理权的有机结合。

实际上,在我国国内,《深圳市地下铁道建设管理暂行规定》的第六章"地铁沿线土地综合开发"已从政策法规上作出了明确的规定。

3. 具体投资及运行费用平衡计算流程

根据线路特征与周边土地资源状况的调查分析,搞清沿线可供开发的地块情况,按照不同的区域特点及土地现状,本着求真务实的思想,针对因建设资金不足所形成的巨额资金缺口,我们设计利用综合开发方式以弥补建设资金缺口的几种方案。具体流程如图 9 所示。

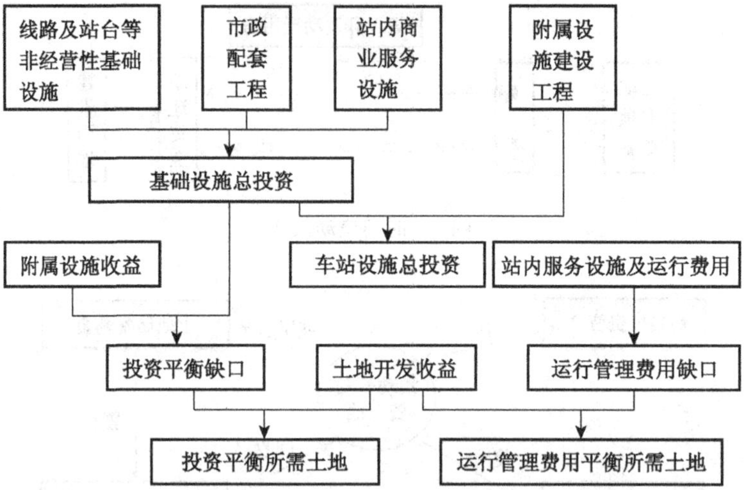

图 9　投资及运行费用平衡计算流程

四、结论

(1) 如果没有政策支持,地方铁路公司投资回报率低,对社会资本吸引力不足,从而可能导致融资渠道单一所带来的资金偿还力问题。未来经营中可能需要依靠短期借款支付所贷长期资金的利息费用,将难以扩大再生产。

(2) 地方铁路建设投融资体制与项目投资平衡的关系的研究应以资源优化与效益最大化为基础。

(3) 铁路建设投资额大,回收期长,投资报酬率不高,是一个不争的事实,以项目本身进行融资,吸引力不大。项目若想多元化筹资,必须要有政策的支持。

(4) 通过土地储备机制的建立与综合开发,实现投资平衡与未来经营的良性循环机制。

(5) 综合开发的效用发挥,取决于铁路建设所带来的增值效益,通过综合开发,把这些增值效益补贴于铁路线路的建设,并以此加快铁路交通延伸的进程,实现交通延伸的边际效益。在具体实施中,按不同区域的特点,可以采用不同的开发模式。

(6) 应区分不同使用对象选择不同融资方式。

(7) 在中长期经营模式的选择上应借鉴中国香港地铁与日本城际铁路模式,采用市场化的经营管理。

案例分析提示与探讨

1. 分析思路

(1) 从案例设计方案中理解项目性质与融资设计的要素关系。

(2) 以铁路建设与运营的特点为核心分析融资方案设计的差异。

(3) 以投资管理中涉及的相关经济与法律问题为对象进行项目融资方案选择与评价。

2. 理论依据

(1) 分析技术以金融产品的性质为基础,从不同的维度进行项目融资渠道与方式的讨论。

(2) 以经济理论和外部效应理论为基础,对铁路项目融资设计思路进行讨论。

(3) 以项目效益传导理论分析投资保障体系的重要性。

3. 启发性思考题

(1) 如何根据铁路项目的特殊性设计出可持续发展的投融资体制。

(2) 根据外部效应理论,分析目前我国城际铁路项目建设中的资金来源与财务保障体系中存在的问题。

(3) 利用空间效应理论分析城际铁路项目融资与投资机理及其对区域经济发展的影响。

【案例 14】

企业投资空壳公司风险控制的工具——或有对价

一、引言

或有对价就是收购方与出让方在达成并购(或者融资)协议时,对于未来不确定的情况进行一种约定。如果约定的条件出现,投资方可以行使一种权利;如果约定的条件不出现,融资方则行使一种权利。

或有对价的实质就是一种期权。目前,国内已有文献,通过案例对或有对价进行研究。

米咏梅(2009),提出或有对价具有激励和分担风险的作用,但同时由企业和投资方签订或有对价协议时,对风险评估的水平不对称,通常会设定不能达到的或有对价,最终牺牲企业的长期发展能力。

吕剑锋(2012)提出,可以通过公司治理、强化外部监控来完善或有对价机制,提升其在资本市场中的实践作用。

二、案例概述

华谊兄弟收购浙江常升的案例,就是或有对价作为企业投资空壳公司风险控制的工具的典型。在这场收购中,或有对价具有分担风险的功效,并能推动交易的发生。

华谊兄弟 2013 年 9 月 2 日公告,全资子公司浙江华谊兄弟影业投资有限公司拟收购张国立旗下的浙江常升影视制作有限公司 70%的股权。

公告显示,浙江常升法定代表人为张国立,注册资本 1 000 万元。浙江常升的股权结构为:南京弘立星恒文化传播有限公司持有浙江常升 90%的股权,南京嘉木文化传播有限公司持有浙江常升 10%的股权。截至公告日,浙江常升未经审计的财务数据为:资产总额为 1 000.303 0 万元,负债总额为人民币 0。

在此次并购中,华谊兄弟全资子公司浙江华谊兄弟影业投资有限公司拟以 2.52 亿元,收购常升影视 70%股权。其中弘立星恒持有的 60%股权对应的转让价款为 2.16 亿元,嘉木文化持有的 10%股权对应的转让价款为 3 600 万元。与此同时,弘立星恒将以转让款中的1.52亿元用于购买王中军和王中磊所持有的华谊兄弟股份，并约定购买的股票锁定3年。每年解锁的华谊兄弟股票数量不超过总额的1/3。

本次投资完成后，浙江常升的董事会由三位董事组成，其中弘立星恒有权委派一名董事，浙江华谊有权委派两名董事，董事长由浙江华谊委派的董事担任，董事长为目标公司的法定代表人。

该交易关系表现如图1所示。

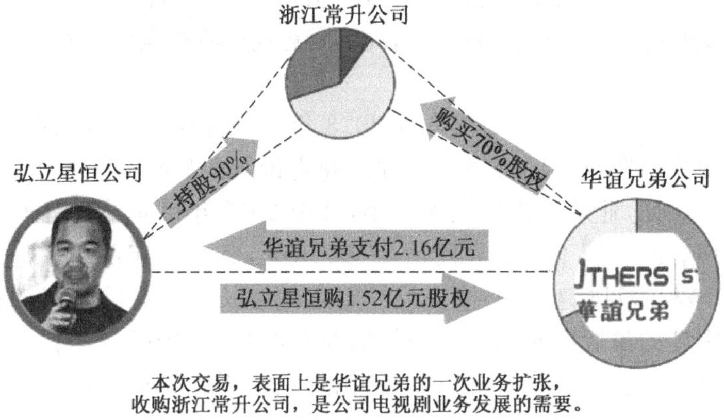

图1 华谊兄弟收购浙江常升交易关系图

华谊兄弟收购控股浙江常升影视制作有限公司的并购议案获股东大会现场投票通过，赞成票比例为84%。但有意思的是，现场投票的14人总计699万股，仅占公司股份总数的0.58%。

本案例综合整理媒体新闻，对市场上对于此项交易的推测做了一个完整的梳理。从整体来看，市场对于其反应主要为：华谊兄弟向张国立输送利益。

在华谊兄弟的业务体系中，电视剧是一个短板。2013年中报显示，华谊兄弟上半年实现收入7.48亿元，其中电视剧仅贡献收入8 655万元，而且电视剧业务收入还同比下降37.06%。为了将其打造成综合性传媒集团，收购常升是为加强华谊兄弟在电视剧版块的影响力。

华谊兄弟称，本次收购是出于加强电视剧业务发展的需要，将有利于公司提高电视剧制作、发行的能力，对公司在电视剧业务发展方面产生积极的作用和影响。

专门为华谊兄弟收购张国立而成立的“空壳”公司——浙江常升，是媒体关注焦点。有记者曾去到浙江横店实地探访，果不出所料，浙江常升无人又无牌。

浙江常升影视制作有限公司的股东结构为：弘立星恒持有90%股权，嘉木文化持有10%股权。而弘立星恒公司是影视演员张国立的独资公司。此次并购意味着张国立4个月前出资的600万元增值了36倍。虽然根据双方签订的收购协议，张国立还将拿出1.52亿元的收购资金购买王忠军和王忠磊所持有的华谊兄弟股票并锁定3年，但其仍可拿到实实在在的 6 400 万元的资金，这较其 4 个月前的出资 600 万元也增值了 10 倍，而且还可拿到 300 万股以上的华谊兄弟股票，张国立通过这笔收购所获得的暴利是不言而喻的，这样的暴利除了利益输送之外，通过其他的任何合法投资在正常情况下都是不可能得到的。

三、案例分析

从媒体的分析来看，对公司、公司的其他股东和小股民而言没有任何好处，那为什么董事会其他的股东能在王氏兄弟回避的情况下同意这桩收购案？又有什么机制保护了这些股东的权益呢？

据悉，本次收购综合考虑了浙江常升 2013 年之预计净利润及张国立的品牌效应，按照正常商业交易情况及市场价格经双方协商定价，交易价格公允。弘立星恒及张国立在补充公告中保证，业绩承诺期限为 5 年，其中 2013 年度承诺的净利润目标为浙江常升经审计的税后净利润不低于人民币 3 000 万元，其余几年的税后净利润目标将在 2013 年承诺的净利润目标基础上按协议约定比例增长。在业绩承诺期内的某个年度浙江常升经过审计的税后净利润低于当年的净利润目标，则弘立星恒及张国立同意以现金方式向浙江华谊补足，以保证浙江华谊当年从浙江常升取得的利润分红与从弘立星恒及张国立取得的现金补偿之和不低于“当年浙江常升预期应完成的净利润目标×70%”。

从上述补充公告来看，公司业绩及随之产生的净利润就是浙江常升给予华谊兄弟众股东的或有对价。

（一）财务分析

基于上述，我们可以获悉华谊兄弟收购浙江常升是“有利可图”的。那么并购后，浙江常升究竟会对华谊兄弟的财务状况、经营成果和现金流量会有怎样的影响呢？财报的数据表现又是否与众股东们的预计一致呢？

1. 年报涉及的或披露的相关信息

（1）关于投资状况。非募集资金投资的重大项目情况：报告期内，公司之全资子公司浙江华谊兄弟影业投资有限公司于 2013 年 9 月 2 日与南京弘立星恒文化传播有限公司、张国立、南京嘉木文化传播有限公司签署了投资合作协议，并于 2013 年 9 月 30 日签署补充协议，浙江华谊兄弟影业投资有限公司以人民币 2.52 亿元的股权转让价款收购南京弘立星恒文化传播有限公司、南京嘉木文化传播有限公司合计持有的浙江常升影视制作有限公司 70%的股权，自上述收购完成后，浙江华谊兄弟影业投资有限公司持有浙江常升影视制作有限公司 70%的股权。有利于公司提高电视剧制作、发行的能力，对公司在电视剧业务发展方面产生积极的作用和影响，能够有效地提高公司的收益，提高公司的核心竞争力。

（2）关于核心竞争优势。2013 年度公司的核心竞争力没有发生重大变化。公司的核心竞争优势是对影视、文化资源强大的整合能力。公司目前已经培养和聚集了一批优秀的影视业人才，打造了较为完善的集影视业及艺人经纪业为一体的产业链，积累了一批长期稳定的战略合作伙伴，从而确立了公司在产业链完整性、运营机制完善性、“华谊兄弟”企业品牌、专业人才的培养和储备以及合作伙伴资源丰富性等方面的全方位竞争优势，进一步引领了金牌制片人、大牌导演和知名演员等重要影视、文化资源在公司平台上与公司业务的高效结合，从而构成了公司整合影视、文化资源的核心竞争能力。

专业人才的优势：公司目前业已建立了包括王忠军、王忠磊、冯小刚、张国立、顾长卫等在内的一批优秀的影视业经营管理和创作人才队伍，同时拥有国内最强大的签约艺人队伍，这构成了公司突出的人才优势，也是公司的核心竞争力之一。

2. 年报会计/财务相关数据受事件影响

(1) 资产结构发生变化。

表 1　　华谊兄弟公司 2013 年较 2012 年资产结构变化情况表　　金额单位：元

项　目	2013 年		2012 年		金额增减变动比
	本期数	资产比重	本期数	资产比重	
长期股权投资	877 909 185.95	12%	385 995 099.07	9%	127%
商誉	353 569 777.77	5%	32 694 922.45	1%	981%

（数据来自华谊兄弟 2013 年年报合并资产负债表。）

从表 1 可以看出，报告期末，公司长期股权投资较报告期初相比增加 127.44%，主要是因为公司对外投资增加所致。

报告期末，公司商誉较报告期初相比增长 981.42%，是因为公司在 2013 年收购浙江常升影视制作有限公司和天津滨海新区华谊启明东方暖公关顾问有限责任公司所形成的商誉。

由于这笔交易被确定为非同一控制下企业合并，根据会计准则规定，应采用购买法进行长期股权投资的确认，对价超过被并企业公允价值部分应确认为商誉。表 2 为报表所披露出的商誉计算方法，表 3、表 4 为商誉的计算过程。

表 2　　报表所披露出的商誉情况　　金额单位：元

被购买方	商誉金额	商誉计算方法	购买日
浙江常升影视制作有限公司	244 994 038.11	合并成本减去合并中取得的被购买方于购买日可辨认净资产公允价值份额的差额确认为商誉，具体计算如附注六、5(1)及附注六、5(2)所述。	2013 年 11 月 27 日
天津滨海新区华谊启明东方暖公关顾问有限责任公司	75 880 817.21		2013 年 10 月 31 日

表 3　　收购浙江常升的商誉的计算过程　　单位:元

项目	购买日公允价值	购买日账面价值	上年年末账面价值
现金及现金等价物	1 248 516.98	1 248 516.98	—
预付款项	8 760 000.00	8 760 000.00	—
净资产	10 008 516.98	10 008 516.98	—
减:少数股东权益	3 002 555.09	3 002 555.09	—
取得的净资产	7 005 961.89	7 005 961.89	—
以现金支付的对价	208 000 000.00	—	—
减:取得的被收购子公司的现金及现金等价物	1 248 516.98	—	—
取得子公司支付的现金净额	206 751 483.02	—	—

表 4　　合并成本及商誉的确定情况　　单位:元

项　目	金　额
合并成本:	
支付的现金	252 000 000.00
合并成本合计	252 000 000.00
减:取得的可辨认净资产的公允价值	7 005 961.89
商誉	244 994 038.11

(2) 商誉大增,短期偿债能力下降(见表 5)。此次收购交易使得 2013 报表中的商誉大增,商誉的性质更接近于虚资产,并不是有形的、企业可以直接动用的资产,并且导致财务指标的短期偿债能力降低,主要由流动资产中因支付 2 亿多元现金作为对价而减少造成。而增加的长期股权投资、商誉皆为不可立即变现的非流动资产。

主要短期偿债能力指标计算如下:

流动比率 = 流动资产 ÷ 流动负债

速动比率 = 速动资产 ÷ 流动负债 = (流动资产 − 存货) ÷ 流动负债

资产负债率 = 负债总额 ÷ 资产总额

表 5　　合并前后华谊兄弟公司的短期偿债能力情况

财务指标	2013 年	2012 年	2013 年比 2012 年同比增长	2011 年
流动比率(倍)	1.51	1.72	−12.21%	2.52
速动比率(倍)	1.26	1.29	−2.33%	1.80
资产负债率	45%	49%	—	30.68%

报告期内,公司流动比率和速动比率分别较上年同期相比下降 12.21%、2.33%。

公司资产负债率较上年同期相比下降3.53个百分点，基本与上年同期持平。

3. 浙江常升在收购后的表现尚可观

浙江常升在众多华谊收购的子公司中是属于经营比较好的（见表6）。

表6　　华谊兄弟收购的子公司2013年的基本财务情况　　金融单位：元

名　称	年末净资产	本年净利润	ROE
华谊兄弟沈阳影院管理有限公司	4 464 574.09	−5 535 425.91	−124%
华谊兄弟（天津）互动娱乐有限公司	107 691 281.39	7 691 281.39	7%
华谊兄弟（天津）品牌管理有限公司	29 999 718.54	−281.46	0
浙江常升影视制作有限公司	41 171 069.90	31 162 552.92	76%
天津滨海新区华谊启明东方暖公关顾问有限责任公司	1 095 917.26	−53 061.22	−5%
华谊兄弟铜陵影院管理有限公司	10 000 000.00		

注：浙江常升影视制作有限公司为本年非同一控制下企业合并取得的孙公司，其本年净利润为该公司自购买日起至本年年末止期间的净利润

浙江常升自购买日至当年年末止期间的收入、净利润和现金流量列示如表7所示。

表7　　浙江常升自购买日至当年年末止期间的主要财务指标　　金融单位：元

项　目	金　额
营业收入	89 500 000.08
净利润	31 162 552.92
经营活动现金流量	40 430 269.21
现金流量净额	40 430 269.21

（二）财务评价

利用净现值法分析公司投资价值，净现值法的计算公式如下：

$$NPV = \sum_{k=1}^{t} \frac{CK_k}{(1+i)^k} + \frac{CF_t}{(1+i)^t} - CF_0$$

利用 NPV 模型分析这项投资的价值，需要确定两个因素，即现金流量和折现率。

首先讨论折现率，我们可以使用华谊兄弟的 *ROA* 或者 *ROE* 来作为折现率。目标公司为完全去杠杆公司，其公司的资本成本即权益资本成本，而其权益由华谊兄弟母公司提供，可采用 *ROE* 或者 *ROA* 进行折现。*ROE* 基于的假设则为，这笔现金流留在华谊能够获得相同的边际收益，而实际而言，边际收益将会递减。而 *ROA* 则从股东角度出发，如果投资回报率低于 *ROA*，则通过杠杆调整后，对华谊的 *ROE* 也会产生影响，则股东不会投资。*ROA* 与 *ROE* 数据通过 *CSMAR* 数据库获得。

其次讨论现金流，现金流分成三部分，期初现金流、过程中产生的经营性现金流和期末的残值。

期初的现金流很容易确定，即投资金额为2.5亿元。经营性现金流，我们保守起见，选择采用保底利润(即或有对价提供的数据为准)，每年利润会有一定幅度的增加。

而残值则可有两种假设：即在5年之后，华谊可以相同或其他的市盈率抛掉；或者可以认为是6年后无利润增长要求的现金流是一个永续年金，利用永续年金的方式折现。

所以，投资的公司价值受三部分影响，即折现率的选择，利润的增幅，以及残值的假设。

我们利用增长率增长应当在20%及以上，因为当年的利润是并购日至报表日之间的利润，且按照生命周期理论的话，该企业应处于高速发展期。我们通过EXCEL表格进行敏感性分析，得到的*NPV*基本为正，可认为目标公司具有投资价值。

按照净利润增长率=20%，折现率=11.86%(选取*ROA*为折现率)，市盈率=12进行测算，相应的计算过程和计算结果如表8、表9所示。

表8　　5年后抛售模型的*NPV*　　单位:万元

时　间	现　金　流
期初	−25 000
第一年	2 100
第二年	2 520
第三年	3 024
第四年	3 629
第五年	4 355
第六年	62 706
NPV	15 970

表9　　永续持有模型的*NPV*　　单位:万元

时　间	现　金　流
期初	−25 000
第一年	2 100
第二年	2 520
第三年	3 024
第四年	3 629
第五年	4 355
第六年	36 716
NPV	4 110

(三) 现实分析

通过财务分析,我们可以看到并购发生1年内,浙江常升对华谊的财务状况、经营成果、现金流量都有较正面的影响。基于上述结论,我们对华谊的其他股东的动机作进一步分析。

1. 实务背景

华谊入主浙江常升影视制作有限公司,华谊是冲着自己的短板而去的。电影的风险性实在太高,尽管华谊是中国电影界的老大,但照样可能在《一九四二》这样的项目上栽跟头,要降低自己的运营风险,就必须在一些更为安全的业务上加码。电影是典型的ToC业务,直接面对终端消费者,而且售卖周期只有两三周,风险完全压在制片方身上,电视剧则是ToB业务,制片方卖给电视台,电视台再引入广告商,风险其实是多方共担,如果制片方足够强势,甚至可以预售,片子还没拍完,成本就回来了。

从历史数据来看,电影的毛利率高,而电视剧行业的毛利则相对较低。以2013年为例,华谊兄弟电影的毛利率达到122%,而电视剧只有85%。

2. 华谊其他股东分析

对于华谊的其他股东而言,他们更看重长期的利益。

根据财务管理理论,总风险=系统性风险+非系统性风险。系统风险反映了大范围经济事件暴露出的危险,不能通过多样化经营来消除。而非系统性风险则反映投资中的具体危险事件,可以通过多样化经营来消除。

华谊兄弟的业绩固然好,但是主营业务也是压在电影上的,如何分担风险是他们考虑的问题。同时,对他们而言,华谊公司的现金在他们手中并不是什么好事,等来的只能是货币的贬值,他们在等一个机会,一个长期获利的机会,一个能让资本保值增值的机会。

股票显然不是他们想要的。而浙江常升的业绩,通过前文的分析,具有良好的获利机会,是一个值得考虑的交易对象。

3. 或有对价的运用

通过上文的分析来看,浙江常升的业绩具有良好的获利机会。但是,根据对目标公司的估值方式和其他文献结论来看,浙江常升的业绩也存在一定的不确定性,其他大股东能同意这样的交易吗?

为了促使其他大股东同意这笔交易,一个或有对价,也就是一个给其他大股东的期权,部分成本由张国立方面承担,从而转移了浙江常升的经营风险。

由于浙江常升所处的特殊的生命周期,决定了很多资产评估方式无法在其身上运用。尤其是资产价值法和收益法。

市盈率法是收益法和现金流折现法的结合,在这个案例中,由于缺少历史数据,所以市盈率法的估值方式显然是不合理。

因此,应当采用期权方式来进行估值,但是目前而言,期权定价的理论虽然已经完善,但是实践中还没有这样的案例。

而本案例就是一个成功的案例,通过或有对价的方式,使目标公司的定价方式更加合理，进而推动了交易的发生。

通过华谊实务背景及股东利益的分析，我们也解决了在案例概述中所提出的问题，为什么其他股东愿意在王中军和王中磊回避的情况下，依然同意了这样的一起并购案，因为他们也是这起并购案的受益者。

4. 并购后表现

收购浙江常升后，1年内对华谊的影视事业拓展、公司财务表现都起到了推波助澜的作用。这也和股东们的预计不谋而合。那么在并购1年之后浙江常升的表现是否依旧如此呢？

2015年10月21日（年报日期），华谊兄弟发布2014年年报，公布了浙江常升在2014年的营运状况。我们可以发现浙江常升在众多华谊收购的子公司中是属于经营比较好的。相关数据如表10至表12所示。

表10　华谊兄弟公司收购的子公司2014年的基本财务情况　金额单位：元

名称	年末净资产	本年净利润	*ROE*
华谊兄弟时尚（上海）文化传媒有限公司	9 483 952.77	1 320 028.07	14%
华谊兄弟（天津）实景娱乐有限公司	512 628 086.85	10 240 005.20	2%
北京华谊兄弟新媒体技术有限公司	141 125 267.68	30 434 799.67	22%
浙江常升影视制作有限公司	222 463 269.09	34 302 333.30	15%
天津滨海新区华谊启明东方暖公关顾问有限责任公司	11 896 399.37	8 037 387.36	68%
深圳市华宇讯科技有限公司	141 831 629.63	−2 684 113.67	−2%

注：浙江常升影视制作有限公司为本年非同一控制下企业合并取得的孙公司，其本年净利润为该公司自购买日起至本年年末止期间的净利润。

表11　浙江常升自购买日至2014年年末期间内的主要财务指标　单位：元

项　目	金　额
营业收入	111 403 498.73
净利润	34 302 333.30
经营活动现金流量	33 528 343.04
现金流量净额	33 528 343.04

表12　浙江常升2014年投放电视剧的收视情况

序号	作品名称	发行许可证	共有人或其他第三方权利限制	播放平台	收视率情况
1	《离婚律师》	（沪）剧审字（2014）第016号	上海耀客文化传媒有限公司 浙江常升影视制作有限公司（署名权） 其他投资方或出品方（若有）	首播浙江卫视、江苏卫视、天津卫视、深圳卫视、北京卫视播出	CSM34城省级卫视黄金档最高收视率1.547（天津卫视） 全国同时段电视剧收视排行第一

（续表）

序号	作品名称	发行许可证	共有人或其他第三方权利限制	播放平台	收视率情况
2	《和平的全盛时代》	(京)剧审字(2014)第030号	北京鑫宝源影视投资有限公司 浙江常升影视制作有限公司(署名权) 其他投资方或出品方(若有)	首播河北卫视、天津卫视、安徽卫视、广西卫视	CSM50最高收视率0.654(天津卫视首播)
3	《马向阳下乡》	(鲁)剧审字(2014)第004号	山东电影电视剧制作中心 浙江常升影视制作有限公司 其他投资方或出品方(若有)	CCTV-1综合频道	CSM50最高收视率2.075 全国同时段电视剧收视排行第二
4	《半路父子》	(沪)剧审字(2014)第029号	上海银润传媒广告有限公司 浙江常升影视制作有限公司 其他投资方或出品方(若有)	首播东方卫视、安徽卫视、深圳卫视、浙江卫视、河北卫视	CSM50最高收视率0.882(上海东方卫视)

四、结论

从本案例来看，华谊公司的董事层，很好地利用了或有对价这个工具，保证了公司良好的成长性与盈利能力。在该交易中，或有对价的成本由张国立方面承担，从而转移了浙江常升的经营风险，推动了交易的达成。在并购后，浙江常升经营表现尚佳，这对华谊兄弟的影视事业发展、财务表现都有了正向的推动。

由此可见，华谊兄弟众股东的决策无疑是富有前瞻性的、正确的：或有对价确实具有分担风险的作用，可以保护投资者的利益，进而消除交易未来的不确定性。

案例分析提示与探讨

1. 分析思路

(1) 以公司投资决策的目标为分析切入点。

(2) 以企业战略目标导向为核心进行公司财务战略政策选择分析。

(3) 以我国上市公司收购中出现的现象，对照公司财务决策机制进行效果评价。

2. 理论依据

(1) 以企业发展战略管理理论的应用为基础，从多个维度进行公司收购兼并策略的讨论。

(2) 以政策工具应用理论为基础，进行公司并购目标企业选择进行的讨论。

3. 启发性思考题

(1) 通过华谊收购案，说明上市公司并购策略选择对公司财务的影响。

(2) 决定公司并购目标选择的影响因素。

(3) 对华谊公司并购对象选择与工具应用方式进行评价。

(4) 华谊将或有对价作为企业投资空壳公司风险控制工具对你有何启示？

【案例 15】

投资还是豪赌——24 万手期权价值归零

一、引言

2019 年 3 月 27 日是 3 月 50ETF 期权的到期日，3 月 26 日，标的 50ETF 的价格为 2.692，"50ETF 购 3 月 3000"期权要想行权需要标的涨至 3.0，即 3 月 27 日 50ETF 要涨 11.44%，显然不可能。所以"50ETF 购 3 月 3000"期权已提前被宣判死刑，价格暴跌 80%，变成 0.000 1，等待到期日来临后就正式归零。至此，市场关注度最高、持仓量最大的"50ETF 购 3 月 3000"期权，随着时间价值的消耗殆尽，高达 24.41 万手持仓实质上已经全部归零。

二、背景介绍

2019 年 2 月 25 日，"50ETF 购 2 月 2800"期权合约的价格暴涨超过 192 倍，由开盘时的 0.000 6 元/份飙升至 0.058 1 元/份，也就是说，如果在 2019 年 2 月 22 日收盘前买入 1 万元"50ETF 购 2 月 2800"期权合约，仅仅 3 天之后就能赚到 190 万，如此的暴富神话真的成为了现实。

"50ETF 购 2 月 2800"期权合约到底是个什么合约呢？它其实就是一种期权合约。期权合约指期权的购买方在特定时间内以特定价格买卖一定数量交易品种的权利。期权合约的买入者为拥有这种权利需要向卖出者支付一定的费用，也就是所谓的期权费。期权可以分为认购期权和认沽期权。认购期权，也被称为看涨期权，顾名思义，认购期权代表着该期权的买方享有在到期日以约定价格买入标的资产的权利。与认购期权相对的是认沽期权，也就是看跌期权，投资者享有可以以约定价格卖出其标的资产的权利。所以"50ETF 购 2 月 2800"期权实际上就是一种以在上交所上市的 50ETF 为资产标的，期权购买方可以在到期日 2 月 27 日以 2.8 的价格购入 50ETF 的权利。

2019 年 2 月 25 日，上证 50 非常小概率地单日大涨了 6.28%，带动上证 50ETF 价格从 2.645 元/份一路飙涨至 2.816 元/份，超过了"50ETF 购 2 月 2800"合约中 2.8 元/份的行权价，该合约从一个虚值期权（行权价高于现货价）变为实值期权（行权价低于现货价)。收盘时“内在价值(指假如期权立即行权时该期权合约的价值)”从零变为了0.016元/份(2.816元/份—2.8元/份),“时间价值(指期权合约的购买者为购买期权而支付的权利金超过期权内在价值的那部分价值)”更是激增至0.042 1元/份(0.058 1元/份—0.016元/份),造就了2月25日“50ETF购2月2800”合约价格的暴涨！一天后,也就是2月26日,3月的“50ETF购3月3000”合约也正式诞生。

受“50ETF购2月2800”期权一日暴涨192倍的创富神话的影响,2019年3月以来,50ETF期权的持仓量开始连续创出新高。3月1日,50ETF期权的持仓量为229.49万张;3月7日,50ETF期权持仓量突破去年创下的262万张的历史高点,达到282.11万张,此后的3个交易日,持仓量连续创新高。3月13日,50ETF期权持仓量则首次突破300万张大关,达到305.83万张。

其实,3月8日,上交所就发布了“关于提示50ETF购3月3000期权合约交易风险的公告”,公告称,“50ETF购3月3000”期权合约交易量、持仓量较大,价格波动较大。合约虚值程度较高,其最后交易日、行权日、到期日为2019年3月27日,存在时间价值随着临近到期日加速衰减的风险。“50ETF购3月3000合约”实际上是一个深度虚值的看涨合约,风险很高,但是,市场的投机情绪高涨,这样的一份合约居然成了市场上的主力合约。3月4日,50ETF盘中一度触及2.897,购3000合约的权利金也一度飙升至915元。随后几日,持仓量一路飙升至最高44万手。截至14日收盘,有高达37.78万张持仓均押注在该合约上。而14日距离3月期权到期日仅有9个交易日,其时间价值也面临着加速衰减的风险,这意味着37.78万张持仓、高达2 531万元的权利金有全部归0的风险。

押注深度虚值期权等暴涨,居然成为3月份不少期权投资者的信仰！

然而,一朝暴富的神话没有重现,3月26日,标的50ETF的价格仅为2.692,3月27日50ETF的价格涨到3.0以上已无可能,“50ETF购3月3000”期权价格暴跌80%,变成0.000 1,待第二天正式归零,投资者投入的资金实质上全部化为乌有。

三、案例分析

为何会出现2019年2月25日“50ETF购2月2800”期权合约暴涨192倍的情况呢?这里涉及一个期权“末日轮”的概念,“末日轮”又叫末日期权:指即将到期的期权,可以理解为合约到期日前10天之后的时间行情都可以统称末日期权,最后两三个交易日表现的尤其明显,其中虚值合约表现出其高杠杆特性,波动较大,是投资期权末日轮爱好者的选择。历史数据显示合约末日轮行情几乎都会出现当天涨幅1 000%以上的波动,投资者可以少量资金适当参与,把握真正做到以小博大的机会。但同时当月期权合约即将到期,其时间价值将很快归零,未变成实值期权的合约也将成为废纸一张。所以,参与“末日轮”交易具有非常高的风险。而“50ETF购2月2800”这份合约就属于末日期权,碰巧在2月25日发生了暴涨192倍的罕见情形,但是,从概率的角度说,这实在不是一个可以值得期许的结果。

2019 年 3 月以来，50ETF 的价格基本一直在 2.66～2.80 的区间内波动，距离“50ETF 购 3 月 3000”的行权价 3.0 一直存在较大的差距(见图 1)，这就意味着在最后的几个交易日里，只有 50ETF 的价格连续大涨，“50ETF 购 3 月 3000”才会有所收益，然而随着时间迫近行权日 3 月 27 日，50ETF 的价格仍然徘徊在 2.7 左右，“50ETF 购 3 月 3000”的风险日益凸显，但是，直至 3 月 26 日收盘，“50ETF 购 3 月 3000”的持仓仍然高达 24.41 万手，投资者的无知(已经不仅仅是侥幸心理)不禁让人唏嘘。

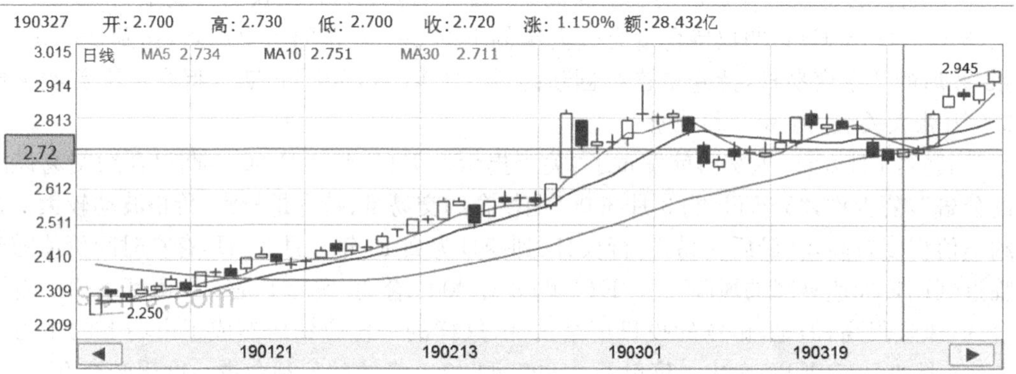

图 1 50ETF 价格走势图

是暴富 192 倍的神话让投资人冲昏了头脑，还是这些投资人本身就缺乏期权的投资知识，根本不具备投资期权的能力？这也许只有投资者自己能说的清楚了。

四、结论

风险与收益的权衡是投资中永远的命题。由于期权的特点，虚值期权的“末日轮”可能出现暴涨的可能性，但是从概率的角度说，这种暴涨是可遇不可求的，而抓到这种机会的概率更是微乎其微，将投资的盈利预期建立在这种极小概率可能性的基础上是非常不科学的。24.41 万手“50ETF 购 3 月 3000”期权价值全部归零是给投资者上的生动一课。投资者介入某一投资工具时要事先对投资工具有充分的理解，并且知道如何控制风险，懂得平衡风险与收益，这才是投资者介入一种投资工具的正确方式。

案例分析提示与探讨

1. 分析思路

(1) “50ETF 购 2 月 2800”期权合约的价格为何会暴涨超过 192 倍？

(2) 是什么原因导致了 24.41 万手“50ETF 购 3 月 3000”期权价值全部归零？

2. 理论依据

(1) 从期权价值理论分析期权价格的“末日轮”效应。

(2) 从风险与收益权衡理论分析如何控制期权投资的风险。

3. 启发性思考题

(1) 如何看待在临近行权日的前一天,"50ETF 购 3 月 3000"期权的持仓还高达 24.41 万手这一现象?

(2) 投资人应该如何正确使用期权工具?

第四篇练习

一、单项选择题

1. 在资本投资决策中，进行投资方案的分析和评价应该以(　　)为依据。

   A. 现金净流量　　B. 利润总额　　C. 净利润　　D. 息税前利润

2. 下列不能引起现金流出的项目是(　　)。

   A. 支付原材料费　　B. 计提折旧

   C. 支付工资　　D. 垫支流动资金

3. 在计算投资项目的未来现金流量时，报废设备的预计净残值为 12 000 元，按税法规定计算的净残值为 14 000 元，所得税税率为 25%，则设备报废引起的预计现金流入量为(　　)元。

   A. 11 500　　B. 9 000　　C. 12 500　　D. 10 500

4. 下列关于投资项目营业现金流入量计算中，错误的是(　　)。

   A. 营业现金流入量＝税后净利润＋折旧

   B. 营业现金流入量＝营业收入－付现成本－所得税

   C. 营业现金流入量＝税后收入－税后付现成本＋折旧抵税

   D. 营业现金流入量＝营业收入－营业成本－所得税

5. 某公司当初以 100 万元购入一块土地，目前市价为 130 万元，如欲在这块土地上兴建厂房，应(　　)。

   A. 以 100 万元作为投资分析的机会成本考虑

   B. 以 130 万元作为投资分析的机会成本考虑

   C. 以 30 万元作为投资分析的机会成本考虑

   D. 以 130 万元作为投资分析的沉没成本考虑

6. 下列说法中，不正确的是(　　)。

   A. 在投资决策中采用现金流量比采用会计利润更加可靠

   B. 净现值指标不能揭示某投资方案可能达到的实际报酬率

   C. 利用净现值、内含报酬率、获利指数法进行单一项目评价时，结果可能不一致

   D. 投资回收期指标没有考虑回收期满后的净现金流量

7. 折旧对税负的影响，称为“折旧税盾”，其计算公式为(　　)。

A. 折旧额×所得税税率　　B. 折旧额×(1－所得税税率)

C. (税后净利＋折旧)×所得税税率　　D. (税后净利＋折旧)×(1－所得税税率)

8. 某企业购入一台机器设备，价款为50万元、直线法折旧确定年折旧率为10%。预计投产后每年可获净利5万元，则投资回收期为(　　)年。

A. 3　　B. 5　　C. 4　　D. 10

9. 关于静态投资回收期指标，下列描述中，不正确的有(　　)。

A. 静态投资回收期越短，投资风险越小

B. 该指标未考虑货币时间价值

C. 该指标只考虑了净现金流量中小于和等于原投资额的部分

D. 该指标是正指标

10. 如果某一投资方案的净现值为正数，则必然存在的结论是(　　)。

A. 投资回收期小于基准投资回收期　　B. 获利指数大于1

C. 内含报酬率大于100%　　D. 会计收益率大于企业的期望收益率

11. 对某一投资项目分别计算会计收益率与净现值，发现会计收益率小于行业的平均投资利润率，但净现值大于零，则可以断定(　　)。

A. 该方案不具备财务可行性，应拒绝　　B. 该方案基本上具备财务可行性

C. 仍需进一步计算获利指数再作判断　　D. 仍没法判断

12. 获利指数是指(　　)与原始投资现值的合计之比。

A. 将项目计算期内各年净现金流量按规定的折现率计算的现值合计

B. 将项目经营期内各年净现金流量按规定的折现率计算的现值合计

C. 将项目计算期内各年现金流入量按规定的折现率计算的现值合计

D. 将项目经营期内各年现金流入量按规定的折现率计算的现值合计

13. 已知某项目无建设期，资金于建设起点一次性投入，项目建成后可用10年，每年的净现金流量相等，如果该项目的静态投资回收期是5年，则按内含报酬率确定的年金现值系数是(　　)。

A. 10　　B. 8　　C. 6　　D. 5

14. 计算内含报酬率时，对投资项目内含报酬率的大小不产生影响的因素是(　　)。

A. 投资项目的原始投资　　B. 投资项目的现金流入量

C. 投资项目的有效年限　　D. 投资项目的预期报酬率

15. 在单一方案评价时，通常认为该项目不可行的情况是(　　)。

A. 净现值>0　　B. 净现值率<0

C. 获利指数>1　　D. 内含报酬率>基准折现率

16. 对A、B、C、D四个方案依次采用下列指标进行评价，假定可接受的最小投资报酬率为15%，则不可行的方案为(　　)。

A. $IRR=18.3\%$　　B. $NPV=5\,000$元

C. $PI=0.82$　　D. $NPVR=2.7\%$

17. 固定资产的平均年成本是未来使用年限内的现金流出总现值与(　　)的比值。

A. 年金现值系数　　B. 年金终值系数

C. 偿债基金系数　　D. 使用年限

18. 在资金总量受到限制时，多方案投资组合最优组合的标准是(　　)。

A. 平均静态投资回收期最短　　B. 平均投资利润率最高

C. 各方案净现值之和最大　　D. 各方案累计投资额最小

19. 在多个投资方案中，当投资资金总量不受限制时，按(　　)决定组合顺序。

A. 净现值　　B. 获利指数　　C. 内含报酬率　　D. 净现值率

20. 运用肯定当量法进行投资风险分析时，进行调整的项目是(　　)。

A. 有风险的折现率　　B. 无风险的折现率

C. 有风险的净现金流量　　D. 无风险的净现金流量

21. 若将无风险投资报酬率、风险投资报酬率、风险程度和风险报酬斜率等项因素用 $K=R_F+b\cdot V$ 的关系式来表达，则应以(　　)。

A. b 表示无风险投资报酬率　　B. K 表示风险程度

C. R_F 表示无风险投资报酬率　　D. V 表示风险投资报酬率

22. 企业对外长期投资的收益，主要来源于投资取得的利润、利息、股利和(　　)。

A. 价格的变动　　B. 利率的上升　　C. 证券的升值　　D. 资产的变卖

23. 下列各项中，属于企业短期证券投资直接目的的是(　　)。

A. 获取财务杠杆利益　　B. 降低企业经营风险

C. 扩大本企业的生产能力　　D. 获利

24. 投资者在购买债券时，可以接受的最高价格是(　　)。

A. 市场的平均价格　　B. 债券的风险收益

C. 债券的内在价值　　D. 债券的票面价格

25. 购买平价发行的每年付息一次，到期还本的债券，其到期收益率和票面利率(　　)。

A. 前者大于后者　　B. 后者大于前者

C. 无关系　　D. 相等

26. 若市场利率大于票面利率，定期付息的债券将折价发行，但随着时间的推移，债券价格将相应(　　)。

A. 增加　　B. 减少　　C. 不变　　D. 不确定

27. 当市场利率上升时，长期固定利率债券价格的下降幅度(　　)短期债券的下降幅度。

A. 不确定　　B. 小于　　C. 等于　　D. 大于

28. 债券期限越长，其利率风险(　　)。

A. 越大　　B. 越小　　C. 为零　　D. 无法确定

29. 某企业按照面值 10 000 元购入 2 年前发行的债券 A，其票面利率 12%，每年付息一次,3 年后到期还本。该公司若持有该债券至到期日,其到期收益率为(　　)。

A. 12%　　B. 16%　　C. 8%　　D. 10%

30. N 公司的股利固定增长,其增长率为 3%,预期第一年后的股利为 4 元。假定目前国债利率为 13%,市场股票平均必要收益率为 18%,而 N 公司股票的 β 系数为 1.2,那么该股票的价值为(　　)元。

A. 15　　B. 20　　C. 25　　D. 30

31. 某公司购买 A 股票 100 000 股,购买价为每股 10 元,1 个月后按每股 16 元的价格将 A 股票全部卖出,实际发生证券交易费用为 6 000 元,则该笔证券交易的资本利得是(　　)。

A. 594 000　　B. 600 000　　C. 606 000　　D. 1 594 000

32. 当两种证券完全负相关时,由此所形成的证券组合(　　)。

A. 能适当的分散风险　　B. 不能分散风险

C. 可分散全部非系统性风险　　D. 可分散全部风险

33. 如果某种证券投资的预期收益率等于国库券的收益率,则 β 系数为(　　)。

A. 1　　B. 0　　C. 大于 1　　D. 在 0～1 之间

34. 关于 β 系数,下列叙述中,错误的是:(　　)。

A. β 值大于 1,则该股票的风险大于市场平均风险

B. β 值等于 1,则该股票的风险等于市场平均风险

C. β 值小于 1,则该股票的风险小于市场平均风险

D. β 值越小,则该股票收益率越高

35. 风险分散理论认为投资组合能够降低风险,如果投资组合包括了全部股票,则投资者(　　)。

A. 只承担市场风险,不承担公司特有风险

B. 既不承担市场风险,也不承担公司特有风险

C. 既要承担市场风险,也要承担公司特有风险

D. 只承担公司特有风险,不承担市场风险

二、多项选择题

1. 以下关于净现金流量的各种说法中,正确的有(　　)。

A. 建设期内的净现金流量一定是小于或等于零

B. 经营期内的净现金流量一定是大于零

C. 净现金流量是现金流入量减去现金流出量后的余额

D. 无论在建设期内还是在经营期内都存在净现金流量

2. 在计算税后净现金流量时,可以抵税的项目有(　　)。

A. 折旧额　　B. 无形资产摊销额

C. 残值收入　　D. 开办费摊销额

3. 在考虑所得税因素以后，营业现金流量的计算公式有(　　)。

A. 营业现金流量＝税后净利＋折旧

B. 营业现金流量＝收入×(1－税率)－付现成本×(1－税率)＋折旧×(1－税率)

C. 营业现金流量＝税后收入－税后成本＋折旧抵税

D. 营业现金流量＝营业收入－付现成本－所得税

4. 采用净现值作为投资评价指标具有的优点是(　　)。

A. 考虑了资金的时间价值

B. 能反映投资项目的实际收益率水平

C. 考虑了投资项目的风险大小

D. 同时考虑了投资的回收和收益

5. 当某投资方案的净现值等于 0 时，该方案的(　　)。

A. 内含报酬率＝0　　B. 获利指数＝1

C. 内含报酬率＝必要投资报酬率　　D. 获利指数＝0

6. 若某投资方案以内含报酬率作为评价指标，保证投资方案可行的要求是内含报酬率(　　)。

A. 大于零　　B. 大于企业的资金成本

C. 大于 1　　D. 大于基准的折现率

7. 若甲、乙两个方案为独立方案，其原始投资额相同，如果决策认为甲方案优于乙方案，则必然存在的关系有(　　)。

A. 甲方案的净现值大于乙方案

B. 甲方案的投资回收期小于乙方案

C. 甲方案的获利指数大于乙方案

D. 甲方案的内含报酬率大于乙方案

8. 净现值法与获利指数法的共同之处在于(　　)。

A. 都考虑了货币时间价值因素

B. 都必须按预定的折现率折算现金流量的现值

C. 都是相对数指标，反映投资的效率

D. 都可以进行独立投资方案的可行性分析

9. 在投资决策评价指标中，需要以预先设定的折现率作为计算依据的有(　　)。

A. 净现值法　　B. 获利指数法

C. 内含报酬率法　　D. 投资回收期法

10. 确定一个投资方案可行的必要条件是(　　)。

A. 内含报酬率大于 1　　B. 净现值大于零

C. 获利指数大于 1　　D. 回收期小于 1 年

11. 下列表述中，正确的有（ ）。

A. 风险调整贴现率法把时间价值和风险价值混在一起，并据此对现金流量进行贴现

B. 风险调整贴现率法有夸大远期风险的特点

C. 肯定当量法可以和净现值法结合使用，也可以和内含报酬率法结合使用

D. 肯定当量法的主要缺点是肯定当量系数只是一个经验值

12. 下列关于投资风险分析的论述中，正确的有（ ）。

A. 对于高风险的项目，应采用较高的贴现率去计算净现值

B. 肯定当量法是用调整净现值公式中分子的办法来考虑风险

C. 风险调整贴现率法是用调整净现值公式分母的办法来考虑风险

D. 肯定当量法克服了风险调整贴现率法夸大远期风险的缺点

13. 影响证券投资最基本的因素是（ ）。

A. 国民生产总值　　B. 通货膨胀

C. 风险　　D. 收益率

14. 债券投资的实际投资价值取决于（ ）。

A. 债券面值　　B. 票面利率　　C. 债券持有期　　D. 计息方式

15. 反映债券收益水平的指标是（ ）。

A. 债券票面利率　　B. 债券价值

C. 债券的期限　　D. 债券的到期收益率

16. 下列有关债券到期收益率的说法中，正确的是（ ）。

A. 平价发行的债券，其到期收益率等于票面利率

B. 如果债券的价格不等于面值，其实际收益率与票面利率不同

C. 如果债券到期收益率高于投资人要求的报酬率，该债券应买入

D. 如果债券不是定期付息，那么即使平价发行，到期收益率也可能与票面利率不同

17. 进行债券投资，应考虑的风险有（ ）。

A. 利率风险　　B. 违约风险　　C. 变现力风险　　D. 再投资风险

18. 下列风险中，一般固定利率债券比变动利率债券风险大的有（ ）。

A. 违约风险　　B. 利率风险　　C. 购买力风险　　D. 变现力风险

19. 股票投资可在预期的未来获得的收入包括（ ）。

A. 到期按面值返还的本金　　B. 每期预期的股利

C. 出售时得到的价格收入　　D. 预期股利的增长率

20. 按照资本资产定价模式，影响股票或证券组合的必要收益率的因素是（ ）。

A. 无风险收益率

B. 所有股票或所有证券的平均收益率

C. 股票或证券组合的 β 系数

D. 证券组合中各种证券的构成比例

21. 下述有关证券投资和项目投资的说法中,正确的有(　　)。
   A. 证券投资属于间接投资,项目投资属于直接投资
   B. 证券投资是购买金融资产,项目投资是购买固定资产等实物资产
   C. 相对于项目投资,证券投资的流动性较好
   D. 证券投资分析方法是证券分析法,选择适宜证券组成证券组合作为投资方案,项目投资需进行项目分析,研究其可行性和优劣次序,从而选择行动方案
22. 下列属于市场风险的是(　　)。
   A. 通货膨胀　　B. 市场利率波动
   C. 新产品开发失败　　D. 社会经济衰退
23. 下述有关风险的说法中,正确的是(　　)。
   A. 系统风险又称市场风险、不可分散风险
   B. 系统风险不能用多元化投资来分散,只能靠更高的报酬率来补偿
   C. 非系统风险是每个公司特有的风险,可通过多元化投资分散
   D. 非系统风险源于公司自身的商业活动和财务活动
24. 投资者如果进行有效的投资组合,应采用的组合方法有(　　)。
   A. 将不同收益率的证券进行组合　　B. 将不同风险的证券进行组合
   C. 将不同的投资方式进行组合　　D. 将不同的投资期限进行组合
25. 在关于“资本资产定价模式”的公式中,下面表达中,正确的有(　　)。
   A. R_F表示风险收益率
   B. β_i表示个别股票风险与市场风险关联程度
   C. (R_M-R_F)表示市场风险收益率
   D. 该模式表明了风险和必要报酬率的关系

三、判断题

1. 若考虑所得税因素,同一投资方案分别采用快速折旧法、直线法计提折旧不会影响各年的净现金流量。(　　)
2. 在项目计算期内,任何1年的净现金流量,都可以通过“利润+折旧”的简化公式来确定。(　　)
3. 整个经营期内,利润总计与现金净流量总计是相等的,所以,现金净流量可以取代利润作为评价净收益的指标。(　　)
4. 机会成本是指利用某一投资机会进行投资所花费的代价,决策时必须予以考虑。(　　)
5. 对某个投资方案而言,采用加速折旧法计提折旧,计算出来的税后净现值比采用直线折旧法大。(　　)
6. 投资方案的投资回收期越长,表明该方案的风险程度越小。(　　)

7. 对于常规项目而言，项目的净现值大于或等于零，则该项目内含报酬率一定大于或等于基准的折现率。（ ）
8. 评价固定资产投资项目时，投资回收期越短越好，而获利指数、会计收益率、内含报酬率等则越大越好。（ ）
9. 对投资项目采用内含报酬率指标进行分析时，可能会有多个内含报酬率出现。（ ）
10. 当评价两个互斥投资方案时，应该重点比较其各自的内含报酬率，而把其净现值放在次要地位。（ ）
11. 在实际工作中，企业可以用项目的内含报酬率作为计算净现值、获利指数时的折现率。（ ）
12. 某企业需要更新现有的生产线，有两个备选方案：A方案的净现值为250万元，内含报酬率为12%；B方案的净现值为175万元，内含报酬率为17%。据此可以认定B方案较好。（ ）
13. 在采用获利指数法进行互斥方案的选择时，正确的选择原则是选择获利指数最大的方案。（ ）
14. 在考虑货币时间价值时，固定资产平均年成本是未来使用年限内现金流出总现值与年金现值系数的比值。（ ）
15. 如果已知项目的风险程度与无风险最低报酬率，就可以运用公式算出风险调整贴现率。（ ）
16. 根据项目投资决策的全投资假设，在计算经营期的现金流量时，与投资项目有关的利息支出应当作为现金流出量处理。（ ）
17. 企业进行短期证券投资的目的主要是调节现金余额，而进行长期债券投资的目的主要是为了获得稳定的收益。（ ）
18. 证券投资风险随着经济环境的变化而变化，时大时小，此起彼伏。（ ）
19. 能否通过多元化投资来分散，是区分市场风险和公司特有风险的主要标志。（ ）
20. 长期债券的利率高于短期债券的利率，其主要原因是长期债券不易买到。（ ）
21. 当债券平价发行时，其实际收益率与票面利率不一定相等。（ ）
22. 国库券的利率是固定的，并且没有违约风险，因此也就没有利率风险。（ ）
23. 某种证券的β系数为零，说明该证券无风险。（ ）
24. 证券组合的风险收益是投资者因承担公司特别风险而要求的超过时间价值的那部分额外收益。（ ）
25. 分期付息，到期还本的债券，当投资者要求的收益率高于债券票面利率时，债券的市场价值会低于债券面值；当投资者要求的收益率低于债券票面利率时，债券的市场价值会高于债券面值；当债券接近到期日时，债券的市场价值向其面值回归。（ ）
26. 以平价购买到期一次还本付息的债券，其到期收益率和票面利率相等。（ ）

27. 违约风险和购买力风险都可以通过投资于优质债券的办法来回避。（　）

28. 债券投资的到期日越长，投资者受不确定性因素的影响就越大，其承担的变现力风险就越大。（　）

29. 一般来说，企业进行股票投资风险要小于债券投资风险。（　）

30. 投资于股票的未来现金流入包括两部分：预期股利收益和预期资本利得收益。（　）

31. β系数反映个别股票相对于平均风险股票的变动程度的指标。它可以衡量出个别股票的市场风险，而不是公司特有风险。（　）

32. 目前国库券的收益率为5%，平均风险股票的必要收益率为9%，某种股票的β系数为1.5，则该股票的预期报酬率应为11%。（　）

33. 投资者在进行证券投资时，都要求对承担的市场风险和公司特有的风险进行补偿。（　）

34. 如果投资组合能包括全部股票，则只承担公司的特有风险，而不承担市场风险。（　）

35. 股票市盈率越低意味着投资者获得1元收益所花费的代价越低，投资价值越高。（　）

四、计算分析题

1. 某公司投资126 000元购入一台设备。该设备预计残值为6 000元，可使用3年、折旧按直线法计算（会计政策与税法一致）。设备投产后每年销售收入增加额分别为90 000元、96 000元、104 000元，付现成本增加额分别为24 000元、26 000元、20 000元。企业适用的所得税税率为25%，要求的最低投资报酬率为10%，目前年税后利润为50 000元。

要求：

（1）假设企业经营无其他变化，预测该公司未来3年每年的税后利润。

（2）计算该投资方案的净现值。

2. 某公司原有流水线一条，购置成本为150万元，预计使用10年，已使用5年，预计残值为购置成本的10%（与税法规定相同），该公司用直线法提取折旧，现该公司拟购买新流水线替换原流水线，以提高生产效率。新设备购置成本为200万元，使用年限为5年，同样用直线法计提折旧，预计残值为购置成本的10%（与税法规定相同），使用新设备后公司每年的销售额可以从1 500万元上升到1 650万元，每年付现成本将从1 100万元上升到1 150万元，公司如购置新设备，旧设备出售可得收入100万元，该企业的所得税税率为25%，资金成本为10%。

要求：通过计算说明该设备应否更新。

3. 某公司拟更新已使用3年的旧设备。旧设备原价14 950元，当前估计尚可使用5

年，每年操作成本 2 150 元，预计最终残值 1 750 元，目前变现价值为 8 500 元；购置新设备需花费 13 750 元，预计可使用 6 年，每年操作成本 850 元，预计最终残值 2 500 元。该公司预期报酬率 12%，所得税税率 25%。税法规定该类设备应采用直线法折旧，折旧年限 6 年，残值为原价的 10%。

要求：进行是否应该更换设备的分析决策，并列出计算分析过程。

4. 某公司有一个投资 300 万元的项目，最低报酬率为 6%，风险报酬斜率为 0.1，有关资料如下表：

年(t)	现金流量(万元)	概率(P_i)
0	−300	1
2	250 200 150	0.30 0.40 0.30
3	300 250 200	0.20 0.60 0.20

要求：采用风险调整贴现率法判定该投资项目是否可行。

5. 某公司正考虑用一台效率更高的新机器取代现有的旧机器。旧机器的账面折余价值为 12 万元，在市场上出售可以得到 7 万元；预计尚可使用 5 年，预计 5 年后清理的净残值为零；税法规定的折旧年限尚有 5 年，税法规定的残值可以忽略。购买和安装新机器需要 48 万元，预计可以使用 5 年，预计清理净残值为 1.2 万元。新机器属于新型外保设备，按税法规定可分 4 年折旧并采用双倍余额递减法计算应纳税所得额，法定残值为原值的 1/12。由于该机器效率很高，可以节约付现成本每年 14 万元，公司的所得税税率 25%。如果该项目在任何一年出现亏损。公司将会得到按亏损额的 25%计算的所得税额抵免。

要求：假定公司投资本项目的必要报酬率为 10%，计算上述机器更新方案的差额净现值。

6. 某公司购入若干面值为 1 000 元的债券，其票面利率为 10%，期限为 5 年，该债券为分期复利计息，到期还本的债券，公司以 950 元的价格折价购入。

要求：计算当时的市场利率。

7. 某公司 20×2 年 4 月 1 日发行票面金额为 1 000 元，票面利率为 8%，期限为 5 年的债券。该债券每半年付息一次，到期归还本金。当时的市场利率为 10%，债券的市价为 920 元。

要求：

(1) 计算该债券的价值，判别应否购买该债券。

(2) 计算按债券市价购入该债券的到期收益率。

8. 某公司发行的债券面值为 1 000 元，票面利率为 10%，期限为 5 年，债券发行时的市场利率为 12%。

要求：

(1) 该债券为每年付息一次，到期还本的债券，计算债券的价值。

(2) 该债券为到期一次还本付息且不计复利的债券，计算债券价值。

(3) 该债券为贴现法付息的债券，计算债券的价值。

9. 某投资人持有 C 公司股票，每股面值为 100 元，公司要求的最低报酬率为 20%。预计 C 公司的股票未来 3 年股利呈零增长，每期股利 20 元。预计从第 4 年起转为正常增长，增长率为 10%。

要求：计算 C 公司股票的价值。

10. 某企业 20×4 年欲投资购买股票，现有 A、B 两家公司的股票可供选择，从 A、B 公司 20×3 年 12 月 31 日的有关会计报表及补充资料中获知，20×3 年 A 公司税后净利为 800 万元，发放的每股股利为 5 元，市盈率为 5 倍，A 公司发行在外的股数为 100 万股，每股面值 10 元；B 公司 20×3 年获税后净利 400 万元、发放的每股股利为 2 元，市盈率为 5 倍，其发行在外的普通股股数共为 100 万股，每股面值 10 元。预期 A 公司未来 5 年内股利为零增长，在此以后转为正常增长，增长率为 6%，预期 B 公司股利将持续增长，年增长率为 4%。假定目前无风险收益率为 8%，平均风险股票的必要收益率为 12%，A 公司股票的 β 系数为 2，B 公司股票的 β 系数为 1.5。

要求：

(1) 计算股票价值并判断 A、B 两公司股票是否值得购买。

(2) 若投资购买两种股票各 100 股，该投资组合的预期报酬率为多少？该投资组合的风险如何(综合 β 系数)？

11. 某投资者准备从证券市场购买 A、B、C、D 四种股票组成投资组合。已知 A、B、C、D 四种股票的 β 系数分别为 0.7、1.2、1.6、2.1。现行国库券的收益率为 8%，市场平均股票的必要收益率为 15%。

要求：

(1) 采用资本资产定价模型分别计算这四种股票的预期收益率。

(2) 假设该投资者准备长期持有 A 股票。A 股票去年的每股股利为 4 元，预计年股利增长率为 6%，当前每股市价为 58 元。投资 A 股票是否合算？

(3) 若该投资者按 5∶2∶3 的比例分别购买了 A、B、C 三种股票，计算该投资组合的 β 系数和预期收益率。

(4) 若该投资者按 3∶2∶5 的比例分别购买了 B、C、D 三种股票，计算该投资组合的 β 系数和预期收益率。

(5) 根据上述(3)和(4)的结果，如果该投资者想降低风险，他应选择哪一投资组合？

第五篇

营运资本管理

营运资本是企业财务管理日常活动的核心，涉及如何应用理论方法解决经营决策过程中的现实问题。在营运资本管理中，其主要活动内容表现在现金、应收账款与存货等的管理。本章案例针对企业营运资本管理的各个环节，解析财务管理的基本原理的应用问题。

【案例 16】

国美电器公司的营运资本管理

一、引言

营运资本管理主要是指对企业流动资产及流动负债的管理。一个企业要维持正常的运转就必须要拥有适量的营运资本,因此,营运资本管理是企业财务管理的重要组成部分。一般来说,企业营运资本的管理主要包括两方面内容:一是企业应该投资多少在流动资产上,即资金运用的管理;二是企业应该怎样进行流动资产的融资,即资金筹措的管理。国美电器是我国最大的家电零售连锁企业之一,本案例以国美电器 2012—2014 年的财务数据为基础进行整理分析,使学生学习和掌握如何具体进行营运资本的管理。

二、背景介绍

国美电器有限公司(下简称“国美电器”)成立于 1987 年 1 月 1 日,是一家以经营各类家用电器为主的全国性家电零售连锁企业。本着“创新务实、精益求精”的企业理念,依靠准确的市场定位和薄利多销的经营策略,得以蓬勃发展。

2004 年 6 月,香港的中国鹏润集团有限公司以 83 亿港元收购国美电器 65%的股权,所购股权折合净资产价值不足 3 亿港元。同年 9 月 10 日,中国鹏润集团有限公司易名为国美电器控股有限公司。至此,国美电器在香港成功上市。2004 年年底,国美电器基本完成在我国内地一级市场的网络建设,同时扩展到较为活跃的二、三级市场,并制定了 2008 年实现销售额 1 200 亿元的目标。

2011 年 4 月,国美电子商务网站全新上线。国美率先创新出“B2C+实体店”融合的电子商务运营模式。2013 年,国美上市公司部分门店总数(含大中电器)达 1 073 家,覆盖全国 256 个城市,同时国美非上市公司部分还有 543 家门店,因此国美集团总门店数为 1 616家。目前,国美电器已成为中国驰名商标,并已经发展成为中国最大的家电零售连锁企业。在长期经营实践中,国美电器形成了独特的商品、价格、服务、环境四大核心竞争力。同时,国美电器坚持“商者无域、相融共生”的企业发展理念,与全球知名家电制造企业保持紧密、友好、互助的战略合作伙伴关系,成为众多知名家电厂家在中国的最大的经销商。国美电器正通过实施精细化管理，加速企业发展，力争成为备受尊重的世界家电零售行业第一。

三、国美电器的营运资本分析

零售业是个竞争激烈且需要大量资金的行业，随着国美电器的快速扩张，大举进驻消费能力薄弱的二三线城市，导致单店销售额下降和利润降低。如何维持营运资本的畅通，并充分利用营运资本是国美电器经营成败的关键。

国美电器的法宝之一就是利用资金快速周转过程中产生的“沉淀资金”。国美从厂商进货，支付的则是3～6个月期限的银行票据，如果销售畅旺，回款迅速，则国美电器始终可以占有大量现金流。这部分资金在会计报表中反映为应付账款和应付票据。由表1中的数据资料可知，随着公司规模的扩大，2012—2014年国美电器应付账款和应付票据金额逐年上升。至2014年12月31日，公司从这两项上获得的资金额达到208.80亿元，占公司负债总额的74.46%，总资产的47.37%。这部分金额巨大的“沉淀资金”除了满足国美电器的正常经营和扩张需要外，还流向国美电器体系之外，投资于房地产、证券等耗资巨大的领域，这也为国美电器带来了极大的风险。

表1　　2012—2014年国美电器资产、负债项目　　单位：千元

项　目	2014年	2013年	2012年
现金及等价物	8 794 112	9 015 813	7 067 349
抵押存款	6 072 895	6 406 795	6 240 244
应收账款(应收票据)	267 694	245 492	203 070
流动资产	31 087 024	26 345 489	24 323 550
资产	44 076 673	39 323 985	37 712 723
短期借款	3 425 950	2 683 171	2 434 374
应付账款(应付票据)	20 880 430	18 077 489	18 016 746
其他应付款(预提费用)	2 425 413	2 046 809	1 722 010
流动负债	27 879 157	23 834 231	22 867 585
负债	28 042 155	24 006 527	23 043 141

从营运资本的周转来看(见表2)，国美的存货周转率位于行业较高水平，说明国美的经营较为有效，存货周转快，营运资本占用在存货上的金额较少，经营比较稳健。同时，国美的应收账款周转率也较高，表明国美对应收账款的管理效率高，应收账款变现能力强，企业能在较短的时间内回笼资金，这方面可以说是国美的核心竞争力。但是，国美电器总资产周转率偏低，波动不大，有一个轻微下降的趋势。这显然会影响资产创造收入的能

表 2　　2012—2014 年国美电器营运资本周转

项　　目	2014 年	2013 年	2012 年
存货周转率	5.37	5.99	4.93
应收账款周转率	235.24	251.47	206.53
总资产周转率	1.45	1.46	1.48

力,影响其盈利能力。企业需加强总经营资产管理,提高企业的销售能力。国美可以适当提高资产利用率,提高总资产周转率。

四、同行业比较分析

国美电器在国内市场的主要竞争对手是苏宁电器。2004 年 7 月 21 日,苏宁电器在深圳证券交易所上市,上市当日即成为第一高价股,报收于 32.70 元。在之后的 10 个月里,其股价一直处于领跑地位,最高达到 70.25 元,并以 119.21%的涨幅成为年涨幅之最。在股市上的绝佳表现使苏宁电器成为公众关注的企业,逐步坐稳家电零售连锁业老二的交椅。2011 年以来,苏宁持续推进新 10 年"科技转型、智慧服务"的发展战略,云服务模式进一步深化,逐步探索出线上线下多渠道融合、全品类经营、开放平台服务的业务形态。2013 年,基于线上线下多渠道融合、全品类经营、开放平台服务的业务形态,苏宁拟将公司名称变更为"苏宁云商销售有限公司"。

国美和苏宁作为同一行业的两大领军企业,在营运资本的管理上是否存在类似之处?又或者是否存在较大差异?我们不妨对两者进行简单的对比。

就营运资本筹资而言,国美电器的营运资本筹资较为激进,流动负债比例(流动负债/总资产)很高,基本上没有长期负债。2014 年,流动负债比例达到 63.25%。但从营运资本投资来看,国美电器较为保守,营运资本投资较高,大部分资金占用在流动资产上,2014 年流动资产占总资产的比例为 70.53%。

整体来说,2012—2014 年,国美电器在营运资本管理上渐驱保守。如表 3 所示,2012 年,该公司流动资产比例高出流动负债比例 3.86 个百分点,而 2 年之后,两者之间的差异达到 7.28%。同样,货币资金比例的差异也有所上升。2012 年,国美电器货币资金占总资产的比例为 18.74%,而 2013 年达到 22.93%,虽 2014 年又下降至 19.95%,但仍高于 2 年前。

但相比国美,苏宁的营运资本管理却刚好相反,逐渐趋于激进。一方面,其流动负债比例 2014 年达到 63.47%并逐年增加;而另一方面,其流动资产比例逐年降低,流动负债比例 2012 年为 54.15%,虽在 2013 年下降到 52.78%,1 年后却又上升到 63.47%。而且,2012—2014 年,苏宁流动资产比例与流动负债比例的差异随着时间的推移逐步下降,2012 年流动资产比例比流动负债比例多出 16 个百分点,而在 2014 年流动负债比例却反而超过流动资产比例。另外，该公司 2012 年货币资金比例为 39.48%，2 年后降至 27.10%。

表 3　　2012—2014 年国美电器、苏宁电器营运资本相关指标

公司	国美电器			苏宁电器		
指标 \ 年份	2014	2013	2012	2014	2013	2012
流动负债比例	63.25%	60.61%	60.64%	63.47%	52.78%	54.15%
流动资产比例	70.53%	67.00%	64.50%	61.62%	65.05%	70.15%
货币资金比例	19.95%	22.93%	18.74%	27.10%	30.16%	39.48%
差异	7.28%	6.39%	3.86%	−1.85%	12.27%	16.00%
应付账款（应付票据）/负债总额	74.46%	75.30%	78.19%	58.62%	66.79%	73.72%
应付账款（应付票据）/总资产	47.37%	45.97%	47.77%	37.56%	43.49%	45.54%

注：货币资金比例＝货币资金×100%÷总资产；差异＝流动资产比例－流动负债比例。

虽然国美与苏宁在营运资本战略的趋势上略显差异，但是两者的经营资金却同样主要来自供应商。如同国美利用“沉淀资金”进行经营与扩张一样，苏宁的流动负债也大部分为应付账款和应付票据。苏宁应付账款（应付票据）占负债总额的比例同样较高，2012 年达到 73.72%，具体见表 3。也就是说，国美与苏宁均有通过“类金融模式”占用供应商资金支持其店铺快速增长的行为。这种类金融模式不但保证了国美与苏宁获得营运资金，而且在其规模扩张上发挥了主力作用，支持了国美与苏宁主营业务的快递发展。但同时“类金融模式”也存在着巨大的风险，国美与苏宁在快速扩张的过程中，依然存在着许多亟待解决的问题。首先，国美、苏宁几乎没有从银行进行过贷款，其负债又以短期负债为主，两家公司新增门店的资金主要来源于占用供应商资金，造成账面上大量的应付账款和应付票据。一旦资金链发生断裂，后果将不堪设想。其次，近年来，在供应商与零售商之间围绕着进场费、账期、返利、价格等交易问题，经常发生冲突，反映出供应商与零售商之间紧张关系的现状，无形中增加了企业资金链断裂的风险。

因此，以国美与苏宁为首的家电连锁业应当在扩张过程中，不断优化企业的营运资本管理，加强对企业资金链的控制，保证企业的持续稳步发展。

一方面，企业应当改善债务结构的状况。国美、苏宁的债务结构问题已经日益凸显，如果不能及时解决，将可能会导致企业甚至整个业界的困境。所以在今后的发展中，企业要尽量减少对上游供应商资金的占用，尽量拓宽融资渠道，缩小流动负债和长期负债之间的差距，主动让供应商得到必要的利润，给供应商一个合理的发展空间，使零售业市场更加繁荣。

另一方面，企业要与供应商建立战略合作伙伴关系。在一个成熟的市场，分销商承担产品的经销活动是必然的，生产厂商不可能自建营销渠道。家电生产商与零售主体是合

作伙伴，它们之间的利益一致性远远大于彼此之间的冲突。顾客的可感受价值是由生产厂家与流通企业共同创造的。

五、结论

营运资本被称为企业的血液，它对企业运作的重要程度是不言而喻的。目前中国家电连锁零售行业的竞争已进入深层次的竞争阶段，行业已经基本完成规模扩张和有效整合。对于国美这种采用“类金融模式”和非主营业务盈利模式的家电连锁零售企业来说，企业如何确定营运资本战略，如何对货币资金、存货和应收账款进行管理，对公司的发展至关重要。从某种意义上说，要想在激烈的竞争中胜出，直接取决于其对营运资本的管理能力。

就国美电器的营运资本管理来说，有效利用“类金融模式”，实施 OPM 战略（使用别人资金的战略）这一点值得肯定。国美电器充分利用大规模的优势，增强与供应商的讨价还价能力，利用供应商在货款结算上的商业信用政策，将占用在存货和应收账款上的资金成本转嫁给供应商。这不仅有助于增强企业的财务弹性，还可增加经营活动产生的现金流量，帮助企业进一步进行规模扩张，提升企业竞争力。但同时我们也不能忽视这种模式所带来的风险。“类金融模式”是一种高风险和低成本的经营模式，属于营运资本管理中的风险性决策方法，能使公司处于较高的盈利水平，但同时也承担较大的风险。一旦其运作过程中的某个链条出现问题，马上会引起连锁反应。因此，国美电器在持续发展的过程中应合理制定营运资本管理的战略，建立相关的风险防控体系，优化企业的供应链管理和投融资策略，以增强企业竞争优势。

案例分析提示与探讨

1. 分析思路

(1) 以营运资本管理的重要性为切入点，对国美电器的营运资本进行分析。

(2) 将国美电器与苏宁电器进行营运资本管理的对比，分析其异同之处。

(3) 结合国美电器与苏宁电器营运资本管理的实践，分析其“类金融模式”的效益及风险，并提出相关建议。

2. 理论依据

(1) 以营运资本的相关理论为依据，从流动资金、流动负债、资金周转等方面具体分析国美电器的营运资本。

(2) 以“类金融模式”的相关理论为基础进一步分析其效益与风险。

3. 启发性思考题

(1) 国美电器目前的营运资本管理属于什么类型？是否符合其公司特点？

(2) 结合苏宁电器营运资本现状，试评价国美电器的营运资本管理，并讨论 2012—2014 年国美电器营运资本管理发生变化的原因。

(3) 结合国美电器案例，讨论不同的营运资本管理对企业风险和收益的影响。

【案例 17】

A 企业集团的资金集中管理模式

一、引言

资金是企业生产经营活动的血液，资金管理贯穿于整个集团生产、经营、投资、融资等各个环节，是企业财务管理的核心内容。随着企业集团规模的不断扩大，集团在资金管理方面出现多头开户、资金分散、资金账外循环等问题，所以多数国内外大型企业集团已采取资金集中管理模式来优化资金配置，并取得一定成效。A 企业集团是我国一家较大的汽车集团，其组织形式复杂，子公司横跨产业链上下游，且成员单位的资金分布不平衡，存在一定的整合空间。本案例基于 A 企业集团的实际情况，尝试为其提供一套可操作的资金集中管理模式及运行机制，帮助学生全面掌握资金集中管理的相关理论及实践操作。

二、背景介绍

A 集团是集整车、零部件、服务贸易、汽车金融为一体的综合性汽车上市公司，2013 年整车销量达到 510.6 万辆，同比增长 13.7%，继续保持国内汽车市场领先优势，并以 920.2 亿美元的合并销售收入第十次入选《财富》杂志世界 500 强。A 集团成员多样化，合并报表范围内的下属各成员企业有 300 多家，其中集团直接投资的企业有 60 余家，特点是合资企业、共同控制企业的比重大。

1994 年，A 集团成立财务公司。财务公司运营时间较长，又依托于集团，加之财务公司本身完善的内部监管和风险控制，现已肩负起集团资金集中管理的重任。集团在银监会对财务公司的评级中获得 A 级。2004 年颁发的《银监会对财务公司的管理办法》规定了财务公司的 16 条经营资格，A 集团财务公司依据自己的经营业绩和良好评级已具备了其中的 15 条，且均可操作。目前财务公司的资产规模达到 900 亿元，净资产 20 亿元，为集团实现净利 80 亿元。财务公司在全国 180 家法人财务公司中排第三位，在上海地区排名第一，利润相当于上海地区财务公司总利润的 50%左右，资产规模占上海地区财务公司的 40%左右。

1. A 集团资金集中管理模式的现状

1994 年以前，A 集团在总公司财务部设立结算中心，负责整个集团的资金集中管理。随着集团的不断发展，为了满足新形势下的资金管理，A 集团于 1994 年 5 月撤销结算中心，成立了财务公司。A 集团财务公司是一个非银行金融机构，是集团直投的二层次企业之一。财务公司目前的业务主要分为三大板块：一是存贷款业务；二是固定收益投资、生产投资；三是对金融机构的投资。此外，少数成员单位已经采取了现金池模式进行资金集中管理。整体而言，A 集团在一定程度上已经进行了资金集中管理，借助财务公司这一平台实现了 40%左右资金的物理集中。

目前，在账户管理方面，A 集团通过审批和备案机制进行账户管理；在结算方面，A 集团业务量大，往来结算频繁，内部成员单位间可依托财务公司直接内部结算，而与外部企业间的业务往来也可通过电子汇票系统完成；在投资方面，从集团整体看，集团富余资金大部分存在财务公司，支持财务公司发展汽车金融等高收益业务；在融资方面，集团逐渐探索统一授信管理，并借助财务公司平台发展内部委托贷款，但境外子公司的融资存在一定困难；集团的风险管控主要是从规章制度入手，如规定重大资金业务均需报备或审批等；财务公司研发的现金管理系统，可进行内外对接，功能强大，在一定程度上完成了集团在进行资金集中管理的信息化建设。

2. A 集团现阶段资金集中管理存在的问题

(1) 集团资金集中程度较低，资金使用效率需进一步提高。企业集团内不同业务板块的盈利状况不同，如部分整车型企业，盈利性很强，资金富余，会把大量现金资产存放在银行收取低存款利息，而有的汽车零部件企业等则连年亏损，资金短缺，需要从银行大量融资并支付高贷款利息，这种高存款和高贷款的“双高”现象，使企业集团的财务费用居高不下，增加了财务成本。同时，集团总部对资金流缺乏有效的控制，致使大量资金沉淀于成员企业，或是在体外循环，造成资金的闲置浪费。A 集团借助财务公司平台实现了 40%资金的集中，但这仅是成员单位在 A 集团财务公司开户进行存款，缺乏统一管理、统一调度、统一运用和监控，下属单位各自为政，集团总部没有严格把下属单位的资金集中于集团企业的层面上来，只是形式上的集中而没有做到真正意义上的集中。这样就造成集团企业无法了解资金的状况，导致集团企业的资金管理处于混乱状态，影响资金的正常运转，资金的使用效率较低。

(2) 资金集中管理模式略显单一。A 集团存在着多层级法人体系，而且下属成员企业的独立性较强，对每种形式的企业采用相同的方式进行资金集中存在一定的困难。对于全资子公司，其高层领导均是集团总部派出的，可通过行政手段将资金全部归集上来，但是对于合资企业而言，集团的控制力由所占股比决定，导致集团层面很难用行政命令去干预资金管理。所以集团应采用不同的方式对不同类型的企业进行资金集中，提高资金集中度。

(3) 集团融资渠道单一，集中融资不足。目前多以集团总部的名义进行对外融资，且多是直接融资,间接融资使用的较少。A集团财务公司虽然是集团的内部银行,但作为独立法人无法承担为成员企业集中融资的功能,不能充分发挥集团整体规模融资优势;受规模限制自身放贷能力有限,无法为成员企业提供及时和充足的资金支持。与此同时,以集团名义借入的资金以委托贷款的方式下拨给集团内成员单位在法律上可行,但当借款企业经营不善发生财务困难,很可能造成借款逾期或无力偿还本息,从而将风险集中转移到了集团总部。集团的财务状况很可能因为个别下属企业的经营不善而下滑,此时集团获取外部资金支持的难度增大,很可能面临资金链断裂的问题,导致集团内所有企业陷入困境。

(4) 财务公司自身经营与集团整体战略存在矛盾。财务公司设立的本意应为为集团企业经营发展提供资金管理及资金支持,但在实践中,财务公司作为独立法人和金融机构,在日常经营中既要考虑自身的经营业绩和风险,又要严格遵守金融机构监管法律、法规,与一般金融机构没有区别,这必然与集团整体经营战略需求相冲突,经常遇到集团成员企业需要资金支持时,财务公司因考虑自身风险或监管政策等原因而爱莫能助。

三、进一步优化A集团资金集中管理模式的建议

1. A集团资金集中管理模式的具体实施建议

结合A集团现状,同时借鉴国内外各种企业集团的经验,A集团比较适合采用财务公司与现金池并行的方式来进行资金集中管理,主要可以从以下三个方面进行具体分析。

首先,资金集中管理模式的选择涉及集团是集权管理还是分权管理的问题,而企业集团在不同的发展阶段对集权和分权的要求也不同。根据A集团目前发展状况,企业经营比较稳定,有一定的社会认知度和市场占有率,已经迈入发展的成熟期阶段。为了适应此阶段企业发展需求,集团既要分权保持公司运营的灵活性,又要不断协调上收部分权力,保证集团对子公司的管理监控。因此A集团可以同时采用分权形式的财务公司和集权形式的现金池,即财务公司与现金池并行的模式来适应集团现在的发展阶段。

其次,成立财务公司对企业集团的企业规模、资金实力、资金管理水平、金融专业能力均有很高的要求,审批条件相当严格,因此财务公司模式一般适用于那些规模大、实力雄厚、金融服务空间大的大型企业集团。A集团规模较大,集团管理步入制度化、系统化、规范化,企业往往能形成较大的现金净流入量,适合采用财务公司的模式。此外,从内部资本市场理论的角度来看A集团成员单位成分复杂,运用现金池模式有利于满足整个企业集团内不同账户之间资金的相互供给,加强内部资金的整合和统筹管理,实现内部资金的相互平衡,提高企业集团资金的整体使用效率。

最后,A集团是集整车、零部件、服务贸易、汽车金融为一体的综合性汽车上市公司,一般来说,汽车行业是典型的资金密集型企业。为实现规模经济的目标,就需要有充足的资金支持。A集团成员单位众多,包括汽车整车厂、零部件供应商、汽车销售公司以及汽车金融公司,存在相关产业多元化发展的现象,资金管理水平和资金需求各不相同,造成

部分企业存款，部分企业贷款，无形中增加了企业运营成本。因此，建议A集团在运用财务公司模式的同时建立集团的现金池。财务公司作为非银行金融企业，可以为集团成员单位提供汽车消费信贷、融资、投资和担保等金融服务，提供的这些服务配合成员单位实体产业的发展，促进汽车销售，扩大市场需求，能更好地为集团服务，提高集团的竞争力。而现金池可以把集团内部多余的资金集中到一起使用，从而有针对性地开展投资活动，同时现金池也可以满足集团内部部分企业的融资需求，降低融资费用，提高资金利用率。

当然，A集团成分复杂，在集团直接参与投资的子公司中，既有全资子公司、控股子公司，也有合资公司，因此，在具体实施资金集中管理时，集团既要从总体上加强对资金的控制又要区别对待。集团总部可借助行政干预对全资子公司进行资金集中，由集团总部在财务公司开设现金池总账户，各子公司在财务公司开设现金池分账户，各子公司与内部成员单位或与外部企业间的资金往来，均需通过财务公司分账户，且按照事先设定的子账户定额标准，对子账户和总账户间进行资金划拨，实现资金的上存和下划；当全资子公司的资金集中管理进入成熟运行阶段时，集团总部应与控股子公司的"少数股东"进行必要协商，进而采取行政干预与政策吸引相结合的方式对控股子公司进行资金集中；而对于合资子公司，集团则不能采用行政手段强制其参与，而应采取进出自由的原则，依靠市场手段，通过较高的内部存款利率、较低的贷款利率和财务公司专业的投资理财产品等吸引其加入集团的资金集中管理。对于较低层级的子公司(二三级子公司)，其对应的母公司则可以根据自身情况适当采用内部银行或结算中心模式进行资金集中，这样就形成了分层级的资金集中管理体系，如图1所示。

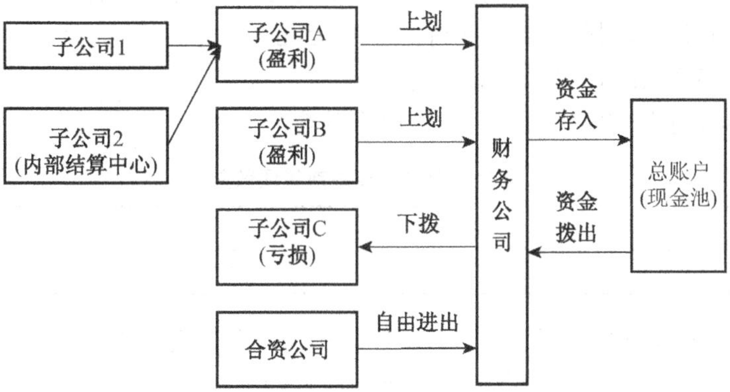

图1 A集团资金集中管理模式图

2. 效益分析

为了直观地对A集团资金集中管理实施前后的效益进行对比，我们不妨假设A集团现有a，b，c，d和e 5个子公司，其账户余额分别为9 500万元、8 000万元、12 500万元、2 500万元、3 000万元。企业集团规定资金上划限额为4 000万元，即对于子公司账户余额超过 4 000 万元的部分实行统一归集至集团总账户。因此，子公司 a、子公司 b 和子公司 c 存在资金冗余，需向集团上划资金，而子公司 d 与子公司 e 存在资金短缺，需要融资满足其发展需要。

集团将归集到现金池的资金总额留存 50%作为企业集团预留存款准备金，而对于剩下的 50%，集团将其中一部分进行对外投资理财，一部分用作内部子公司的贷款发放。我们假设集中资金运用的机会成本为相同数额的资金存入银行取得的 1 年期活期存款收益。同时，为了提高子公司参与资金集中管理的积极性，集团将子公司资金集中管理账户的存款利率按同期银行活期存款利率上浮 20%；发放内部贷款按同期银行贷款基准利率下浮 10%。对于各子公司之间资金的内部流通采取企业委托贷款的形式，由委托贷款银行代扣代缴委托贷款利息收入的营业税。相关数据见表 1。

表 1　　资金集中管理效益分析相关数据表

银行活期存款年利率	银行贷款基准利率	投资理财年收益率	企业所得税率	印花税率	营业税率	手续费率
0.35%	6%	6%	25%	0.5‰	5%	0.1%

我们以年度为单位，对比 1 年期资金集中管理的效益。

资金集中管理实现前，从集团总体角度来看，1 年后集团所获收益为子公司 a，b，c 取得的利息收入之和，即为 63 万元[(5 500＋4 000＋8 500)×0.35%]，所得税为 15.75 万元(63×25%)，而子公司 d 和 e 因资本实力较弱，可能无法取得所缺资金全额的贷款。假设 d 与 e 分别缺少 1 500 万元和 1 000 万元的资金，而能够取得的授信额度分别为 1 000万元和 500 万元，则产生的贷款利息为 90 万元[(1 000＋500)×6%]，因此企业集团总支出为 105.75 万元(15.75＋90)。

据此可得，企业集团实现资金集中管理前损益为－44.75 万元(63－107.75)，见表 2。

表 2　　资金集中管理实施前集团效益　　单位：万元

项目	收入(各子公司存款利息和)	支出(各子公司贷款利息和)	损益
数额	63	107.75	－44.75

企业集团实施并行模式后，子公司 a，b，c 的账户余额超过 4 000 万元可以实行资金上收，而子公司 d 和子公司 e 的资金缺口分别为 1 500 万元和 1 000 万元。因此各子公司上划到现金池的资金总额为 18 000 万元(5 500＋4 000＋8 500)，扣除 50%用作预留存款准备金 9 000 万元，剩下的 9 000 万元中的 2 500 万元将优先用作发放在子公司 d 和子公司 e 的内部贷款，另外的 6 500 万元用作对外投资理财。1 年后企业集团的收入为：外部投资理财利息收入 390 万元(6 500×6%)、内部贷款利息收入 135 万元(2 500×6%×90%)、预留存款备用金活期存款收益 31.5 万元(9 000×0.35%)。总收入即为 556.5 万元(390＋135＋31.5)，见表 3。集团支出包括支付子公司的存款利息 75.6 万元[18 000×

0.35%×(1+20%)]、拿出 9 000 万元统一运作的机会成本 31.5 万元(9 000×0.35%)、需缴纳的企业所得税为 139.125 万元(556.5×25%)。需支付委托贷款利息收入的营业税为 6.75 万元(135×5%)、需缴纳的印花税为 0.125 万元[(1 000+1 500)×0.5‰],支付银行手续费 2.05 万元[(5 500+4 000+8 500+1 500+1 000)×0.1‰],因此,总支出为 255.15 万元(75.6+31.5+6.75+2.05+0.125+139.125),见表 4。

表 3　资金集中管理实施后集团收入　单位:万元

收入	投资理财利息收入	内部贷款利息收入	预留存款备用金活期存款收益	总和
数额	390	135	31.5	556.5

表 4　资金集中管理实施后集团支出　单位:万元

支出	存款利息支出	机会成本	所得税	营业税	印花税	手续费	总和
数额	75.6	31.5	139.125	6.75	0.125	20.5	255.15

据此可得,企业集团整体实现资金集中管理后损益为 301.35 万元(556.5−255.15)。见表 5。

表 5　资金集中管理实施后集团效益　单位:万元

项目	收入	支出	损益
数额	556.5	255.15	301.35

根据上述数据分析,我们可以发现无论是从企业集团的角度还是从各子公司的角度,企业实现资金集中管理之后的经济效益都有所提高。

从企业集团来看,集团实现资金集中管理之前,5 个子公司总体的损益为−42.75 万元,意味着各子公司的存款利息之和不足以弥补子公司贷款利息之和。而实现资金集中管理之后,集团整体能够产生 301.35 万元的利润收入,经济效益大大增加,直观地说明实现资金集中管理能够显著提升企业集团的经济效益。

从各子公司来看,资金冗余的子公司的存款利息收入增加。在实现资金集中管理之前,子公司 a, b, c 在外部银行的存款利息分别为 19.25 万元、17.5 万元、29.75 万元。集团实施资金集中管理之后,各子公司的存款利息分别为 23.1 万元、21 万元、35.7 万元。由此可见,三个子公司的利息收入都增加了。

当然,在资金集中管理实施前,集团有冗余资金的子公司有可能不会将冗余资金完全用于银行存款,也可能进行对外投资。一般来说,公司为了保证流动资金的安全性,不会将冗余资金全部进行投资,可能部分存入银行,部分投资。对于这种情况我们也来进行简单的比较分析。在上述模拟环境下,再假设各子公司将闲散资金的 60%存入银行,40%进行投资,则经过计算,资金集中管理前,集团 1 年中能取得的收益为 469.8 万元,成本为 232.65 万元,最后的损益 237.15 万元依然低于资金集中管理后的集团损益。

在实际企业运营中，每个企业资金运作状况可能都存在差异，但是从以上模拟分析中，我们可以直观地感受到资金集中管理可以帮助企业集团了解各子公司的资金情况，使现金池内的资金能够在各子公司内实现资源共享。集团还可将归集起来的资金统一对外投资，充分发挥资金的规模效益，获得更大收益。

四、结论

资金集中管理是集团财务管理创新的重要内容，是一个整体推进、协调运作的改革过程。企业集团的资金集中管理模式主要包括统收统支、拨付备用金、结算中心、内部银行、财务公司 5 种传统模式以及新兴的现金池模式。不同的企业集团在行业背景、内外部环境方面都可能存在差异，企业集团应该根据自身实际情况来选择适合本企业的一种或多种资金集中管理模式。

案例分析提示与探讨

1. 分析思路

(1) 以 A 集团资金集中管理的现状为切入点，发现其存在的问题并分析原因。

(2) 基于 A 集团的实际情况，结合资金集中管理模式的相关理论知识，探究集团资金集中管理的可行模式。

(3) 以模拟数据测算的方式直观地体现资金集中管理前后经济效益的变化。

2. 理论依据

(1) 以我国企业集团现有的 6 种资金集中管理模式，即统收统支、拨付备用金、结算中心、内部银行、财务公司及现金池为理论基础进行 A 集团资金集中管理的分析。

(2) 以现金池与财务公司的具体应用理论来进行模拟数据测算。

3. 启发性思考题

(1) 以本案例为基础，试比较各种资金管理模式的优缺点及适用情况。

(2) 查阅相关资料，了解我国各类企业集团资金集中管理模式的选择。

(3) 试分析自贸区框架下企业的跨境人民币和外汇资金的集中运营管理。

第五篇练习

一、单项选择题

1. 营运资本不具有(　　)的特点。
A. 周转速度快　　B. 来源灵活性
C. 数量具有波动性　　D. 实物形态与价值形态的分离

2. 企业采取宽松的营运资本持有政策,产生的结果是(　　)。
A. 收益性较高,资金流动性较低　　B. 收益性较低,风险较低
C. 资金流动性较低,风险较低　　D. 收益性较高,资金流动性较高

3. 激进型筹资策略下,临时性流动资产的资金来源是(　　)。
A. 自发性负债　　B. 临时性负债
C. 长期负债　　D. 权益资本

4. 下列项目中,属于商业信用的是(　　)。
A. 融资租赁　　B. 应交税费
C. 应付账款　　D. 商业银行贷款

5. 放弃现金折扣的成本大小与(　　)。
A. 折扣百分比的大小呈反方向变化
B. 折扣期的长短呈同方向变化
C. 信用期的长短呈同方向变化
D. 折扣百分比的大小、信用期的长短均呈同方向变化

6. 贷款银行具有法律义务承诺提供不超过某一最高限额的贷款保证,被称为(　　)。
A. 信贷限额　　B. 周转信贷协定
C. 借款抵押　　D. 补偿性余额

7. 下列收取利息的方法中,可以使得名义利率和实际利率相等的是(　　)。
A. 收款法　　B. 贴现法
C. 加息法　　D. 等额还款法

8. 如果在折扣期内将应付账款用于短期投资,所得的投资收益率高于放弃现金折扣的成本,则应(　　)。
A. 选择另一家供应商提供的信用　　B. 采用展期信用,延迟到信用期后付款

C. 放弃现金折扣，直至到期再付款　　D. 在折扣期内付款，享受现金折扣

9. 某周转信贷额为8 000万元，承诺费率为0.5%。借款企业年度内使用了5 000万元（使用期为1年），借款年利率为6%，则该企业当年应向银行支付利息和承诺费共计（　　）万元。

A. 416　　B. 520　　C. 315　　D. 495

10. 某企业按年利率12%向银行借款50万元，银行要求维持贷款限额15%的补偿性余额，那么企业实际承担的利率为（　　）。

A. 12.46%　　B. 14.12%　　C. 9.4%　　D. 15.62%

11. 某企业以名义利率15%取得贷款100万元，银行要求分12个月等额偿还，则其实际利率为（　　）。

A. 10%　　B. 20%　　C. 30%　　D. 40%

12. 在销售百分比法进行资金需要量预测时，下列一般情况不是敏感项目的是（　　）。

A. 货币资金　　B. 存货　　C. 应付账款　　D. 盈余公积

13. 在确定最佳现金持有量时，成本分析模式和存货管理模式均需考虑的因素是（　　）。

A. 持有现金的机会成本　　B. 固定性转换成本

C. 现金短缺成本　　D. 现金保管成本

14. 最佳现金持有量的存货管理模式中，应考虑的相关成本主要有（　　）。

A. 机会成本和交易成本　　B. 交易成本和短缺成本

C. 机会成本和短缺成本　　D. 持有成本和短缺成本

15. 下列有关现金的成本中，属于固定成本性质的是（　　）。

A. 现金管理成本　　B. 占用现金的机会成本

C. 交易成本中的委托买卖佣金　　D. 现金短缺成本

16. 企业在确定为应付预防性需要而持有的现金数量时，不需考虑的因素是（　　）。

A. 企业愿意承担风险的程度　　B. 企业临时融资能力的强弱

C. 金融市场投资机会的多少　　D. 企业对现金流量预测的可靠程度

17. 下列项目中，属于持有现金的机会成本的是（　　）。

A. 现金管理人员的工资　　B. 现金安全措施费用

C. 现金被盗损失　　D. 现金的再投资收益

18. 企业持有短期有价证券，主要是为了维持企业资产的流动性和（　　）。

A. 企业良好的信用地位　　B. 企业资产的收益性

C. 正常情况下的现金需要　　D. 非正常情况下的现金需要

19. 企业为满足交易动机而持有现金，所需考虑的主要因素是（　　）。

A. 企业销售水平的高低　　B. 企业临时举债能力的大小

C. 企业对待风险的态度　　D. 金融市场投资机会的多少

20. 企业在进行现金管理时，可以利用的现金浮游量是指（　　）。

A. 企业账户所记存款余额

B. 银行账户所记企业存款余额

C. 企业账户与银行账户所记存款余额之差

D. 企业实际现金余额超过最佳现金持有量之差

21. 利用邮政信箱法和银行业务集中法进行现金回收管理的共同优点是(　　)。

A. 可以缩短支票邮寄时间　　B. 可以降低现金管理成本

C. 可以减少收账人员　　D. 可以缩短发票邮寄时间

22. 企业现金收支状况比较稳定,全年的现金需要量为 200 000 元,每次转换有价证券的固定成本为 400 元,有价证券的年利率为 10%,则达到最佳现金持有量的全年转换成本是(　　)元。

A. 10 000　　B. 20 000　　C. 30 000　　D. 40 000

23. 下列各项中,属于应收账款机会成本的是(　　)。

A. 客户资信调查费用　　B. 应收账款占用资金的应计利息

C. 坏账损失　　D. 收账费用

24. 下列各项中,不属于信用政策构成要素的是(　　)。

A. 信用期限　　B. 现金折扣　　C. 信用标准　　D. 商业折扣

25. 在信用期限、现金折扣的决策中,必须考虑的因素是(　　)。

A. 货款结算需要的时间　　B. 公司所得税税率

C. 销售增加引起的存货资金增减变动　　D. 应收账款占用资金的应计利息

26. 对应收账款信用期限的叙述中,正确的是(　　)。

A. 信用期限越长,企业坏账风险越小

B. 信用期限越长,表明客户享受的信用条件越优越

C. 延长信用期限,不利于销售收入的扩大

D. 信用期限越长,应收账款的机会成本越低

27. 下列各项中,不属于应收账款成本构成要素的是(　　)。

A. 机会成本　　B. 管理成本　　C. 坏账成本　　D. 短缺成本

28. 信用标准是企业可以接受的客户的信用程度,其判断标准是(　　)。

A. 赊销比例　　B. 预计坏账损失率

C. 应收账款回收期　　D. 现金折扣

29. 采用 ABC 分类管理法对存货进行管理时,应当重点管理的是(　　)。

A. 数量较多的存货　　B. 占用资金较多的存货

C. 品种较多的存货　　D. 库存时间较多的存货

30. 某企业全年需用 A 材料 2 400 吨,每次的订货成本为 400 元,每吨材料年储存成本 12 元,则每年最佳订货次数为(　　)次。

A. 12　　B. 6　　C. 3　　D. 4

31. 允许缺货时的经济订货量一般会(　　)不允许缺货时的经济订货量。
A. 大于　　B. 小于　　C. 等于　　D. 不一定
32. 存货 ABC 分类管理法下,最基本的分类标准是(　　)。
A. 金额　　B. 品种　　C. 数量　　D. 体积
33. 在允许缺货的情况下,经济进货批量是使(　　)的进货批量。
A. 购置成本与储存成本之和最小
B. 订货成本等于储存成本
C. 订货成本、储存成本与短缺成本之和最小
D. 购置成本等于储存成本与短缺成本之和
34. 经济订货量基本模型的假设条件中不包括(　　)。
A. 一定时期的进货总量可以准确预测　　B. 存货进价稳定
C. 存货耗用均衡　　D. 允许缺货
35. 下列订货成本中属于变动性订货成本的是(　　)。
A. 采购部门管理费用　　B. 采购人员的工资
C. 订货业务费　　D. 预付定金的机会成本
36. 信用条件为("2/10, n/30")时,预计有 40%的客户选择现金折扣优惠,则平均收款期为(　　)天。
A. 16　　B. 28　　C. 26　　D. 22
37. 通常情况下,企业持有现金的机会成本(　　)。
A. 与现金余额呈反比　　B. 与有价证券的利率呈正比
C. 与持有时间呈反比　　D. 是决策的无关成本
38. 成本分析模式下的最佳现金持有量是使以下各项成本之和最小的现金持有量是(　　)。
A. 机会成本和交易成本　　B. 机会成本和短缺成本
C. 持有成本和交易成本　　D. 持有成本、短缺成本和交易成本
39. 在供货企业不提供数量折扣的情况下,影响经济订货量的因素是(　　)。
A. 取得成本　　B. 储存成本中的固定成本
C. 购置成本　　D. 订货成本中的变动成本
40. 实行数量折扣的经济进货量模式应考虑的成本因素是(　　)。
A. 订货成本和储存成本　　B. 购置成本和储存成本
C. 订货成本、储存成本和购置成本　　D. 订货成本、储存成本和缺货成本

二、多项选择题

1. 影响营运资本投资的主要因素有(　　)。
A. 风险和收益　　B. 行业差别　　C. 利率水平　　D. 企业决策者

2. 营运资本持有政策有(　　)。

A. 激进的政策　　B. 宽松的政策　　C. 适中的政策　　D. 紧缩的政策

3. 企业持有流动资产主要出于(　　)的原因。

A. 正常生产经营需要　　B. 保险储备需要

C. 额外需要　　D. 获利需要

4. 科学安排长期资金来源与短期资金来源的比例,可采用的策略有(　　)。

A. 保守型　　B. 开放型　　C. 激进型　　D. 适中型

5. 如果企业经营在季节性低谷时除了自发性负债外不再使用短期借款,其所采用的营运资本融资政策属于(　　)。

A. 配合型融资政策　　B. 激进型融资政策

C. 稳健型融资政策　　D. 配合型或稳健型融资政策

6. 属于"自动性筹资"的有(　　)。

A. 短期借款　　B. 应付票据　　C. 预收账款　　D. 应付账款

7. 采用商业信用筹资的主要优点有(　　)。

A. 资金成本低　　B. 限制条件少

C. 降低企业财务风险　　D. 增强企业信誉度

8. 下列情形中,企业应享受现金折扣的有(　　)。

A. 借入资金利率高于放弃现金折扣的机会成本

B. 借入资金利率低于放弃现金折扣的机会成本

C. 短期投资收益率低于放弃现金折扣的机会成本

D. 短期投资收益率高于放弃现金折扣的机会成本

9. 补偿性余额对借款企业的影响包括(　　)。

A. 减少了可用资金　　B. 提高了实际利率

C. 减少了利息支出　　D. 降低了实际利率

10. 在以下的筹资方式中,机会成本为零的是(　　)。

A. 应付账款　　B. 预收账款

C. 不带息应付票据　　D. 不带现金折扣的赊购

11. 采用销售百分比法预测资金需求量时,下列各项中,属于敏感性项目的是(　　)。

A. 现金　　B. 存货　　C. 长期借款　　D. 应付账款

12. 企业持有现金的动机有(　　)。

A. 交易动机　　B. 预防动机

C. 投机动机　　D. 维持补偿性余额

13. 企业应持有的现金余额通常小于交易动机、预防动机和投资动机三种动机所需现金之和,因为(　　)。

A. 各种动机所需保持的现金并不要求必须是货币形态

B. 变现质量好的有价证券可以随时变现

C. 现金在不同时点上可以灵活使用

D. 各种动机所需要的现金可以调剂使用

14. 以下方式中，能使企业提高现金使用效率的有（　　）。

A. 银行业务集中法　　B. 尽可能使用汇票付款

C. 使用现金浮游量　　D. 推迟支付应付款

15. 用存货分析模式确定最佳现金持有量时，应予考虑的成本费用项目有（　　）。

A. 现金管理成本　　B. 现金与有价证券的交易成本

C. 持有现金的机会成本　　D. 现金短缺成本

16. 企业运用存货模式确定最佳现金持有量所依据的假设包括（　　）。

A. 所需现金只能通过银行借款取得　　B. 预算期内现金需要总量可以预测

C. 现金支出过程比较稳定　　D. 证券利率及交易成本可以知道

17. 利用成本分析模式确定最佳现金持有量时，不予考虑的因素是（　　）。

A. 持有现金的机会成本　　B. 现金短缺成本

C. 现金与有价证券的转换成本　　D. 管理成本

18. 关于现金最佳持有量确定的随机模式下列表述中，正确的是（　　）。

A. 随机模式中企业持有现金余额是随机波动的

B. 随机模式确定的现金持有量是控制在一定范围内的

C. 随机模式确定的最佳持有量是一个确定的金额

D. 随机模式确定的持有量下限受管理人员风险承受倾向影响

19. 以下关于短期有价证券投资说法中，正确的有（　　）。

A. 作为企业调度资金的一种有效手段

B. 股票和长期债券因为其时间性较长，一般不可以作为短期有价证券的投资对象

C. 能为企业创造收益，减少持有现金的机会成本

D. 变现风险是短期有价证券投资应考虑的一个重要因素

20. 企业发生应收账款的主要原因是（　　）。

A. 市场竞争的需要　　B. 结算的需要

C. 减少存货，加速资金周转的需要　　D. 满足客户的需要

21. 下列各项中，属于应收账款管理成本的是（　　）。

A. 坏账损失　　B. 收账费用

C. 客户信誉调查费　　D. 应收账款占用资金的应计利息

22. 信用政策包括（　　）。

A. 信用期间　　B. 信用标准

C. 现金折扣政策　　D. 收款监督

23. 客户资信程度的高低通常取决于信用品质和（　　）。

A. 偿债能力　B. 资本　C. 担保品　D. 经济状况

24. 信用标准过高的可能结果包括（　　）。
A. 丧失很多销售机会　B. 降低违约风险
C. 扩大市场占有率　D. 减少坏账费用

25. 存货包括的项目有（　　）。
A. 在产品　B. 低值易耗品　C. 机器设备　D. 委托加工商品

26. 存货在企业生产经营中所具有的作用主要有（　　）。
A. 降低储存成本　B. 满足生产经营的需要
C. 降低采购成本　D. 保证资产流动性

27. 存货成本包括（　　）。
A. 购置成本　B. 订货成本　C. 储存成本　D. 缺货成本

28. 缺货成本指由于不能及时满足生产经营需要而给企业带来的损失，主要包括（　　）。
A. 商誉（信誉）损失　B. 延期交货的罚金
C. 采取临时措施增加的费用　D. 停工待料损失

29. 存货决策涉及的四项内容中财务部门主要应做的是（　　）。
A. 决定进货项目　B. 选择供货单位
C. 决定进货时间　D. 决定进货批量

30. 经济订货量基本模型中与经济订货量决策相关的成本是（　　）。
A. 变动订货成本　B. 变动储存成本
C. 缺货成本　D. 购置成本

三、判断题

1. 营运资本即经营性资金，一般指货币资金。（　　）
2. 企业持有流动资产越多，资金周转增值速度越快，所以收益能力也就越高。（　　）
3. 从理论上讲，激进型融资政策下企业的资本成本最低，配合型融资政策次之，稳健型融资政策下企业的资本成本最高。（　　）
4. 在业务规模一定的情况下，持有营运资本数量多少，是由企业营运资本投资政策决定的。（　　）
5. 当利率水平比较高时，企业为了获取利息收入，增加存款数量，因此营运资本持有量增加。（　　）
6. 宽松的营运资本投资政策比适中的营运资本投资政策多满足了保险储备的需要。（　　）
7. 配合型融资政策的基本思想是资产与负债的期间相配合，以降低企业不能偿还到期债务的风险和尽可能降低债务的资金成本。（　　）
8. 企业自发性流动负债，因偿还期较短，一般主要用于临时性流动资产。（　　）

9. 某企业计划购入材料，供应商给出的付款条件为(“1/20、n/50”)。若银行短期借款利率为10%，则企业应在折扣期内支付货款。（　）
10. 周转信贷协定是银行具有法律义务承诺提供不超过某一最高限额的贷款协定。（　）
11. 商业信用筹资的最大优点在于容易取得，对于多数企业来说，商业信用是一种持续性的信用形式。（　）
12. 银行与企业签订的借款协议中规定补偿性余额，这是兼顾双方的利益确定的。（　）
13. 支付银行贷款利息的各种方法中，名义利率与实际利率相同的是贴现法。（　）
14. 利用商业信用筹资与利用银行借款筹资不同，前者不需要负担资金成本，而后者肯定有利息等成本。（　）
15. 某企业按年利率10%从银行借款150万元，银行要求企业保持15%的补偿性余额，则企业借款的实际利率为15%。（　）
16. 企业放弃现金折扣的成本与折扣期的长短呈反方向变化，与折扣率的高低和信用期的长短呈同方向变化。（　）
17. 在存货模式下，持有现金的机会成本与现金固定性转换成本相等时的现金持有量为最佳现金持有量。（　）
18. 流动资产的并存性是指流动资产同其他各类资产同时并存。（　）
19. 采用锁箱系统加速收款，主要是缩短了转账占用的时间。（　）
20. 集中收款系统可以节约票据的传递占用时间和企业处理票据占用时间。（　）
21. 成本分析模式确定最佳现金持有量时，只有机会成本和短缺成本是决策相关成本。（　）
22. 企业持有短期有价证券的一个目的是出于控股的需要。（　）
23. 进行正常的短期投资活动所需要的现金属于正常交易动机所需现金。（　）
24. 应收账款管理主要是对信用销售和结算需要产生的应收账款进行的管理。（　）
25. 制订合理的信用政策，是加强应收账款管理，提高应收账款效益的前提条件。（　）
26. 赊销是扩大销售的有力手段之一，企业应尽可能放宽信用条件，增加赊销量。（　）
27. 应收账款管理的总体评价指标主要运用应收账款周转率和周转天数。（　）
28. 通过编制应收账款账龄分析表，并加以分析可以了解各顾客的欠款金额、欠款期限和偿还欠款的可能时间。（　）
29. 存货保险储备的建立会改变经济订货量。（　）
30. 实行数量折扣的经济订货量决策时，存货购置成本是决策相关成本。（　）
31. 能够使企业的订货成本、储存成本和缺货成本之和最低的进货批量，便是经济进货量。（　）

32. 存货管理的目标是在存货成本和存货效益之间作出权衡，达到两者的最佳结合。（　　）

33. 订货提前期对经济订货量的确定并没有影响，只是改变了订货周期。（　　）

34. 一般来说，企业在生产和销售计划已经确定的情况下，存货量大小取决于每次进货数量。（　　）

35. 一般来讲，当某种存货品种数量比重达到70%左右时，可将其划为A类存货，进行重点管理和控制。（　　）

四、计算分析题

1. 某企业向银行借款10万元，期限为1年，规定年利率(名义)为15%。

要求：分别计算当银行采用贴现法和加息法收取利息时，企业借款的实际利率。

2. 某公司向银行借入短期借款10万元。支付银行贷款利息的方式同银行协商后的结果是：如采用收款法，利息为15%；如采用贴现法，利息为12.5%；如采用加息法，利息为8%。

请问：如果你是该公司财务经理，你选择哪种支付方式？并说明理由。

3. 某公司拟采购一批零件，供应商报价如下：

(1) 立即付款，价格为9 650元。

(2) 30天内付款，价格为9 740元。

(3) 31天至60天内付款，价格为9 860元。

(4) 61天至90天内付款，价格为10 000元。

假设银行短期贷款利率为12%，每年按360天计算。

要求：

(1) 计算放弃现金折扣的成本(比率)。

(2) 确定对该公司最有利的付款日期和价格。

4. 甲公司急需购进一批材料，供应商给出的信用条件如下：

(1) 立即付款，价格为9 650元。

(2) 30天内付款，价格为9 850元。

(3) 30天后、50天内付款，价格为10 000元。

由于公司现金不足，需要向银行借入一笔资金。拟借入3个月期限、利率为14%的生产周转借款。银行要求用贴现法支付。

要求：计算甲公司为购买这批材料需要借入的最低资金。

5. 某公司正与某银行协商一笔价值等于10万元的1年期贷款。银行提供了下列各种贷款条件供其选择：

(1) 年利率等于15%的贷款，没有补偿性余额规定，而利息费用则在年底支付。

(2) 年利率等于12%的贷款，补偿性余额等于贷款额的14%，而利息费用在年底支付。

(3) 年利率等于10%的贴现利率贷款,而补偿性余额等于贷款额的12%。

(4) 年利率等于8%的利率贷款,利息费用在年底支付,但借款人要每月分期平均偿还贷款。

试问:哪种贷款条件下具有最低的实际利率?

6. 某企业作出如下决策:当放弃现金折扣的年成本达到27%时,则享受现金折扣。如果该公司1年放弃现金折扣的次数为9次。

要求:计算该公司可以接受的现金折扣率的下限。

7. 某公司预计下年度经营所需现金250 000元,且耗用均衡,已知现金与有价证券每次转换成本为500元,有价证券的年收益率为10%。

要求:

(1) 计算最佳现金持有量。

(2) 计算最佳持有量下现金的相关总成本。

(3) 计算最佳现金交易次数。

(4) 计算最佳交易周期。

8. 某企业每日现金余额变化的标准差为800元,有价证券的年利率为9%,每次转换固定成本为75元,公司现金余额最低限额为3 000元。

要求:计算该企业的最优现金返回线R,现金控制上限H,并对公司现金控制提出建议。

9. 某公司年销售额为40万元,信用条件为"2/10, n/30",其中60%的客户10天内付款,30%的客户在信用期满时付款,10%的客户在购货后平均40天付款。

要求:

(1) 计算平均收款期。

(2) 应收账款平均占用资金为多少?

10. 某公司的年赊销收入为3 600万元,平均收账期为75天,坏账损失为赊销额的6%,年收账费用为6万元,该公司认为通过增加收账人员等措施,可以使平均收账期降为60天,坏账损失率降为赊销额的4%。假设公司的资金成本率为6%。

要求:计算为使上述措施在经济上合理,新增收账费用的上限是多少?

11. B公司正考虑将其信用条件由("2/15, n/30")改为("3/10, n/30"),以加速应收账款的收回。在目前,约有50%的客户享有该公司所提供的2%的折扣,而在信用条件改为("3/10, n/30")后,享有折扣的客户预期会上升到70%。不管是在什么信用条件下,在所有未享受折扣的客户中,有一半客户会准时付款,而另一半客户则会在信用期过后的第15天付款。预计坏账损失率在目前4%的基础上会下降到2%。销售额可由目前的500万元提高到800万元。公司对外投资收益率为15%,企业销售利润率为20%。

要求:

(1) 试分别算出A公司在信用条件改变前与改变后的平均收现期，折扣费用，应收账款，应计利息以及坏账损失。

(2) 试算出信用条件改变所带给A公司的增量利润，试问A公司是否应该改变它的信用条件？

12. 某公司目前赊销收入为800万元，销售利润率为15%，公司最低的投资报酬率12%，信用条件“n/30”，坏账损失率2%，收账费用7万元。该公司拟改变信用政策以增加销售收入10%，有以下方案可供选择：

新方案：信用条件“2/10，1/20，n/50”，坏账损失率1%，收账费用5.5万元。客户的分布情况为：10天内付款的占50%，20天内付款的占30%，50天内付款的占20%。

要求：通过计算说明该公司是否该改变目前的信用政策。

13. 企业本年销售额为500 000元，拟改变现在只对坏账损失率小于15%的客户赊销的信用政策。有两个方案可供选择：

甲方案：只对坏账损失率小于10%的客户赊销，预计销售收入将减少60 000元，平均付款期仍为40天，管理成本将减少350元，减少销售额的预计坏账损失率为15%；

乙方案：只对预计坏账损失率小于20%的客户赊销，预计销售收入将增加90 000元，平均付款期为45天，管理成本将增加500元，增加销售额的预计坏账损失率为18%，企业销售利润率为20%，企业投资报酬率为10%。

问：企业是否应改变信用政策？如改变信用政策应采用哪个方案？

14. C公司是一家冰箱生产企业，全年需要压缩机360 000台，均衡耗用。全年生产时间为360天，每次的订货费用为16 000元，每台压缩机持有费为80元，每台压缩机的进价为900元。根据经验，压缩机从发出订单到进入可使用状态一般需要5天，保险储备量为2 000台。

要求：

(1) 计算经济订货批量。

(2) 计算全年最佳订货次数。

(3) 计算最低存货成本。

(4) 计算再订货点。

15. 某公司每年需用某种材料800吨，每次订货成本400元，每吨材料的年储存成本为100元，该种材料买价为1 500元/吨。

要求：

(1) 每次购入多少吨，可使全年与进货批量相关的总成本达到最低？此时的相关总成本为多少？

(2) 若每次订货量在100吨以内没有折扣，在100吨～200吨范围内时可获2%的折扣，在200吨以上时可获3%的折扣，请计算此时的最佳经济订货量？

第六篇

利润分配

利润分配是财务管理的三大核心内容之一，股利政策与股利分配策略的选择是保证企业可持续发展的一个重要环节，如何在企业发展的不同寿命周期中，制定出适合企业发展的政策与策略，以实现股东权益的最大化目标，是财务管理实践中的现实问题。本章案例以此为目标进行组织与选择，从公司的股利政策实践中找到影响决策的因素。

【案例 18】

佛山照明的高股利分配政策

一、引言

佛山照明 1993 年 11 月在 A 股上市，1995 年发行 B 股。上市 20 多年来，一直专注于主业电光源产品的研发、生产和销售。最近 6 年主营业收入年增长率在 11%～20%之间，净利润年增长率保持在 5%以上；连续 10 年每股收益在 0.5 元以上，有 3 年超过 0.9 元，最高达到 1.26 元，是中国股市上少有的业绩稳定增长的公司。公司一直维持高派现股利政策，是沪深两市唯一一家现金分红超过股票融资的公司，有“现金奶牛”之称。

二、背景介绍

根据证券交易所公开信息，佛山照明的发展可以从以下几个统计资料看出其基本情况，如表 1 至表 6 所示。

表 1　　佛山照明历年股利政策　　单位：每 10 股

红利政策年份	送股(股)	转增股(股)	现金红利(元)
1993	5		3.00
1994			8.10
1995		5	6.80
1996			4.77
1997			4.00
1998			4.02
2000			3.80
2001			4.00
2002			4.20
2003	5		4.6
2004			4.8

（续表）

红利政策年份	送股(股)	转增股(股)	现金红利(元)
2005			4.9
2006		3	5
2007		5	5.85
2008		4	2.2
2009			2.2
2010			2.5
2011			2.5
2012			3.1
2013			1.6
2014		3	2.2

表 2　　佛山照明部分市场价格指标与同行业上市公司比较(2014 年)

股票名称	市盈率	市净值	配股价格市盈率
佛山照明	28.63	3.21	8.70
嘉宝实业	45.26	4.07	20.32
广电电子	33.67	4.23	12.41
浙江阳光	55.24	18.75	—
平均	46.85	6.26	20.78

表 3　　佛山照明分类财务指标　　金额单位:万元

	类别名称	营业收入	占营业收入比例	营业成本	占成本比例	营业利润	占利润比例	毛利率
按产品分类	照明器材及灯具	152 752.02	100.00%	114 435	100.00%	38 317.02	100.00%	25.08%
按行业分类	制造业	152 752.02	100.00%	114 435	100.00%	38 317.02	100.00%	25.08%
按地域分类	内销	103 670.55	67.19%	81 554.27	70.54%	22 116.28	57.17%	21.33%
	外销	49 081.47	31.81%	32 880.72	28.44%	16 200.74	41.88%	33.01%
	其他业务	1 553.86	1.01%	1 186.73	1.03%	367.12	0.95%	23.63%

表 4　　佛山照明历年每股收益

年份	每股收益(元)	每10股派现(元)
2014	0.27	2.2
2013	0.26	1.6
2012	0.41	3.1
2011	0.3	2.5
2010	0.27	2.5
2009	0.22	2.2
2008	0.32	2.2
2007	0.61	5.85
2006	0.57	5

表 5　　佛山照明股本结构

	2002年12月31日
国家股	23.90%
法人股	11.99%
流通B股	22.94%
基金持股	9.31%
合　计	68.14%
A股散户	31.86%

表 6　　佛山照明前十大股东中的机构投资人(2015年6月底)

前十大流通股东	持股数(万股)	占比
欧司朗控股有限公司	13 181.57	13.47%
佑昌灯光器材有限公司	10 275.16	10.05%
安信国际证券(香港)有限公司	1 807.90	1.85%
DBS VICKERS (HONG KONG) LTD A/C CLIENTS	1 566.05	1.60%
自然人	2217.41	2.27%
BBH A/C VANGUARD EMERGING MARKETS STOCK INDEX FUND	459.28	0.47%
BOCHK INVESTMENT FUNDS-BOCHK CHINA GOLDEN DRAGON FUND	451.79	0.46%
中国农业银行股份有限公司-申万菱信中证环保产业指数分级证券投资基金	378.40	0.39%

三、案例分析

人们对佛山照明长期高派现股利政策的评价大不相同。由于佛山照明股价一直相对稳定，即使在股市泡沫较强的1999—2001年，公司股价稳定在10～13元水平，换手率低。短线交易的流通股股东颇为恼火，一位股民抱怨说“我在股市泡了7年，从没有见过这样死的股票”。另一位股民则表示“我是佛山照明多年的老股东，一开始还卖出过一些，现在决定不动了，不管股价能涨多高，每年分分红也不错。哪一天走不动了，还可以用这笔钱请个保姆照顾我”。学者和媒体的评论也有褒有贬。褒扬者称这是公司控股股东和管理层不以圈钱为目的的表现，而有些学者则认为佛山照明“高额派现金股利并没有提高公司价值”，“现金股利可能是大股东转移资金的工具，并没有反映中小投资者的利益与愿望”[陈信元，陈冬华和时旭(2003)]。证据是股票市场对佛山照明高派现股利政策反应平淡，上市20多年来，股利公告日前后的平均超额收益率和累计超额收益率都略呈负值。

实际上，佛山照明股东构成比较复杂。2014年国有股占23.9%，由佛山市国资办持有；法人股占11.99%，法人股比较分散，最大的法人股东持股比例不到2%；流通B股占22.94%，主要被新加坡一家公积基金、香港汇丰银行、百富勤重仓持有；流通A股占41.7%，2003年6月30日，若干平衡型基金和追求重组题材的基金持有5.91%。流通A股股东占总股本的35.26%，非流通股股东、境外投资人和机构投资人合计持股在65%～70%之间。2015年6月底，前十大流通股东除基金持有者所变化外，其他基本不变。不同类型的股东价值取向不同，定价模式和价格水平差异甚大。例如，B股与A股投资者，以及A股投资者之间。因此，更准确的问题应该是佛山照明为那类股东创造了价值。

佛山照明股票收益波动性很小，无论是在1993年、1998年还是2014年购买都不会亏损。这一方面是佛山照明这类关注长期股东利益的公司不为短期投机者青睐，股价比较稳定，资本收益本身波动性较小。佛山照明β值为0.75，嘉宝集团为1.22。从2000年年末至2003年的弱市中，佛山照明年均资本损失率仅为4.65%，嘉宝集团则高达26.11%。此外，高派现一定程度上规避了资本收益波动风险，佛山照明2.5年期年均资本收益为−4.65%，但同期现金红利收益率为+4.6%，抵销了资本收益亏损。佛山照明现金红利高且稳定，我们用红利贴现模型估算2003年年初期佛山照明股票价值。2002年佛山照明每股派发现金红利0.4元，即$D_0=0.4$，过去3年净利润年均增长率为6.7%。其股利与流动资产之比如图1所示。

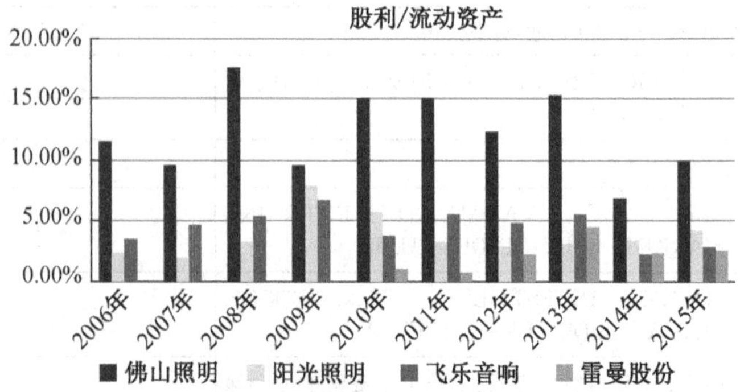

图1 佛山照明历年股利与流动资产之比

佛山照明长期的高现金红利政策，给占公司股份大多数的以公司内在价值定价的长期股东创造了稳定和较高的长期投资价值。

四、结论

理想状态下的股东价值最大化在不完美的现实中面临很多问题。在短期投机的价值取向下，上市公司要坚持长期真实价值最大化并不是一件容易的事。A股市场长期以来被短期投机交易投资理念及其投资力量主导，形成明显脱离公司投资价值的股票价格和短期交易获利的商业模式。流通股股东与内部控股股东在价值创造、融资和价值分配策略上的分歧会比较突出。不能简单地把流通股股东的利益等同于上市公司股东价值最大化。

近年来，监管部门推出了一系列规范股票市场参与各方行为的政策法规，对股票市场发展和规范起到积极作用。但上市公司哪些行为需要监管？哪些行为应该由上市公司控股股东与股票市场双方博弈？监管机构有时候迫于股票市场短期投机的流通股股东的舆论，制定了细致的上市公司行为监管政策。有些规定矫枉过正。例如，由流通股股东决定公司能否实施再融资计划，限制了诚信经营的上市公司正常商业抉择，损害了非流通股东和其他利益相关者的合法利益，不利于上市公司持续发展。

案例分析提示与探讨

1. 分析思路

(1) 股东结构与股东的价值取向是决定股利分配的主要因素。

(2) 公司的发展战略在股利分配政策的决策中如何体现。

(3) 公司的业务性质与经营战略在一定程度上决定了公司股利分配的方式。

2. 理论依据

(1) 股利政策的决策过程。

(2) 股利分配方式的选择依据与公司目标取向。

3. 启发性思考题

(1) 股票市场对佛山照明高派现股利政策反应平淡，上市二十多年来，股利公告日前后的平均超额收益率和累计超额收益率都略呈负值。如何看待这一情况？

(2) 一家公司很少派发现金股利是否就是对小股东不负责任？

(3) 试探讨佛山照明的股利政策是否应该调整？如何调整？

【案例 19】

四川长虹电器股份有限公司股利政策

一、引言

四川长虹电器股份有限公司(以下简称"四川长虹")是 1988 年经绵阳市人民政府[绵府发(1988)33 号]批准进行股份制企业改革试点而设立的股份有限公司,同年原人民银行绵阳市分行[绵人行金(1988)字第 47 号]批准向社会公开发行了个人股股票。1993 年,四川长虹按《股份有限公司规范意见》等有关规定进行规范后,国家体改委[体改生(1993)54 号]批准四川长虹继续进行规范化的股份制企业试点。1994 年 3 月 11 日,经中国证监会[证监发审字(1994)7 号]批准,四川长虹的社会公众股 4 997.37 万股在上海证券交易所上市流通。

1992 年,四川长虹在全国同行业中首家突破彩电生产百万台大关。1995 年 8 月,第 50 届国际统计大会授予公司"中国最大彩电生产基地"和"中国彩电大王"殊荣;龙头产品"长虹"牌系列彩电荣获国家权威机构对电视机颁发的所有荣誉。1996 年,四川长虹进入全国 300 家重点扶持企业之列,同年,长虹技术中心被列为国家级重点技术中心。1997 年 4 月 9 日,长虹品牌荣获"驰名商标证书"。1997 年 8 月,国家经贸委确定公司为全国六家技术创新试点企业之一。1999 年 3 月 8 日,四川省科学技术委员会换发了四川长虹高新技术企业证书,统一编号为 QN-98001M。2006 年科学技术部、国务院国资委、中华全国总工会等三部门确定四川长虹为首批 103 家创新型试点企业之一。

四川长虹目前正在努力打造世界级企业、拓展国际市场,已在海外设立多家办事处,产品辐射东南亚、欧洲、北美洲、大洋洲、非洲、中东等地区。2006 年度,四川长虹主要从事电视机、空调、视听产品、电池、手机以及卫星电视产品的生产销售、IT 产品及冰箱产品的销售以及房地产开发等生产经营活动。

二、背景介绍

(一)"四川长虹"基本情况

1. 经营业务

四川长虹在 20 世纪 70 年代还只是单纯生产黑白电视机,到了 80 年代开始引进彩电生产技术,随后,在这一龙头产品的带动下,逐步开始了产品多元化发展,到了21世纪,公司产品已经覆盖电视、空调、数字视听、电池、器件、通讯、网络、小家电、生产设备及可视系统、娱乐科技、液晶显示、应用电视等多个产业,形成了彩电、空调、AV产品、网络产品、电池等十多个系列,百多种产品。

四川长虹始终坚持技术是企业生命的原动力,时刻保持对高新技术的充分接触和跟踪,不断加大技术开发的力度和投入,增强科研开发实力。四川长虹拥有国家级的技术中心和博士后科研流动站,与中科院、清华大学等国内著名的科研院所建立了密切的技术合作关系,并先后与东芝、飞利浦、ST等多家国外著名企业建立联合实验室,与国际家电同行站在同一起跑线。四川长虹先后投巨资兴建了CAD、CAE、CAM工作站系统和全消声实验室、EMC电磁兼容实验室等一大批先进开发、检测设施。长虹拥有强大的技术创新能力,依靠自身科技力量完成多项自主知识产权科研成果,其中90%以上已迅速成功转化为满足国内外市场需求的产品,填补了国内技术诸多空白,一大批代表世界先进技术潮流的新产品在长虹相继诞生,成为四川长虹快速发展的强大推动力,公司新产品的销售收入占到了总销售收入的80%以上。

2. 组织结构与治理结构

在公司治理结构方面,四川长虹严格按照《公司法》《证券法》、中国证监会有关法律、法规及《上海证券交易所上市规则》的要求,不断完善公司法人治理结构,建立现代企业制度,规范公司运作。公司保证所有股东,特别是中小股东享有平等地位;公司按照《股东大会规范意见》的要求召集、召开股东大会,使股东行使表决权;公司控股股东行为规范,没有超越股东大会直接或间接干预公司的决策和经营活动;公司董事会严格按照公司章程行使公司治理职责,全心全意对全体股东和股东大会负责;公司监事会认真履行职责,对公司财务以及公司董事、总经理和其他高级管理人员履行职责的合法、合规性进行监督;公司经理人员的聘任严格按照有关法律、法规和公司章程的规定进行;公司内部实行全员绩效考核制度。

3. 四川长虹2013—2015年度主要财务指标

四川长虹2013—2015年度主要财务指标如表1至表3所示。

表1　　四川长虹2013年主要财务指标表(2013.12.31)　　金额单位:亿元

主营构成	主营收入	比例	主营成本	成本比例	主营利润	利润比例	毛利率
按行业分类							
家电	452	76.81%	378	76.88%	74.5	76.45%	16.47%
中间产品	95.3	16.19%	83.0	16.90%	12.3	12.61%	12.89%
其他(补充)	17.2	2.92%	12.5	2.55%	4.66	4.78%	27.11%
房地产	12.9	2.19%	8.26	1.68%	4.61	4.74%	35.84%
其他	5.65	0.96%	5.05	1.03%	0.606 1	0.62%	10.72%

（续表）

主营构成	主营收入	比例	主营成本	成本比例	主营利润	利润比例	毛利率
运输、加工	5.51	0.94%	4.72	0.96%	0.783 1	0.80%	14.22%
按产品分类							
电视	197	33.40%	158	32.24%	38.3	39.27%	19.45%
IT 产品	128	21.71%	122	24.92%	5.37	5.51%	4.20%
空调冰箱	95.5	16.23%	69.1	14.07%	26.4	27.11%	27.64%
中间产品	95.3	16.19%	83.0	16.90%	12.3	12.61%	12.89%
其他(补充)	17.2	2.92%	12.5	2.55%	4.66	4.78%	27.11%
机顶盒	13.1	2.22%	11.0	2.25%	2.03	2.08%	15.51%
房地产	12.9	2.19%	8.26	1.68%	4.61	4.74%	35.84%
通讯产品	9.80	1.66%	9.74	1.98%	0.05	0.05%	0.54%
电池	6.94	1.18%	5.10	1.04%	1.84	1.89%	26.51%
其他	5.65	0.96%	5.05	1.03%	0.61	0.62%	10.72%
运输、加工	5.51	0.94%	4.72	0.96%	0.78	0.80%	14.22%
系统工程	1.36	0.23%	0.95	0.19%	0.41	0.42%	30.31%
厨卫产品	0.90	0.15%	0.80	0.16%	0.11	0.11%	11.82%
数码影音	0.15	0.02%	0.15	0.03%	−48.3	0	−3.33%
按地区分类							
国内	484	82.27%	398	80.98%	86.5	88.75%	17.85%
国外	87.2	14.81%	80.9	16.47%	6.30	6.46%	7.22%
其他(补充)	17.2	2.92%	12.5	2.55%	4.66	4.78%	27.11%

表 2　　四川长虹 2014 年主要财务指标表(2014.12.31)　　金额单位:亿元

	主营收入	比例	主营成本	成本比例	主营利润	利润比例	毛利率
按行业分类							
家电	409	68.73%	354	69.43%	55.4	64.57%	13.55%
中间产品	134	22.55%	121	23.73%	13.3	15.55%	9.94%
房地产	20.2	3.40%	11.0	2.16%	9.20	10.73%	45.53%
其他(补充)	19.3	3.25%	12.9	2.54%	6.40	7.46%	33.10%
其他	6.99	1.17%	6.22	1.22%	0.77	0.90%	10.99%
运输、加工	5.37	0.90%	4.69	0.92%	0.68	0.79%	12.60%
按产品分类							
电视	141	23.71%	121	23.79%	20.0	23.29%	14.16%

（续表）

	主营收入	比例	主营成本	成本比例	主营利润	利润比例	毛利率
IT产品	140	23.46%	134	26.37%	5.26	6.13%	3.77%
中间产品	134	22.55%	121	23.73%	13.3	15.55%	9.94%
空调冰箱	95.9	16.11%	70.2	13.78%	25.7	30.00%	26.84%
房地产	20.2	3.40%	11.0	2.16%	9.20	10.73%	45.53%
其他(补充)	19.3	3.25%	12.9	2.54%	6.40	7.46%	33.10%
机顶盒	11.1	1.87%	9.67	1.90%	1.46	1.71%	13.14%
通讯产品	10.6	1.77%	10.4	2.05%	0.12	0.14%	1.10%
电池	8.20	1.38%	5.91	1.16%	2.29	2.67%	27.89%
其他	6.99	1.17%	6.22	1.22%	0.77	0.90%	10.99%
运输、加工	5.37	0.90%	4.69	0.92%	0.68	0.79%	12.60%
系统工程	1.59	0.27%	1.17	0.23%	0.42	0.49%	26.49%
厨卫产品	0.91	0.15%	7 687	0.15%	0.14	0.16%	15.53%
按地区分类							
国内	460	77.31%	—	—	—	—	
国外	116	19.44%	—	—	—	—	—
其他(补充)	19.3	3.25%	—	—	—	—	—

表3　　四川长虹2015年主要财务指标表(2015.12.31)　　金额单位:亿元

	主营收入	比例	主营成本	成本比例	主营利润	利润比例	毛利率
按行业分类							
家电	427	65.87%	369	65.68%	57.7	67.14%	13.51%
中间产品	172	26.59%	157	27.94%	15.3	17.80%	8.87%
房地产	18.0	2.78%	12.7	2.27%	5.28	6.14%	29.30%
其他(补充)	15.3	2.35%	9.48	1.69%	5.78	6.72%	37.86%
其他	11.1	1.71%	9.72	1.73%	1.38	1.60%	12.43%
运输、加工	4.48	0.69%	3.97	0.71%	0.51	0.59%	11.31%
按产品分类							
中间产品	172	26.59%	157	27.94%	15.3	17.80%	8.87%
IT产品	160	24.60%	154	27.39%	5.47	6.36%	3.43%
电视	148	22.84%	124	21.99%	24.4	28.40%	16.48%
空调冰箱	92.4	14.25%	70.2	12.48%	22.2	25.81%	24.01%
房地产	18.0	2.7%	12.7	2.27%	5.28	6.14%	29.30%

（续表）

	主营收入	比例	主营成本	成本比例	主营利润	利润比例	毛利率
其他（补充）	15.3	2.35%	9.48	1.69%	5.78	6.72%	37.86%
机顶盒	13.5	2.08%	11.1	1.97%	2.40	2.79%	17.79%
其他	11.1	1.71%	9.72	1.73%	1.38	1.60%	12.43%
电池	9.18	1.42%	6.87	1.22%	2.31	2.68%	25.11%
运输、加工	4.48	0.69%	3.97	0.71%	0.51	0.59%	11.31%
系统工程	2.06	0.32%	1.55	0.28%	0.51	0.59%	24.67%
通讯产品	1.55	0.24%	1.29	0.23%	0.26	0.30%	16.52%
厨卫产品	0.82	0.13%	0.66	0.12%	0.17	0.20%	20.68%
按地区分类							
国内	514	79.29%	442	78.60%	72.1	83.84%	14.01%
国外	119	18.36%	111	19.72%	8.11	9.43%	6.81%
其他（补充）	15.3	2.35%	9.48	1.69%	5.78	6.72%	37.86%

（二）“四川长虹”发展历程

一个公司的股利政策往往在公司的不同阶段有着不同的取向，是与公司的发展历程是密切联系的，因此，在论述“四川长虹”历年的股利政策之前，我们有必要先来看一看“四川长虹”这一中国家电业龙头老大的兴衰历史，以便在案例分析中将两者结合起来。

四川长虹电器股份有限公司的前身是四川国营长虹机器厂。该厂始建于1958年，是我国“一五”期间156项重点工程之一，位于中国西部被誉为“中国西部科学城”的四川西北交通枢纽——绵阳。其发展过程可分为四个阶段（见表4）。

表4　　“四川长虹”发展历程

阶段	时间	主要内容
上市前的成长期	1958—1994年	1973年“长虹牌”黑白电视机出产。1985年，四川长虹与日本松下公司进行合作，引进了国内第一条自动化彩电生产线。1988年6月7日，经绵阳市政府批准，国营长虹机器厂进行股份制试点，工厂以生产民用产品部分的账面净资产12 039.40万元入股，独家发起并控股成立了股份制试点企业——四川长虹电器股份有限公司。1988年6月15日，长虹公司召开公司创立大会，会议审议通过了长虹公司章程和公司集股章程，选举产生了公司第一届董事会：并选举倪润峰为长虹公司第一任董事长兼总经理，通过了向社会公开发行3 600万元股票的决议。1988年7月，经中国人民银行绵阳市分行批准，按面值向社会公众发行3 600万元人民币普通股股票。1993年长虹的彩电产销量仍居全国首位

（续表）

阶段	时间	主 要 内 容
上市后的发展期	1994—1998 年	1994 年 3 月 11 日，“四川长虹”在上海证券交易所正式挂牌上市，被誉为“中国第一蓝筹股”。四川长虹在上市之后，充分利用上市公司的优势，在证券市场上获得了大量发展资金，不断加强各方面的建设。在充裕资金的基础上，长虹开始了高速发展期。1995 年年底，长虹彩电的国内市场占有率已由 1994 年的 17.15% 上升到 1995 年的 22%。在 1995 年第 50 届国际统计大会上，长虹荣获“中国彩电大王”“中国最大彩电基地”殊荣，董事长兼总经理倪润峰被授予“经营管理大师”称号。四川长虹在全国电子行业排名中，销售收入、利润总额、税后利润均位居同行业第一位。1996 年，四川长虹先后开发投产的电视机有 C3419PN、C2919PK 等 35 个新品种，新产品产量占全年彩电总产量的 72%。 1997 年，四川长虹实现主营业务收入 156.73 亿元，比 1996 年度增长 48.03%；净利润 26.12 亿元，比 1996 年度增长 55.94%；每股收益 1.71 元，雄居中国股市榜首
调整期	1998—2004 年	从 1998 年上半年开始，国际国内形势出现了一些新变化。我国国民经济保持平稳运行态势，但内需不足，全国消费市场销售增长缓慢。1997 年亚洲金融危机对国内经济所带来的种种影响开始表现出来，因受周边国家货币贬值影响，出口受阻的国内彩电企业纷纷转而参与争夺国内市场。1998 年，四川长虹销售收入开始减速，拉开了四川长虹走入衰败、调整的帷幕。四川长虹 1998 年实现主营业务收入 116.03 亿元，同比减少 25.6%；实现净利润 20.04 亿元，同比减少 23.28%。在主营收入减少的同时，其营业费用却大幅增加，同比增加 50%。1999 年为了配合公司调整战略的实施，四川长虹第三次增资配股，共计募集资金 171 142.097 102 万元，主要用于数字视频网络产品项目、数字通讯项目、激光读取装置项目、技术中心实验室及中试线项目、绿色环保电池项目（无汞碱锰电池项目、镍氢电池项目）和市场网络建设项目。2000 年，四川长虹依然止不住业绩下滑的趋势，报告期利润实现数较利润预测数低了 53%。为了应对困境，2000 年长虹采取了以下重大措施：①调整公司产品结构，用配股资金和自有资金收购第一大股东国营长虹机器厂的空调、数字视听产品、激光读写产品及网络产品项目的经营性资产；②为扩大空调产品的市场占有率，斥资 6 930 万元收购广东中山南头镇原三荣空调器厂有限公司，成立了广东长虹电器有限公司。③为了进出口产品的反应速度加快，开拓国际市场，2000 年 12 月，长虹投资控股、绵阳市高新区创业服务中心参股组建了“虹兴公共保税仓库”。该保税仓库是海关总署批准设立的首家西部公共保税仓库。④2000 年 7 月，四川长虹企业资源系统（ERP）正式上线，加强了公司各项基础管理工作，公司资源得以合理配置，全面提高了长虹的管理效率。⑤四川长虹与中国建设银行四川分行达成 26 亿元的综合授信额度，进一步增强了公司的资金实力。同时长虹充分发挥在资金信用方面的优势，与招商银行合作，同部分商家进行银一企一商合作试点，与中国工商银行建立起全国资金结算网络，有效地控制风险，加速资金回笼，提升销售业绩。2004 年由于与美国 APEX 公司的应收账款事项，公司计提了 30 多亿元的坏账准备，导致当年净利润为－367 238.27 万元，每股收益－1.701 0 元

（续表）

阶段	时间	主 要 内 容
未来发展期	2004年以后	2004年后，四川长虹进行积极的改革。四川长虹主动积极进行内部体制的调整，加强了分配与激励机制、资本运营、人力资源培训等工作，加快ERP项目进度，通过主动战略调整，来适应市场的变化，为下一步的发展储备了较强的潜能。管理机构由原来的72个压缩到现在的61个，压缩了15.3%；中层及以上的管理干部由原来的337人压缩到181人，减少156人，缩幅46.3%。2006年公司实现主营业务收入1 875 731.81万元，净资产收益率达到3.41%，每股收益为0.161元。公司进入了恢复后的正常发展阶段。 2015年，公司大力推进产业转型与体制机制改革，在治理结构、组织架构、产业布局、人事制度等领域不断深化各项改革举措；坚持产品主义和以用户为中心，推进创新机制和研发能力提升，彩电、冰箱、空调等产品结构持续优化；推进营销体系整合，线上线下销售与服务不断融合；国际市场打开新局面，海外收入再创新高。2015年，公司实现营业总收入648.48亿元，较上年同期增长8.77%；2015年，公司坚定围绕“推改革、促转型、聚资源、找增量”的经营方针，持续推动激励机制、技术创新、O2O转型、产业转型、治理结构等领域的系统变革，为十三五期间公司持续发展奠定了坚实基础。公司扎实推进以下重点工作：①加快产品创新与迭代，增强产品市场竞争力发布CHiQ二代智能电视并热卖；完成自主知识产权的智能激光影院电视的开发与上市；②稳步推进渠道O2O转型，推进体系协同升级强化电商整体规划与布局，推进线上线下销售和服务的融合试点；加快自营电商平台建设，成立仅一年的智易家电商公司，全年销售额突破35亿元；③持续推进国际化建设，推进海外业务平稳增长重新梳理并制定了公司国际化转型与品牌发展方案，对海外后续项目并购与投资初步形成战略牵引；与日本、瑞典、德国、美国等世界各地知名公司实现了不同层次的业务合作；进入德国MediaMarket、法国EP等欧洲主流渠道，进一步夯实了根据地基础。④2015年公司主要推进了长虹格润、点点帮、通信科技、智慧教育、智慧健康等公司的员工持股，推进了新能源、民生物流等单位股份化改制和新三板挂牌等

三、案例分析

“四川长虹”历年股利分配情况如下。

我们收集了四川长虹电器股份有限公司上市以后各年（即从1993至2015年）股利分配（包括有关年度配股）方案的资料（见表5），以此作为分析其股利政策的基本依据之一。

表5　“四川长虹”历年每股收益及分红配股方案

年份	每股收益（元）	分红方案	配股方案
1993年	2.164	10送2股派12元	
1994年	2.973	10送7股派1元	

（续表）

年份	每股收益(元)	分红方案	配股方案
1995年	2.277	10送6股	10配2.5股，每股7.35元，也可
1996年	2.070	10送6股	10：7.41转配，转让费0.2元
1997年	1.710	10送3股派5.8	
1998年	0.876	不分配不转增	10配1.875股，每股9.80元
1999年	0.243	不分配不转增	
2000年	0.127	不分配不转增	10配2.307 6股，每股9.98元
2001年	0.041	不分配不转增	
2002年	0.081	不分配不转增	
2003年	0.095	不分配不转增	
2004年	−1.701	不分配不转增	
2005年	0.132	不分配不转增	
2006年	0.161	10派0.7元	
2007年	0.180	10派0.8元(含税)	
2008年	0.016 4	10派0.5元(含税)	
2009年	0.061 0	10转增5股	
2010年	0.183 0	10转增2.5股	
2011年	0.103 9	不分配	
2012年	0.070 5	10派0.1元(含税)	
2013年	0.111 0	10派0.2元(含税)	
2014年	0.012 8	10派0.2元(含税)	
2015年	0.428 0	不分配	

1. 1993年度股利分配方案

四川长虹1993年度分红派息的方案如下：

根据1993年度股东大会决议，公司向全体股东每10股派发现金股利12元(含税)，另送2股红股；除权登记日为1994年6月10日，凡该日收市时在上海证券中央登记结算公司登记在册的公司股票持有者，均享有现金股利和送股权；除权除息基准日及新送红股上市交易日为1994年6月13日；社会个人股持股者现金红利的派发，按上海证券交易所和上海证券中央登记结算公司制定的新办法执行，即通过上海证券交易所场内的“现金红利权”交易方式和上海证券中央登记结算公司结算系统组织实施；社会个人股送股由上海证券交易所计算机网络自动转入股东账户；法人股持股单位持购股原始凭证、单位介绍信及领取人身份证于1994年6月27日以后到在公司证券管理办公室办理分红送股手续；本次送股后公司总股本将变为23 781.88万元，其中个人股将变为599.84万元。

2. 1994 年度股利分配方案

四川长虹 1994 年度分红派息的方案在 1995 年 8 月 15 日由公司正式公告，公告主要内容为：

公司于 1995 年 4 月 18 日召开了 1994 年度股东大会，审议通过了 1994 年度利润分配方案。公司 1994 年实现税后利润 707 222 988.03 元，提取 1.0%法定公积金70 722 298.80 元，提取 10%法定公益金 70 722 298.80 元，提取 45%任意盈余公积金318 250 344.61元之后，加 1993 年年未分配利润 5 137 276.72 元，1994 年度可供股东分配利润为 252 665 322.45 元。分配后剩余部分未分配利润结转下一年度。具体分配方案为：全体股东每 10 股送红股 7 股，派发现金红利 1.00 元；股权登记日为 1995 年 8 月 18 日，除权除息基准日及送股上市交易日为 1995 年 8 月 21 日；本次送股委托上海证券中央登记结算公司根据股东持有的股份，按比例自动记入其股东账户；社会公众股现金红利委托上海证券中央登记结算公司在上海证券交易所以"现金红利权"交易方式代理发放，发放日期由上海证券中央登记结算公司另行公告；公司法人股东的现金红利由公司直接办理派发；公司因送配股引起股本总额及股本结构变化的情况，将在股本变动公告中另行披露。

3. 1995 年度股利分配方案和配股方案

1996 年 6 月 28 日，四川长虹公布了 1995 年度的股利分配方案，主要内容有：

公司 1995 年实现净利润 1 150 713 998.10 元，分别按 10%提取法定公积金、法定公益金各 115 071 399.81 元，按 53%提取任意盈余公积金 609 878 418.9 元，加上上年度未分配利润 14 846 562.54 元，可供股东分配的利润为 325 539 342.03 元，向全体股东每 10 股送红股 6 股，分配普通股股利 303 218 919.00 元，未分配利润 22 320 423.03 元结转下年度分配；此次股利分配股权登记日为 1996 年 7 月 2 日，下午收市时，在上海证券中央登记结算公司登记在册的股东，均享有本次送股权；除权日及红股上市起始交易日为 1996 年 7 月 3 日；送股方式：社会公众持股部分（含转配部分）由上海证券中央登记结算公司通过计算机网络，按照股东持股数比例，自动记入其股东账户，法人持股部分送股由公司另行办理；特别提示：本次派发的可流通股红股 927.104 9 万股于 1996 年 7 月 3 日开始在上海证券交易所上市交易，派发给尚未上市流通股的红股 21 046.786 9 万股，不得上市交易。

1995 年，四川长虹还进行了增资配股，配股方案为普通股每 10 股配售 2.5 股，共计配股 5 945.469 万股。此次配股经四川省国有资产管理局批准，全部法人股东将配股权转让给社会公众股东，因此社会公众股东除可按 10 ：2.5 配股外，还可按 10 ：7.41 受让法人股转让的配股权，配股价为 7.35 元/股，配股权转让手续费为 0.2 元/股，法人股转配部分按国家有关规定暂不上市交易。本次配股采用配股权证方式进行，即社会公众股东除可按 10 ：2.5 的比例直接获得长虹权证 A1 外，还可按 0.2 元/股的配股权转让手续费，在规定的时间内认购长虹权证 A2，认购结束后 A1、A2 权证可以在 20 个交易日内进行挂牌交易，权证交易结束后再由权证持有者缴款认购本次长虹配股及转配股。股东大会授权董事会根据有关规定负责实施本次配股。股权登记日为 1995 年 7 月 28 日，除权日为 1995 年 7 月 31 日，配股缴款日为 1995 年 7 月 31 日至 1995 年 8 月 11 日，配股股票上市日为 1995 年 8 月 14 日。公司本次增资配股预计募集资金 43 699.20 万元（含承销费），主要用于数字彩电的开发和形成年产 50 万台大屏幕数字彩电的生产能力，五大系列卫星接收机产品的开发和形成年产 30 万台能力的生产线，行输出变压器的开发和建设年产 450 万只行输出变压器的生产线，印刷电路板的开发和建设年产 36 万平方米印刷电路板的生产能力，高频头的开发和建设年产 425 万只高频头的生产线，建设年产 350 万台彩电生产能力的彩色电视机生产线等六个技改项目。

4. 1996 年度股利分配方案

四川长虹 1996 年度利润分配方案，在 1997 年 3 月 26 日召开的公司 1996 年度股东大会上获得表决通过。经四川省证券管理办公室审核批准后，公司于 1997 年 5 月 19 日就分红事宜进行了公告，公告声明：

1996 年度公司实现净利润 1 674 923 032.63 元，分别按税后利润的 10%提取法定公积金、法定公益金各 167 492 303.26 元，按税后利润的 51%提取任意盈余公积金 854 210 746.64元，加上上年未分配利润 22 320 423.03 元，本年度可供分配利润合计 508 048 102.50 元；向全体股东每 10 股送红股 6 股，分配普通股股利 485 150 270.40 元；未分配利润 22 897 832.10 元结转 1997 年度分配；股权登记日为 1997 年 5 月 23 日；除权日及可流通股红股上市交易日为 1997 年 5 月 26 日；派送红股的对象为股权登记日交易结束后在上海证券中央登记结算公司登记在册的公司股东；红股派送办法为由上海证券交易所通过计算机交易网络，根据股东持有的股份，按比例自动记入股东账户。

5. 1997 年度股利分配方案和配股方案

四川长虹 1997 年度利润分配预案经 1998 年 6 月 12 日召开的 1997 年度股东大会审议通过后，根据(公开发行股票公司信息披露实施细则)的规定和公司 1997 年度股东大会决议，公司在 1998 年 8 月 5 日将送股及分红派息事宜予以公告。

经四川会计师事务所审计核证，1997 年度，公司实现净利润 2 612 029 143.09 元，根据(公司章程)和股东大会决议，分别按净利润的 10%提取法定公积金、公益金各 261 202 914.31元，加上年初未分配利润 22 897 832.10 元，1997 年度可供股东分配的利润为 2 112 521 146.57 元，按净利润的 28%提取任意盈余公积金 731 368 160.07 元；股利分配方案为以 1997 年年末总股本 152 997.556 3 万股为基数，向全体股东每 10 股送红股 3 股，同时，每 10 股派发现金红利 5.8 元（含红股所得税和红利所得税），共计分配普通股股利 1 346 378 495.44 元，剩余未分配利润 34 774 491.06 元结转入下一年度；此次分配股权登记日为 1998 年 8 月 7 日，除权除息日及红股上市交易日为 1998 年 8 月 10 日；分红派息方法为：公司将社会公众股股东、转配股股东之红利款（扣税后按每 10 股派发4.04 元）及代理发放现金红利手续费足额划入上海证券中央登记结算公司的指定银行账号，上海证券中央登记结算公司将通过清算系统在股权登记日后的第一个交易日（即除权除息日)将红利款划入证券营业部清算账户,已办理全面指定交易的投资者可于股权登记日后的第二个交易日在其指定的证券营业部领取现金红利;未办理全面指定交易的投资者的红利暂由上海证券中央登记结算公司托管,待其完成全面指定交易后即可在其指定的证券营业部领取红利,国有法人、社会法人股东现金红利由本公司直接派发;送股办法为:本次送股股份由上海证券交易所通过计算机网络,根据股权登记日在册股东所持股份数,按比例自动记入其股东账户。送股的处理原则为:所有股东按规定先享有整数送股,对小数部分按股东小数点后尾数大小排序,每位股东依次送1股,直至实际送股总数与计划送股总数一致,如遇尾数相同者多于余股时,则由电脑抽签派送。

1997年,四川长虹第二次实施增资配股。配售股票类型为人民币普通股,每股面值人民币1元,配售股份数量242 575 135股,每股配售价格9.8元人民币;以配股当时股本1 293 734 054股为基数,每10股配售1.875股,其中公司发起人、国有法人股股东国营长虹机器厂可获配13 775.346 5万股,并已书面承诺以现金和实物资产足额认购,社会法人股东可获配37.239 6万股,持有可流通社会公众股的股东可获配7 420.083 9万股,持有前次转配股的股东可获配2 324.843 5万股;预计可募集资金总额为237 723.632 3万元(包括现金及实物资产对等价值),扣除相关发行费用,预计可募集资金总额约为235 952.415 4万元;配股资金主要用于红太阳一号工程、印刷电路板二期技术改造项目、回扫变压器(FBT)二期技术改造项目以及江苏、吉林两地控股生产企业的产品出口基地建设;此次配股股权登记日为1997年8月1日,除权基准日为1997年8月4日。

6. 1998年度至2015年度股利分配方案

1999年6月28日,四川长虹召开了1998年度股东大会,通过了该年度利润分配方案。1998年公司实现净利润2 003 950 870.00元,分别提取10%法定公积金和10%法定公益金,加上期初未分配利润,1998年可供分配的利润为1 637 926 650.00元。但鉴于公司未来发展需要,本年度不进行利润分配,也不进行资本公积金转增股本。

1999年度四川长虹实现净利润525 318 232.31元,提取10%法定公积金,计52 531 823.23元,提取10%的法定公益金,计52 531 823.23元,加上期初未分配利润1 420 060 619.89元,可供分配的利润为1 840 315 205.74元。但公司为进一步增强未来在家电行业的竞争能力,积极培养公司发展后劲,经公司董事会审议决定,本年度不进行利润分配,也不进行资本公积金转增股本。

1999年,四川长虹电器股份有限公司实施第三次增资配股。配股方案如下:

配售股票类型:人民币普通股

每股面值:人民币1.00元

每股发行价格:9.98元人民币

配售比例及配售发行总数:该次配股以配股当时总股本198 896.823 2万股为基数,每10股配售2.307 6股(以1997年末股本152 997.556 3万股为基数,每10股配售3股)。

法人股配股认购意向:经公司发函向国有法人股股东国营长虹机器厂、社会法人股股东、本公司第二大股东中国经济开发信托投资公司及公司第三大股东涪陵建筑陶瓷股份有限公司征询本次配股的意向,经财政部财管字[1999]29号文批准,国有法人股股东国营长虹机器厂已书面承诺以现金方式认购其应配股份26 173.158 2万股中的2 617.32万股,其余23 555.838 2万股作放弃处理;社会法人股东共计71名,其中持有4 556.524 2万股的社会法人股股东书面承诺放弃应配股份1 051.505 6万股,持有690.044 3万股的社会法人股股东未回函;本公司第二大股东中国经济开发信托投资公司持有本公司股份2 653.174 8万股,本次应配股份为612.271 1万股,中国经济开发信托投资公司书面承诺全额放弃;本公司第三大股东涪陵建筑陶瓷股份有限公司持有本公司股份2 303.912 0万股,本次应配股份数为531.672万股(其中社会法人股配股权147.672万股、转配股配股权384万股),涪陵建筑陶瓷股份有限公司书面承诺全额放弃,故本次配售发行总数为20 295.652万股。

预计募集资金总额及发行费用:若本次配售股份全额认购,预计可募集资金总额为202 550.606 96万元,全部为货币资金,扣除发行费用预计募集资金量为198 721.712 051万元。本次募集资金主要用于数字视频网络产品项目、数字通讯项目、激光读取装置项目、技术中心实验室及中试线项目、绿色环保电池项目(无汞碱锰电池项目、镍氢电池项目)、市场网络建设项目。

2000年度四川长虹电器股份有限公司实现净利润274 236 480.00元,提取法定公积金,计28 592 204.00元,提取法定公益金,计28 592 204.00元,加上期初未分配利润1 830 025 472.00元,可供分配的利润为2 047 077 632.00元。但公司为进一步增强未来在家电行业的竞争能力,积极培养公司发展后劲,经公司董事会审议决定,本年度不进行利润分配,也不进行资本公积金转增股本。

四川长虹电器股份有限公司2001年度实现净利润88 535 872.00元,提取法定公积金,计8 327 180.50元,提取的法定公益金,计8 327 180.50元,加上年初未分配利润1 610 376 064.00元,可供分配的利润为1 682 257 536.00元。但公司为进一步增强未来在家电行业的竞争能力,积极培养公司发展后劲,经公司董事会审议决定,本年度不进行利润分配,也不进行资本公积金转增股本。

公司从1998年开始,因公司经营进入了一个调整期,考虑到资金需求与投资的需要,除在1999年为融资进行配股外,至2005年年底,公司没有进行过分配行为。2006年公司重新进入一个发展时期,进入21世纪以来的首次分配,每10股派0.7元(含税),之后大部分年份有一定的股利分配。

四、结论

四川长虹公司自1994年上市以来,经历过高速的增长,也经历过发展的困境。随着公司经营状况和盈利水平的变化,公司的股利分配方案也相应呈现出阶段性的变化,其中可以折射出企业股利分配政策的选择策略。

案例分析提示与探讨

1. 分析思路

(1) 以公司财务决策的目标为分析切入点。

(2) 以目标导向为核心进行公司股利政策选择分析。

(3) 以四川长虹股利分配中出现的现象,对照股利决策机制进行公司股利分配效果评价。

2. 理论依据

(1) 以股利理论的应用为基础,从多个维度进行公司股利分配效果的讨论。

(2) 以股利效用传导理论为基础,进行公司股利分配形式的讨论。

3. 启发性思考题

(1) 通过四川长虹股利政策案例,说明上市公司股利政策的基本内容。

(2) 公司股利政策决策的影响因素。

(3) 对四川长虹股利支付方式进行评价。

第六篇练习

一、单项选择题

1. 下列利润分配事项中，根据相关法律、法规和制度，应当最后进行的是（　　）。
   A. 向股东分配股利　　B. 提取任意公积金
   C. 提取法定公积金　　D. 弥补以前年度亏损
2. 股利决策涉及面很广，其中最主要的是确定（　　），它会影响公司的报酬率和风险。
   A. 股利支付日期　　B. 股利支付方式
   C. 股利支付比率　　D. 股利政策
3. 股份有限公司为了控制向投资者分配利润的水平以及调整各年利润分配的波动，应提取（　　）。
   A. 资本公积　　B. 公益金　　C. 法定公积金　　D. 任意公积金
4. 企业在本年实现盈利的情况下，提取盈余公积金的基数是（　　）。
   A. 累计盈利　　B. 本年的税后利润
   C. 抵减年初累计亏损后的本年净利润　　D. 加计年初未分配利润的本年净利润
5. 由于企业要缴纳25%的所得税，法定盈余公积金提取10%，在没有纳税调整和弥补亏损的情况下，企业可真正自主分配的部分占税前利润总额的（　　）。
   A. 65%　　B. 90%　　C. 67.5%　　D. 75%
6. 根据MM理论，企业股利分配对企业价值的影响是（　　）。
   A. 股利分配比例越高企业价值越高　　B. 股利分配越高企业价值越低
   C. 股利分配比例对企业价值影响不确定　　D. 股利分配比例高低对企业价值不影响
7. 股利的支付可减少管理层可支配的自由现金流量，在一定程度上抑制管理层的过度投资和在职消费行为。这种观点体现的股利理论是（　　）。
   A. 股利无关理论　　B. 信号传递理论
   C. “一鸟在手”理论　　D. 代理成本理论
8. 资本保全约束要求企业发放的股利或投资分红不得来源于（　　）。
   A. 当期利润　　B. 留存收益
   C. 未分配利润　　D. 股本或原始投资
9. 在盈余一定的条件下，现金股利支付比率越高，企业资产的流动性（　　）。

A. 越高　　B. 越低
C. 不变　　D. 可能出现上述任何一种情况

10. 影响股利政策的法律因素不包括(　　)。
A. 资本保全约束　　B. 控制权约束
C. 资本积累约束　　D. 超额累积利润约束

11. 下列股利政策中，根据股利无关理论制定的是(　　)。
A. 剩余股利政策　　B. 固定股利支付率政策
C. 稳定的股利政策　　D. 低正常股利加额外股利政策

12. 公司采取剩余股利政策分配利润的根本理由，在于(　　)。
A. 使公司的利润分配具有较大的灵活性
B. 降低综合资金成本，保持理想的资本结构
C. 稳定对股东的利润分配额
D. 使对股东的利润分配与公司的融资紧密配合

13. 企业采用剩余股利政策的主要优点是(　　)。
A. 有利于稳定股价　　B. 获得财务杠杆利益
C. 降低加权平均资金成本　　D. 增强公众投资信心

14. 以下股利政策中，有利于稳定股票价格，从而树立公司良好的形象，但股利的支付与收益相脱节的是(　　)。
A. 剩余股利政策　　B. 稳定的股利额政策
C. 固定股利支付率政策　　D. 低正常股利加额外股利政策

15. 企业采用稳定的股利政策发放股利的好处主要表现为(　　)。
A. 降低资金成本　　B. 维持股价稳定
C. 提高支付能力　　D. 实现资本保全

16. 在下列公司中，通常适合采用稳定的股利政策的是(　　)。
A. 收益显著增长的公司　　B. 收益相对稳定的公司
C. 财务风险较高的公司　　D. 投资机会较多的公司

17. 下列股利分配政策中，能保持股利与利润之间一定的比例关系，并体现风险投资与风险收益对等原则的是(　　)。
A. 剩余股利政策　　B. 稳定的股利政策
C. 固定股利支付率政策　　D. 低正常股利加额外股利政策

18. 主要依靠股利维持生活的股东和养老基金管理人最不赞成的企业股利政策的是(　　)。
A. 剩余股利政策　　B. 稳定的股利政策
C. 固定股利支付率政策　　D. 低正常股利加额外股利政策

19. 当公司的盈余和现金流量都不稳定时，对股东和企业都有利的股利分配政策

是( )。

A. 剩余股利政策　B. 稳定的股利政策

C. 固定股利支付率政策　D. 低正常股利加额外股利政策

20. 下列各项中，不影响股东权益总额变动的股利支付形式是( )。

A. 现金股利　B. 财产股利　C. 负债股利　D. 股票股利

21. 财产股利是以现金以外的资产支付的股利，主要以公司拥有的其他企业的( )作为股利支付给股东。

A. 应收账款　B. 应收票据　C. 存货　D. 有价证券

22. 除息日开始，( )。

A. 股利权从属于股票　B. 股利宣告发放

C. 股利权与股票相分离　D. 持有股票者享有领取股利的权利

23. ( )之后的股票交易价格可能有所下降。

A. 股利宣告日　B. 除息日　C. 股权登记日　D. 股利支付日

24. 某公司已发行普通股 100 000 股，本年盈余 30 000 元，拟发放现金股利 20 000 元(含税，股利收益个人所得税税率 20%)，若该股票市价为 20 元，则股利收益率为( )。

A. 0.8%　B. 66.67%　C. 20%　D. 10%

25. 某公司原发行普通股 300 000 股，拟发放 15%的股票股利，已知原每股盈余为 3.68 元，若盈余总额不变，发放股票股利后的每股盈余将为( )元。

A. 3.2　B. 4.3　C. 0.4　D. 1.1

26. 某股份公司宣布发放 10%的股票股利，同时每股支付现金股利 2 元，某拥有 100 股股票的股东可得现金股利为( )元。

A. 220　B. 200　C. 180　D. 160

27. 下列各项财务指标中，能够提示公司每股股利与每股收益之间关系的是( )。

A. 市净率　B. 股利支付率　C. 每股市价　D. 每股净资产

28. 企业以股票形式发放股利，可能带来的结果是( )。

A. 引起企业资产减少　B. 引起企业负债减少

C. 引起股东权益内部结构变化　D. 引起股东权益与负债同时变化

29. 对股份有限公司来讲，实行股票分割的主要目的在于通过( )，从而吸引更多的投资者。

A. 增加股票股数降低每股市价　B. 减少股票股数降低每股市价

C. 增加股票股数提高每股市价　D. 减少股票股数提高每股市价

30. 就上市公司而言，发放股票股利不会产生的影响是( )。

A. 引起每股盈余下降　B. 使公司留存大量现金

C. 股东权益各项目的比例发生变化　D. 股东权益总额发生变化

二、多项选择题

1. 下列项目中，可用于弥补亏损的是(　　)。

A. 盈余公积　B. 资本公积　C. 税后利润　D. 税前利润

2. 以下属于利润分配的项目有(　　)。

A. 缴纳所得税　B. 提取法定盈余公积

C. 支付利息　D. 分配股利

3. 股利的特征包括(　　)。

A. 股利是股东的投资所得

B. 股利只能源于公司过去和现在的盈余累积

C. 股利支付只需按照公司意愿进行

D. 股利支付有多种形式

4. 股利政策涉及的内容很多，包括(　　)。

A. 股利支付程序中各日期的确定　B. 股利支付比率的确定

C. 股利支付方式的确定　D. 公司利润分配顺序的确定

5. 以下关于股利分配与企业价值的说法中，正确的有(　　)。

A. 当企业一方面向股东派发现金股利，另一方面又向股东增发等额的股票时，股利分配对股东的财富不会产生影响

B. 资本利得收益的风险高于股利收入的风险，因此股东偏好股利收入

C. 政府关于超额累积利润征收额外税收的规定，会影响企业股利分配

D. 具有良好投资机会的企业，为了获得股东更多的投资，多会采取高股利分配政策

6. 股利决策的制定受多种因素的影响，包括(　　)。

A. 税法对股利和出售股票收益的不同处理

B. 未来公司的投资机会

C. 各种资金来源及其成本

D. 股东对当期收入的相对偏好

7. 公司的经营需要对股利分配常常会产生影响，下列叙述中，正确的是(　　)。

A. 为保持一定的资产流动性，公司不愿支付过多的现金股利

B. 保留盈余因无需筹资费用，故从资金成本考虑，公司也愿采取低股利政策

C. 成长型公司多采取高股利政策，而处于收缩期的公司多采用低股利政策

D. 举债能力强的公司有能力及时筹措到所需现金，可能采取较宽松的股利政策

8. 处于初创阶段的公司，一般不宜采用的股利分配政策有(　　)。

A. 稳定的股利政策　B. 剩余股利政策

C. 固定股利支付率政策　D. 稳定增长股利政策

9. 以下属于剩余股利分配政策的优点是(　　)。

A. 保持理想的资金结构　B. 充分利用资金成本最低的资金来源

B. 收益分配稳定　　　　D. 有利于公司股票价格的稳定

10. 采用稳定的股利政策对公司不利的方面表现在(　　)。

A. 稀释了股权

B. 股利支付与公司盈余脱节,资金难以保证

C. 易造成公司不稳定的印象

D. 无法保持较低的资金成本

11. 一般而言,不适用于采用稳定的股利政策的公司是(　　)。

A. 负债率较高的公司　　　　B. 盈利稳定的公司

C. 盈利波动较大的公司　　　　D. 盈利较高但投资机会较多的公司

12. 下列股利政策中,不利于股东安排收入与支出的是(　　)。

A. 剩余股利政策　　　　B. 稳定的股利政策

C. 固定股利支付率政策　　　　D. 低正常股利加额外股利政策

13. 下列各项股利政策中,股利水平与当期盈利直接关联的有(　　)。

A. 剩余股利政策　　　　B. 稳定的股利政策

C. 固定股利支付率政策　　　　D. 低正常股利加额外股利政策

14. 关于股利分配政策,下列说法中,正确的是(　　)。

A. 剩余股利政策能充分利用筹资成本最低的资金源,保持理想的资金结构

B. 稳定股利政策有利于公司股票价格的稳定

C. 固定股利支付率政策体现了风险投资与风险收益的对等

D. 低正常股利加额外股利政策有利于股价的稳定

15. 发放股票股利,会产生的影响有(　　)。

A. 引起每股利润下降　　　　B. 使公司留存大量现金

C. 股东权益各项目的比例发生变化　　　　D. 股东权益总额发生变化

16. 采用现金股利,企业应具备的条件有(　　)。

A. 企业要有足够的现金

B. 企业要有足够的净利润

C. 企业要有足够的留存收益

D. 企业要有足够的未指明用途的留存收益

17. 下列股利支付方式中,目前在我国公司实务中很少使用,但并非法律所禁止的有(　　)。

A. 现金股利　　　B. 财产股利　　　C. 负债股利　　　D. 股票股利

18. 企业发放股票股利(　　)。

A. 实际上是企业盈利的资本化　　　　B. 能达到节约企业现金的目的

C. 可使股票价格不至于过高　　　　D. 会使企业财产价值增加

19. 股利支付率是上市公司财务分析的重要指标,下列关于股利支付率的表述中,正确的

有(　　)。

A. 可以评价公司的股利分配政策　　B. 股利支付率越高公司盈利能力越强

C. 是每股股利与每股市价之间的比率　　D. 反映每股股利与每股收益之间的关系

20. 股票回购的好处是(　　)。

A. 可以迅速改变企业的资本结构

B. 可以向市场传递企业有大量现金的信息

C. 作为一种减资行为,操作比较容易

D. 减少流通中的股票数量,提高股票的价格

三、判断题

1. 根据我国现有法规规定,公司向股东分配股利可以在提取法定盈余公积金之后和任意盈余公积金之前。(　　)
2. 公司可供分配利润即为公司当年实现的净利润。(　　)
3. 股利是股东投资的收回,实行高股利政策,投资者收回投资的速度快,投资风险就小,这样的公司会得到投资者的青睐。(　　)
4. "在手之鸟"理论认为投资者偏好股利收益的低风险,而不喜欢资本利得收益的高风险。(　　)
5. 根据信号传递理论,公司股利支付比例上升,预示企业未来没有好的投资机会,股价将下跌。(　　)
6. 无论在何种股利理论下,投资者更注重股利的取得。(　　)
7. 股东为防止控制权稀释,往往希望公司降低股利支付率。(　　)
8. 公司不能用资本包括股本和资本公积发放股利。(　　)
9. 企业发生的年度经营亏损,依法用以后年度实现的利润弥补。连续 5 年不足弥补的,用税后利润弥补,或者经企业董事会或经理办公会审议后,依次用企业盈余公积、资本公积弥补。(　　)
10. 提取盈余公积金的基数即为当年可供分配的利润。(　　)
11. 在收益分配实践中,固定股利政策和低正常股利加额外股利政策为最常见的两种股利政策。(　　)
12. 处于成长中的企业多采取低股利政策;陷于经营收缩的企业多采用高股利政策。(　　)
13. 低正常股利加额外股利政策使公司在股利分配中较具灵活性。(　　)
14. 发放少量的股票股利可能会使股东得到股票价值相对上升的好处。(　　)
15. 企业发放现金股利的前提是既要有可供分配的利润,又要有足够分配的现金。(　　)
16. 公司在股利宣布日所有者权益将减少,负债将增加。(　　)

17. 在股利支付程序中，除息日是指领取股利的权利与股票分离的日期，在除息日股票的股东有权参与当次股利的分配。 ( )
18. 企业发放股票股利会引起每股利润的下降，从而导致每股市价有所下跌，因而每位股东所持股票的市场价值总额也将随之下降。 ( )
19. 股利收益率是每股股利与每股收益的比值，反映投资者从公司收益中获得多少现实收益。 ( )
20. 我国现有会计制度规定股票股利采用市价法进行会计处理。 ( )
21. 发放股票股利和进行股票分割对公司所有者权益的影响是完全相同的。 ( )
22. 股票分割一般不会改变公司价值，但会改变每股价值。 ( )
23. 股票分割可能会增加股东的现金股利，使股东感到满意。 ( )
24. 股票回购是企业支付现金股利的一种替代方法。 ( )
25. 股票回购后作为库存股，因为并没有减少公司注册股本，所以不改变每股收益。 ( )

四、计算分析题

1. 某公司今年实现净利润500万元，按照剩余股利政策，假定某公司为了保持目前的资产负债率40%，明年计划投资600万元，今年年末股利分配时，应向股东分配股利是多少?

2. 某股份公司目前的每股收益和每股市价分别为2元和20元，现拟实施10股送1股的送股方案，若股价随股数呈比例反向变动，则送股后的每股收益和每股市价分别为多少元?

3. 某公司今年年底的所有者权益总额为9 000万元，普通股6 000万股。目前的资本结构为长期负债占55%，所有者权益占45%，没有需要付息的流动负债。该公司的所得税税率为25%。预计继续增加长期债务不会改变目前的11%的平均利率水平。

董事会在讨论明年资金安排时提出：

计划明年年末分配现金股利0.05元/股；

计划明年全年为新的投资项目共筹集4 000万元的现金；

计划明年仍维持目前的资本结构，并且计划年度新增自有资金从计划年度各月留用利润中解决，所需新增负债资金从长期负债中解决。

要求：测算实现董事会上述要求明年所需实现的息税前利润。

4. 某公司20×3年度的税后利润为1 000万元，该年分配股利500万元，20×5年拟投资1 000万元引进一条生产线以扩大生产能力，该公司目标资本结构为自有资金占80%，借入资金占20%。该公司20×4年度的税后利润为1 200万元。

要求：

(1) 如果该公司执行的是稳定的股利政策，则20×4年留存收益是多少?

(2) 保持资金结构不变，则20×5年度该公司为引进生产线需要从外部筹集多少自有资金？

(3) 如果该公司执行的是固定股利支付率政策，并保持资金结构不变，则 20×5 年度该公司为引进生产线需要从外部筹集多少自有资金？

(4) 如果该公司执行的是剩余股利政策，则 20×4 年度公司可以发放多少现金股利？

5. 某公司 20×3 年发放股利 255 万元，税后利润为 850 万元，过去 5 年，该公司的税后利润以每年 8%的速度持续增长。该公司 20×4 年预期税后利润 1 020 万元，预计 20×5年再投资所需资金总额为 1 000 万元。预计 20×5 年以后公司的税后利润仍会恢复 8%的增长率。

要求：如果公司采取下列三种不同的股利政策，请分别计算 20×4 年的股利额。

(1) 股利按照盈利的长期成长率稳定增长。

(2) 维持 20×3 年的股利支付率。

(3) 20×5 年的投资额的 30%利用外部权益筹资，30%利用负债，40%利用 20×4 年的留存收益。20×4 年的利润在满足 20×5 年投资需求后，其余用于支付股利。

6. 已知某公司 20×4 年实现税前利润 2 500 万元，年初未分配利润为－1 500 万元，其中：－500 万元为 2008 年亏损累积未弥补的金额，－1 000 万元为 20×3 年的亏损额。假设该公司 20×4 年没有其他纳税调整项目，企业所得税税率 25%。

要求：

(1) 计算该公司 20×4 年可供分配的利润。

(2) 该公司按 10%比例计提法定盈余公积金，30%的比例计提任意盈余公积金，其余全部作为股利支付，则 20×4 年分配的股利额是多少？

7. N 公司为一家稳定成长的上市公司，20×4 年度公司实现净利润 8 000 万元。公司上市 3 年来一直执行稳定增长的现金股利政策，年增长率为 5%，吸引了一批稳健的战略性机构投资者。公司投资者中个人投资者持股比例占 60%。20×3 年度每股派发 0.2 元的现金股利。公司 20×5 年计划新增一投资项目，需要资金 8 000 万元。公司目标资产负债率为 45%。由于公司有良好的财务状况和成长能力，公司与多家银行保持着良好的合作关系。公司 20×4 年 12 月 31 日资产负债表有关数据如表所示：

金额单位：万元

货币资金	12 000
负债	20 000
股本(面值 1 元，发行在外 10 000 万股普通股)	10 000
资本公积	8 000
盈余公积	3 000
未分配利润	9 000
股东权益总额	30 000

20×5 年 3 月 15 日公司召开董事会会议，讨论了甲、乙、丙三位董事提出的 20×4 年度股利分配方案：

(1) 甲董事认为考虑到公司的投资机会，应当停止执行稳定增长的现金股利政策，将净利润全部留存，不分配股利，以满足投资需要。

(2) 乙董事认为既然公司有好的投资项目，有较大的现金需求，应当改变之前的股利政策，采用每 10 股送 5 股的股票股利分配政策。

(3) 丙董事认为应当维持原来的股利分配政策，因为公司的战略性机构投资者主要是保险公司，他们要求固定的现金回报，且当前资本市场效率较高，不会由于发放股票股利使股价上涨。

要求：

(1) 计算维持稳定增长的股利分配政策下公司 20×4 年度应当分配的现金股利总额。

(2) 分别站在企业和投资者的角度，比较分析甲、乙、丙三位董事提出的股利分配方案的利弊，并指出最佳股利分配方案。

8. 某公司股东权益情况如表所示。

单位：万元

项　目	金　额
普通股(面值 10 元，已发行 5 000 万股，市价 50 元)	50 000
资本公积	10 000
未分配利润	60 000
股东权益总额	120 000

要求：分别列出以下两种情况下公司的股东权益，并进行比较：

(1) 发放 20%的股票股利(分别按面值和市价结转)。

(2) 以 10∶1 的比例进行股票分割。

练习题参考答案

第一篇练习

一、单项选择题

1. B 2. D 3. C 4. A 5. D 6. C 7. D 8. C 9. A 10. C 11. B 12. C 13. C 14. B 15. B 16. A 17. A 18. C 19. C 20. D 21. B 22. B 23. B 24. D 25. A 26. C 27. C 28. B 29. C 30. D

二、多项选择题

1. ABCD 2. ABCD 3. ACD 4. CD 5. ABCD 6. ABCD 7. ABC 8. ABCD 9. ABC 10. ABCD 11. ABD 12. ABD 13. ABC 14. CD 15. ABCD 16. ABC 17. ABC 18. BC 19. AB 20. ABC 21. ACD 22. BC 23. AB 24. ABD 25. AD 26. ABD

三、判断题

1. × 2. √ 3. √ 4. × 5. × 6. × 7. × 8. √ 9. × 10. √ 11. × 12. √ 13. × 14. √ 15. × 16. √ 17. × 18. √ 19. × 20. √

四、计算分析题

1. (1) 1 240 元。

   (2) 1 259.70 元。

   (3) 1 268.20 元;8.24%。

2. (1) 8 万元。

   (2) 7.835 万元。

3. 乙公司

4. (1) 739.38 万元。

   (2) 4.93 年。

5. (1) 135.18 万元。

   (2) 104.92 万元。

   (3) 110.79 万元,应选择第(2)个方案。

6. 8.05%。

7. (1) $V_{甲}=0.2558$，$V_{乙}=0.9608$，乙风险大于甲。

   (2) 甲：(62 万元±14 万元)，乙：(52 万元±49.96 万元)。

   (3) P(甲，80 万元以上)=9.85%，P(乙，80 万元以上)=28.77%。

8. (1) 23 万元，24 万元，8 万元。

   (2) 12.49 万元，19.47 万元，47.29 万元。

   (3) 0.54，0.81，5.91。

   (4) 选择甲公司进行投资。

9. (1) A 的期望值为 180 万元，B 的期望值为 135 万元。

   (2) A 项目风险大于 B 项目。

   (3) 选择 B 项目。

10. (1) 1.45%。

    (2) 9.45%，可行。

第二篇练习

一、单项选择题

1. B 2. C 3. C 4. B 5. D 6. C 7. C 8. A 9. D 10. C 11. C 12. D 13. A 14. D 15. C 16. B 17. D 18. D 19. C 20. D 21. C 22. A 23. B 24. B 25. C 26. C 27. A 28. A 29. B 30. C

二、多项选择题

1. ABC 2. ABCD 3. ABD 4. ABCD 5. ABC 6. ABCD 7. ABCD 8. AC 9. AC 10. ABCD 11. ABC 12. ABD 13. AD 14. AD 15. AB 16. AB 17. ABC 18. ABCD 19. BD 20. ABCD 21. ABD 22. ABD 23. AD 24. AB 25. BD

三、判断题

1. √ 2. √ 3. √ 4. × 5. √ 6. × 7. × 8. √ 9. × 10. × 11. × 12. × 13. × 14. × 15. × 16. × 17. × 18. √ 19. × 20. × 21. × 22. × 23. × 24. √ 25. ×

四、计算分析题

1. (1) 20×4 年：5 415 600 元，20×5 年：5 615 870 元。

   (2) 20×4 年：2.09，20×5 年：1.88。

   (3) 20×4 年：1.48，20×5 年：1.22。

   (4) 20×4 年：0.18，20×5 年：0.07。

   (5) 短期偿债能力下降。

2. (1) A 公司 39.62%；B 公司 27.82%。

   (2) A 公司 8.55%；B 公司 4.80%。

(3) A公司3.48%；B公司7.76%。

(4) A公司销售盈利能力强于B公司,B公司资产盈利能力强于A公司。

3. (1) 20×4年:440万元;20×5年:445万元。

(2) 20×4年:流动资产周转次数2.95次,周转天数122天。

20×5年:流动资产周转次数3.28次,周转天数110天。

20×5年周转速度快于20×4年。

4. (1) 流动资产期初5 850万元,期末7 200万元。

(2) 21 600万元。

(3) 4 200万元,3.09次。

(4) 6 525万元,3.31次。

5. (1) 87 000元。

(2) 9.47次。

(3) 128天。

6. (1) 负债总额2 000万元,资产总额3 600万元,权益乘数2.25,流动比率1.5,速动比率0.83。

(2) 股东权益总额2 400万元,资产总额5 500万元,资产负债率56.36%,流动比率1.11,速动比率0.66。

(3) 应收账款及应收票据周转率10.43次,存货周转率11.01次,总资产周转率1.32次。

(4) 经营现金流量净额398万元,现金流量利息保障倍数1.73。

7. (1) 销售净利率25%,总资产周转率0.8次,权益乘数1.766 5,净资产收益率35.33%。

(2) 各因素变化对净资产收益率的影响:销售净利率:5.985%,总资产周转率:4.275%,权益乘数:1.13%,合计11.39%。

8. (1) 计划1.995%,实际2.292%。

(2) 原因:销售净利率变化的影响0.478 8%,总资产周转率变化的影响−0.334 8%,权益乘数变化的影响0.152 6%,合计影响0.297%。

第三篇练习

一、单项选择题

1. B 2. B 3. D 4. B 5. C 6. B 7. D 8. D 9. C 10. C 11. B 12. C 13. D 14. C 15. D 16. C 17. C 18. A 19. A 20. D 21. D 22. D 23. B 24. C 25. D 26. D 27. B 28. A 29. C 30. B

二、多项选择题

1. ABD 2. ACD 3. ABCD 4. ABC 5. ABC 6. BCD 7. BCD 8. ABCD

9. AC 10. ABCD 11. BC 12. AB 13. CD 14. AC 15. ABC 16. CD 17. ABD 18. ABC 19. AB 20. BCD 21. ABD 22. BD 23. ABC 24. BC 25. ABC

三、判断题

1. × 2. × 3. × 4. × 5. × 6. √ 7. √ 8. × 9. √ 10. × 11. × 12. × 13. √ 14. √ 15. √ 16. √ 17. √ 18. √ 19. √ 20. √ 21. × 22. × 23. × 24. × 25. √ 26. × 27. × 28. × 29. × 30. ×

四、计算分析题

1. (1) 1.65 亿元。
   (2) 0.22 亿股；0.2 元/股；37.5 倍。
   (3) 8.4 元/股。
   (4) 0.5 亿股。
2. 5.66%。
3. (1) 92.64 元。
   (2) 83.76 元。
   (3) 90.96 元。
   (4) 56.74 元。
4. 95.03 元;100 元;105.34 元。
5. (1) 45 万元。
   (2) 195 万元。
   (3) 25.99 万元。
   (4) 29.89 万元。
6. 46.32 元。
7. 20.47%。
8. 9.47%。
9. (1) 7%。
   (2) 5.22%。
   (3) 5.40%。
   (4) 选择向银行借款。
10. 1 000 万元。
11. 2.5。
12. 250 万元。
13. (1) 200 万元。
    (2) 220 万元。
    (3) 1.83。

(4) 20%。

(5) 1.20;2.20; 1.5元。

14. (1) 830 000元。

(2) 选择方案2。

(3) 16.6%。

15. (1) ①400万股; ②160万元。

(2) 320万元。

(3) ①3 520万元; ②选择B方案。

16. 目前:权益净利率25%;经营杠杆系数2.59;财务杠杆系数1.16;复合杠杆系数3。

方案一:权益净利率24.64%;经营杠杆系数1.95;财务杠杆系数1.07;复合杠杆系数2.09。

因为权益报酬率下降,杠杆利益减少,因此不改变经营计划。

方案二:权益净利率47.5%;经营杠杆系数1.95;财务杠杆系数1.29;复合杠杆系数2.52。

权益报酬率提高,复合杠杆系数下降,选择改变经营计划。

第四篇练习

一、单项选择题

1. A 2. B 3. C 4. D 5. B 6. C 7. A 8. B 9. D 10. B 11. B 12. C 13. D 14. D 15. B 16. C 17. A 18. C 19. A 20. C 21. C 22. C 23. D 24. C 25. D 26. A 27. D 28. A 29. A 30. C 31. A 32. C 33. B 34. D 35. A

二、多项选择题

1. CD 2. ABD 3. ACD 4. ACD 5. BC 6. BD 7. ACD 8. ABD 9. AB 10. ABC 11. ABCD 12. ABCD 13. CD 14. ABCD 15. BD 16. BCD 17. ABCD 18. BC 19. BC 20. ABCD 21. ABCD 22. ABD 23. ABCD 24. ABCD 25. BCD

三、判断题

1. × 2. × 3. √ 4. × 5. √ 6. × 7. √ 8. √ 9. √ 10. × 11. × 12. × 13. × 14. √ 15. × 16. × 17. √ 18. √ 19. √ 20. × 21. × 22. × 23. × 24. × 25. √ 26. × 27. × 28. × 29. × 30. √ 31. √ 32. √ 33. × 34. × 35. ×

四、计算分析题

1. (1) 69 500元; 72 500元; 83 000元。

(2) 38 981.65 元。

2. 购买新设备净现值较大(1 268.085 2 万−1 063.722 45 万=204.362 75 万元)，所以该设备应更新。
3. 继续使用旧设备的平均年成本 3 312.27 元，更换新设备的平均年成本 3 192.84 元，应更换新设备。
4. 该项目的净现值 77.87 万元，大于 0，故可行。
5. 83 267.3 元。
6. 11.39%。
7. (1) 922.77 元；应购买。
   (2) 10.08%。
8. (1) 927.88 元。
   (2) 851.1 元。
   (3) 567.4 元。
9. 169.44 元。
10. (1) A 股票价值 41.61 元；B 股票价值 20.8 元；A、B 公司股票价值均高于其市价，购买。
    (2) 15.34%；1.83。
11. (1) 12.9%；16.4%；19.2%；22.7%。
    (2) 61.45 大于 58；值得投资。
    (3) 1.07；15.49%。
    (4) 1.73；20.11%。
    (5) 为降低风险，应选择 ABC 组合。

第五篇练习

一、单项选择题

1. D 2. B 3. B 4. C 5. B 6. B 7. A 8. C 9. C 10. B 11. C 12. D 13. A 14. A 15. A 16. C 17. D 18. B 19. A 20. C 21. A 22. D 23. B 24. D 25. D 26. B 27. D 28. B 29. B 30. B 31. B 32. A 33. C 34. D 35. C 36. D 37. B 38. B 39. D 40. C

二、多项选择题

1. ABCD 2. BCD 3. ABC 4. ACD 5. ACD 6. BCD 7. AB 8. BC 9. AB 10. BCD 11. ABD 12. ABC 13. ABCD 14. ABCD 15. BC 16. BCD 17. CD 18. ABD 19. ACD 20. ABC 21. BC 22. ABC 23. ABCD 24. ABD 25. ABD 26. BC 27. ABCD 28. ABCD 29. CD 30. AB

三、判断题

1. × 2. × 3. √ 4. √ 5. × 6. × 7. √ 8. × 9. √ 10. √
11. × 12. × 13. × 14. × 15. × 16. × 17. √ 18. × 19. × 20. √
21. √ 22. × 23. × 24. × 25. √ 26. × 27. √ 28. × 29. × 30. √
31. √ 32. √ 33. × 34. √ 35. ×

四、计算分析题

1. 17.65%；30%。
2. 15%；14.29%；16%；采用贴现法实际利率最低。
3. (1) 14.51%；16.02%；17.04%。
   (2) 最有利的是第 60 天付款 9 860 元。
4. 10 268 元。
5. 第三种贷款条件下实际利率最低，12.82%。
6. 2.91%。
7. (1) 50 000 元。
   (2) 5 000 元。
   (3) 5 次。
   (4) 72 天。
8. 8 241.48 元；18 724.44 元。
9. (1) 19 天。
   (2) 2.11 万元。
10. 81 万元。
11. (1) 改变前：26.25 天；5 万元；5.468 8 万元；20 万元；合计费用 30.468 8 万元。
    改变后：18.25 天；16.8 万元；6.083 万元；16 万元；合计费用 38.883 万元。
    (2) 增加利润：(800－500)×20%－(38.388 3－30.468 8)＝51.585 8(万元)。
12. 因销售未改变，只需比较应收账款成本，原方案成本为 33 万元，新方案成本 30.9 万元，因此选择新方案。
13. 甲方案净收益－1 983.33 元，乙方案净收益－519.44 元。两方案收益均为负，选择不改变信用政策。
14. (1) 12 000 台。
    (2) 30 次。
    (3) 112 万元。
    (4) 7 000 台。
15. (1) 80 吨，8 000 元。
    (2) 最佳订货量为 200 吨。

第六篇练习

一、单项选择题

1. A 2. C 3. D 4. B 5. C 6. D 7. D 8. D 9. B 10. B 11. A 12. B 13. C 14. B 15. B 16. B 17. C 18. A 19. D 20. D 21. D 22. C 23. C 24. A 25. A 26. B 27. B 28. C 29. A 30. D

二、多项选择题

1. ACD 2. BD 3. ABD 4. ABC 5. ABC 6. ABCD 7. ABD 8. AD 9. AB 10. BD 11. ACD 12. AC 13. CD 14. ABCD 15. ABC 16. ABD 17. BC 18. ABC 19. AD 20. ABD

三、判断题

1. × 2. × 3. × 4. √ 5. × 6. × 7. √ 8. √ 9. × 10. × 11. × 12. √ 13. √ 14. √ 15. √ 16. √ 17. × 18. × 19. × 20. × 21. × 22. √ 23. × 24. √ 25. ×

四、计算题

1. 140 万元。
2. 1.82 元;18.18 元。
3. 4 252 万元。
4. (1) 700 万元。
   (2) 100 万元。
   (3) 200 万元。
   (4) 400 万元。
5. (1) 275.4 万元。
   (2) 306 万元。
   (3) 620 万元。
6. (1) 625 万元。
   (2) 375 万元。
7. (1) 2 100 万元。
   (2) (略)
8. (1) 按面值:普通股 60 000 万元,资本公积 10 000 万元,未分配利润 50 000 万元。
   按市价:普通股 60 000 万元,资本公积 50 000 万元,未分配利润 10 000 万元。
   (2) 每股面值 1 元,总股数 50 000 万股,股东权益总额不变。

参考文献

[1] 刘志婷. “国美控制权之争”案例评析[D]. 湖南大学，2012.
[2] 朱占荣，慕小军. 从国美控制权之争看上市公司治理困境[J]. 生产力研究，2012(1).
[3] 韩超. 家族企业社会化进程中创始股东利益保护问题研究——基于国美控制权争夺案的分析[D]. 北京交通大学，2012.
[4] 马磊. 委托-代理危机与控制权竞争——基于国美电器控制权争夺的案例分析[J]. 东岳论丛，2010，31(12).
[5] 杨德钊. 对中国上市公司治理机制的思考[J]. 管理现代化，2001(3).
[6] 杜志杰. 国美电器公司控制权竞争研究[D]. 北京交通大学，2011.
[7] 环球企业家：国美往事[EB/OL]. http://finance.sina.com.cn/leadership/20100907/17508618127.shtml.
[8] Catherine Lions(凯瑟琳·莱昂斯)，谈多娇. 诺基亚公司的财务故事[J]. 会计之友，2014(18).
[9] 诺基亚总部大楼换上微软标志 回忆诺基亚兴衰史[EB/OL]. http://www.guancha.cn/economy/2014_04_28_225174.shtml.
[10] 360 百科. 轻资产运营[EB/OL]. http://baike.so.com/doc/5932047-6144976.html.
[11] 轻资产模式走俏万达，万科，保利，花样年模式有何不同[EB/OL]. http://sz.winshang.com/news-469555.html.
[12] 王健林解密“轻”万达：5 年内将实现“去房地产化”[EB/OL]. http://money.163.com/15/0420/09/ANKT632Q00254TFQ.html.
[13] 万达王健林力推轻资产模式[EB/OL]. http://mt.sohu.com/20160121/n435343163.shtml.
[14] 黄世忠，张胜芳. 帕玛拉特舞弊案及其启示[J]. 财务与会计，2004(4).
[15] 吉祥航空招股说明书[EB/OL]. http://www.sse.com.cn/disclosure/listedinfo/announcement/c/2015-05-11/603885_20150511_2.pdf.
[16] 国家统计局工业统计司. 中国工业经济统计年鉴[M]. 北京：中国统计出版社，2014.
[17] 杨惠昶. 金融学原理[M]. 北京：科学出版社，2010.

[18] 魏国雄.信贷风险管理[M].北京:中国金融出版社,2008.
[19] 赵尚梅,陈星.中小企业融资问题研究[M].北京:水利水电出版社,2007.
[20] 张润林.微型金融研究文献综述[J].经济学动态,2009(4).
[21] 陆正飞,朱凯,童盼.高级财务管理[M].北京:北京大学出版社,2014.
[22] 王竹泉,逄咏梅,孙建强.国内外营运资本管理研究的回顾与展望[J].会计研究,2007(2).
[23] 刘喆.家电连锁零售企业价值链营运资本管理研究——以国美为例[J].财会通讯:综合(下),2015(2).
[24] 国美电器年度报告[EB/OL]. http://www.gome.com.hk/s/ir_reports.php.
[25] 苏宁电器年度报告[EB/OL]. http://www.suning.cn/snsite/index/tzzgx/dqbg/dqbg-1.html.
[26] 股票市场定价有效性与股东价值最大化实践[J].证券市场导报,2004(07):41-46.
[27] 佛山照明(000541)十大股东[EB/OL]. http://stockdata.stock.hexun.com/2008/sdgd.aspx? stockid = 000541&accountdat. 四川长虹官方网站. http://www.changhong.com.cn/.
[28] 董连德.收益法在企业价值评估中的应用分析——基于企业生命周期理论[J].中国管理信息化,2014,17(3).
[29] 吕建锋.对赌协议问题研究[J].商业经济,2012(3).
[30] 米咏梅.企业融资中的对赌协议:激励与风险分析[J].经济研究导刊,2009(36).
[31] 新浪财经.公司研究:华谊联姻张国立暗渡成仓[EB/OL]. http://finance.sina.com.cn/focus/hyxd/.
[32] 华谊兄弟 2013、2014 年年度报告[EB/OL]. http://www.huayimedia.com/.
[33] 陈勇等,财务管理案例教程[M].北京:北京大学出版社,2003.